ADOLPHE RETTÉ

QUAND
L'ESPRIT SOUFFLE

> Il y a des choses qu'on ne peut
> bien voir qu'avec des yeux qui
> ont beaucoup pleuré.
>
> Louis Veuillot

DEUXIÈME ÉDITION

PARIS

ALBERT MESSEIN, ÉDITEUR

Successeur de LÉON VANIER

19, QUAI SAINT-MICHEL, 19

1914

QUAND L'ESPRIT SOUFFLE

DU MÊME AUTEUR

ADOLPHE RETTÉ

QUAND L'ESPRIT SOUFFLE

> Il y a des choses qu'on ne peut
> bien voir qu'avec des yeux qui
> ont beaucoup pleuré.
>
> Louis Veuillot.

DEUXIÈME ÉDITION

PARIS

ALBERT MESSEIN, ÉDITEUR

Successeur de LÉON VANIER

19, QUAI SAINT-MICHEL, 19

1914

A

ANDRÉ PELLICOT

CE LIVRE

QUI LUI REVIENT DE DROIT

PRÉFACE

PRÉFACE

Une conversion, c'est une rentrée dans l'ordre.

L'Église catholique, étant la seule qui ait mission de Dieu pour apprendre à l'homme à réfréner ses passions, est aussi la seule qui ait pouvoir pour l'admettre dans cet ordre surnaturel.

Quiconque nie ce pouvoir par ignorance, par orgueil ou par sensualité, se trouve hors la loi divine. Il possède peut-être des vertus naturelles, mais ces vertus ne donneront point ce qu'elles auraient pu donner, éclairées par la foi.

L'Église lui dit : — Il faut m'obéir parce que je suis *la Vérité*.

Lui répond : — Je n'obéirai pas, préférant *ma vérité*.

A moins qu'il ne demande, avec le sourire dédaigneux du faux sage : Qu'est-ce que la vérité?

Cela, c'est la fleur de néant, la corolle aux parfums empoisonnés : le scepticisme qui tue l'âme.

Soit qu'il nie, soit qu'il mette les illusions de son orgueil au-dessus des enseignements de l'Eglise, soit qu'il oscille, comme une boussole affolée, entre le *pour* et le *contre*, le pauvre égaré souffre du désordre qui règne en lui.

Or pour qu'il rentre dans l'ordre, il faut que Dieu lui départisse, par son Saint-Esprit, une grâce de conversion.

Malgré le matérialisme du siècle, le fait se produit quelquefois, souvent même, depuis vingt-cinq ans environ. Il semble que, pour l'avenir très sombre qui se prépare, Dieu se recrute de nouveaux combattants.

Oui, des âmes rentrent dans la Voie unique : n'être qu'un organisme régalant ses instincts les dégoûta. Les folles théories d'une science infatuée d'elle-même leur parurent ce qu'elles sont en effet — du vent. Elles reconnurent l'inanité de cette aberration d'origine protestante : la morale laïque. Brebis noires, redevenues blanches dès qu'elles eurent franchi le seuil du Bercail où le Cœur de Jésus-Christ rayonne comme un soleil d'amour, elles ont crié leur gratitude et leur joie.

Dans les pages qui suivent, j'ai coordonné et analysé plusieurs de ces récits de conversions. Si j'ai su intéresser, peut-être Dieu daignera-t-il en user pour toucher quelques âmes encore errantes loin de lui. C'est la seule récompense que j'ambitionne...

Or ce livre représente trois ans d'oraison, de

méditations, d'études, de notes accumulées et un
dur travail de réalisation.

Si je mentionne ce détail, c'est parce que des
critiques — d'ailleurs amicaux et à qui je dois de
la reconnaissance — ont naguère insisté sur le cou-
reur de routes que je fus — *pour le service de la
Sainte Vierge*.

Mais ceux qui me connaissent davantage savent
que, par la Grâce de Dieu, je peux aussi vivre dans
la retraite et passer de longs jours à noircir du papier. Du reste, en la présente occasion, je fus soutenu, vivifié par les prières des bons religieux de
Lérins — qui ne me permettent pas de dire ce que
je pense d'eux.

Un dernier mot : Amis de partout qui m'écrivez,
qui m'aimez, qui m'encouragez, qui priez sans
cesse pour moi, veuillez considérer ceci : mon
nom, en latin, veut dire *filet*. Oh ! je le sais
mieux que personne : la trame de ce réseau est
fort lâche et il y manque bien des mailles. Mais
enfin il a plu au bon Maître de s'en servir, à plusieurs reprises, pour capturer des âmes. Peut-
être, s'en servira-t-il encore pour en prendre
d'autres.

C'est pourquoi j'ai demandé à ma Mère, Notre-
Dame de Bon Conseil, qu'elle vous inspire de répandre ce livre. S'il vaut quelque chose, s'il fait
du bien, frères et sœurs en Jésus-Christ, ne serez-
vous pas heureux à la pensée que vous aurez
ainsi contribué à verser la Lumière qui rachète

et qui guérit en des cœurs désolés, saignants, noyés, jusqu'à ce jour, « dans les ténèbres extérieures ?... »

Abbaye de Sainte-Marie de Lérins, 11 février 1913, fête de la première apparition de la Sainte Vierge à Lourdes.

DÉCLARATION

Je déclare qu'en rapportant dans ce livre des faits extraordinaires et qui semblent miraculeux, mais sur lesquels la Sainte Eglise ne s'est pas prononcée, je n'entends le faire qu'au sens et dans la mesure autorisés par les décrets d'Urbain VIII. Je déclare également qu'en qualifiant de saints des personnages que l'Eglise n'a pas élevés sur ses autels, je n'entends le faire qu'au même sens et dans la même mesure. Je déclare, en outre, que je soumets en tout ma personne et mes œuvres au jugement du Saint Siège, et que je désavoue, de bouche et de cœur, tout ce qui, contre ma volonté, ne serait point conforme à l'enseignement de la Sainte Eglise et, particulièrement aux décrets de notre Pontife vénéré, et tendrement aimé : Pie X.

A. R.

J. K. HUŸSMANS

Notre amour de Dieu est fait de nos décep-
tions et de nos douleurs. Qu'est-ce qu'un
cœur qui n'est pas brisé? Peu de chose.
C'est lorsque nous n'attendons plus rien des
hommes que nous valons tout ce que nous
pouvons valoir.

JULES LEMAITRE.

J. K. HUŸSMANS

I

Imaginez un homme que le train-train de la vie quotidienne dégoûte au suprême degré, que le contact des neuf-dixièmes de ses contemporains horripile, et qui tient le siècle où il vit pour un résumé de toutes les platitudes, de toutes les laideurs et de toutes les vilenies.

Ajoutez qu'il digère mal, qu'il souffre de névralgies fréquentes et que son système nerveux vibre à l'excès, d'une façon presque continuelle.

Notez aussi que c'est un écrivain dont l'art, en haine du « déjà vu, » du « déjà dit », se plaît à l'analyse d'états d'âmes anormaux, à la recherche de sensations insolites, à la peinture de milieux exceptionnels.

Douez-le d'un talent plus apte à décrire les ridicules et les vices de la pauvre espèce humaine, qu'à en souligner les beaux côtés et les vertus. Gratifiez-le, en outre, d'un style brutal, barbare, tourmenté, plaqué de couleurs violentes mais, par cela même, prodigieusement évocatoire.

Enfin n'oubliez pas qu'il a perdu la foi depuis une trentaine d'années, que le goût du néant et le plus sombre pessimisme régissent toutes ses pensées — vous aurez une œuvre qui pourrait se qualifier : l'épopée réaliste de la désespérance et vous aurez la personnalité de Joris-Karl Huysmans avant sa conversion.

Comment il est allé du naturalisme au surnaturel, de Schopenhauer à la Vierge auxiliatrice, c'est ce qu'expliquent fort clairement ses principaux livres. Nous le trouvons incrédule et souffrant, mais intéressé par les choses religieuses et leur témoignant, jusqu'à un certain point, de la sympathie dans *En Rade*, *A vau-l'eau*, *A rebours ;* souffrant mais en voie de retour à Dieu dans *Là-bas* ; souffrant mais plein de ferveur au cours de sa conversion et durant les années qui la suivirent dans *En Route*, *la Cathédrale*, *l'Oblat*, *Foules de Lourdes* et *Sainte Lydwine*.

Voyons d'abord la première période.

II

Huysmans est un vieux garçon. Il a perdu de bonne heure son père et sa mère et ne fréquente pas le peu de parents éloignés qui lui restent. Sans fortune, employé de ministère, il ne se lie avec au-

cun de ses collègues de bureau. D'autre part, ses
confrères de la littérature lui inspirent presque tous
de la répulsion. Sur ces derniers il s'est exprimé en
des termes auxquels quiconque eut l'occasion de
vérifier les mœurs et la tournure d'esprit de ces
personnages n'hésitera guère à souscrire.

Il dit dans *A Rebours* : « Des Esseintes approcha
les hommes de lettres avec lesquels sa pensée devait se sentir mieux à l'aise. Ce fut un nouveau
leurre : il demeura révolté par leurs jugements ran-
cuniers et mesquins, par leur conversation aussi
banale qu'une porte d'église, par leurs dégoûtantes
discussions, jaugeant la valeur des œuvres selon le
nombre des éditions et le bénéfice de la vente ».

Dans *Là-bas* il insiste : « Durtal jugeait, par expérience, que les littérateurs se divisaient, à l'heure
actuelle, en deux groupes, le premier composé de
cupides bourgeois, le second d'abominables
mufles... Sachant, par expérience aussi, qu'aucune
amitié n'est possible avec ces cormorans toujours à
l'affût d'une proie à dépecer, il avait rompu des relations qui l'eussent obligé à devenir ou fripouille
ou dupe ».

Donc, pour lui, nulle affection familiale, aucune
amitié dépassant la camaraderie. Isolé, peu sociable,
il possédait cependant une sensibilité telle que les
heurts les plus légers la faisaient saigner. Il était,
à travers la vie, dans la position d'un homme qu'on
aurait dépouillé de son épiderme, et qu'on obligerait
de se promener dans un fourré plein de ronces.

Ce célibataire grincheux est aussi un Alceste dys-
peptique. Son estomac délabré se révolte contre

les nourritures que la modicité de ses ressources le force de prendre dans les gargotes où de redoutables alchimistes cuisinent des poisons lents, mais infaillibles. Résultat : une bile âcre, des idées noires et de la misanthropie.

Il a peint ses tribulations gastronomiques dans une nouvelle d'une centaine de pages intitulée *A vau l'eau* : M. Folantin, expéditionnaire d'âge mûr ricoche des tables d'hôte au restaurant à prix fixe sans pouvoir découvrir les « aliments probes » que réclame son tempérament débilité. Ses angoisses et ses déceptions forment un récit où, en des phrases d'une verve sarcastique et funèbre à la fois, Huysmans se remémore ses propres déboires. En effet, pour lui, réaliste, attentif à noter les misères des existences médiocres et à en tirer les arguments d'un réquisitoire contre l'univers, les malheurs d'un petit bourgeois, de tempérament chétif et d'entrailles récalcitrantes, offrent autant d'intérêt que les infortunes d'Oreste ou d'Andromaque.

Les personnages principaux de ses romans sont d'ailleurs tous des névrosés et des gastralgiques, par exemple le Jacques Marle d'*En Rade* et surtout le des Esseintes d'*A Rebours*.

En celui-ci, il a synthétisé son horreur du vulgaire, des joies de la foule, de la puérilité de ses agitations. Il a fait de ce *dilettante* de l'artificiel le porte-parole de ses désillusions, de ses inquiétudes et de ses rancunes contre un monde qu'il abomine. Il lui a donné son penchant vers les arts d'exception et les littératures faisandées. Il lui a minutieusement créé une vie hors de la so-

cié, dans une maison à l'écart où tout, depuis
l'ameublement jusqu'aux heures et aux menus des
repas, est organisé de façon à bafouer la coutume et
la nature.

Surtout la nature, Huysmans la déteste : « Elle
a fait son temps, dit-il dans *A Rebours*, elle a définitivement lassé, par la dégoûtante uniformité
de ses paysages et de ses ciels, la patience des
raffinés. Au fond, quelle platitude de spécialiste
confiné dans sa partie, quelle petitesse de boutiquière
tenant tel article à l'exclusion de tout autre, quel
monotone magasin de prairies et d'arbres, quelle
banale agence de montagnes et de mers !... »

De même, dans *En Rade*, il vilipende les travaux
de la terre : « Quelle blague que l'or des blés ! Il
ne pouvait parvenir à trouver que ce tableau de la
moisson, si constamment célébré par les peintres et
les poètes, fût vraiment grand. C'était, sous un ciel
d'un imitable bleu, des gens dépoitraillés et velus
puant le suin, et qui sciaient en mesure des taillis
de rouille ».

Il n'a d'ailleurs presque jamais *vu* la nature :
dans *la Cathédrale*, il rabroue le soleil et les roses ;
il compare les montagnes de la Salette à « des
monceaux d'écailles d'huitres » ; autre part, il assi-
mile le paysage de Lourdes à un décor d'opéra.
Seuls, certains aspects de plaines et de canaux, certains ciels couverts de novembre trouvent grâce
devant lui. Et ici se décèle peut-être son hérédité
hollandaise.

On saisit maintenant à quel point ce sensitif
exaspéré, ce peintre amer de la sottise et de la lai-

deur, cet inexorable bourreau des conventions et
de la banalité devait souffrir. N'attendant rien de la
vie, sauf des impressions désagréables, ne goûtant
quelques voluptés troubles qu'en des sensations
d'art d'un ordre très spécial ou en de brèves équipées sensuelles sur quoi je n'insisterai pas, il était
voué aux tortures du *spleen*, aux rongements d'esprit les plus irréductibles. Ses gaîtés même étaient
moroses. Ainsi, il lui arrivait de se complaire à des
bouffonneries macabres sur la décomposition des
cadavres. (Voir *En Rade*, p. 243, et *Là-bas*, p. 39.)

Ce qu'il faut retenir c'est que, dès cette époque,
il est attiré par la littérature religieuse. Il lit parfois
les Ecritures qui lui suggèrent des rêveries sur les
arts orientaux et de fastueuses évocations de scènes
bibliques, par exemple, la présentation d'Esther à
Assuérus et la danse de Salomé devant Hérode.
Son penchant vers la liturgie commence aussi à se
dessiner. Et il est à remarquer que quand il touche
à la religion, il n'en parle qu'avec une réserve presque respectueuse.

Toutefois, en ce temps-là, jamais l'idée ne lui
vient qu'il puisse se convertir. Pour lui, l'Eglise est
une sorte de momie macérée dans des baumes dont
les parfums surannés lui agréent, enclose dans une
châsse qu'incrustent de très vieilles pierreries dont
l'éclat défaillant lui flatte l'œil. Le plus souvent
elle lui est motif à digressions d'ordre purement
esthétique.

Néanmoins, quand les personnages où il incarna
son âme solitaire souffrent par trop, il leur met dans
la bouche le timide regret de ne point posséder la

foi. Ainsi Folantin pensant à une religieuse, sa
tante, qui vient de mourir : « Quelle occupation que
la prière, quel passe-temps que la confession, quels
débouchés que les pratiques d'un culte. Le soir,
on va à l'église, on s'abîme dans la contemplation
et les misères de la vie sont de peu. Puis les dimanches s'égouttent dans la longueur des offices,
dans l'alanguissement des cantiques et des vêpres,
car le spleen n'a pas de prise sur les âmes pieuses...
La religion pourrait seule panser ma plaie. Ceux-
là sont heureux qui acceptent comme une épreuve
passagère toutes les traverses, toutes les afflictions
de la vie présente. Ah ! ma tante Ursule a dû
mourir sans regrets, persuadée que des allégresses
infinies allaient éclore !... »

Ainsi des Esseintes dont ses tentatives forcenées
de vie à rebours de la nature ont ruiné la santé, des
Esseintes, forcé de rentrer dans le monde, qu'il considère comme un égout sans soupiraux ni ventila-
teurs, s'écrie : « Seigneur, prenez pitié du chrétien
qui doute, de l'incrédule qui voudrait croire, du
forçat de la vie qui s'embarque, seul dans la nuit,
sous un firmament que n'éclairent plus les con-
solants fanaux du vieil espoir ».

Mais ces velléités de chercher un refuge auprès
de la Grande Consolatrice ne tenaient guère.
Comme il l'a dit en 1903 (1) : « A cette époque, les
mystères du catéchisme me paraissaient enfantins ;
j'ignorais parfaitement ma religion ; je ne me ren-

(1) Dans une préface pour *A Rebours* écrite après sa conversion.

dais pas compte que tout est mystère, que nous vivons dans le mystère, que si le hasard existait, il serait encore plus mystérieux que la Providence. Je n'admettais pas la douleur infligée par un Dieu ; je m'imaginais que le pessimisme pouvait être le consolateur des âmes élevées : quelle bêtise ! Jamais le pessimisme n'a consolé les malades de corps et les alités d'âme... »

Il restait donc ballotté entre mille incertitudes, mille raffinements d'art et de sensualité, d'où il ne sortait que pour sombrer dans une mélancolie pareille à une nuit sans aurore.

Il était presque mûr pour le suicide. Comme l'écrivait Barbey d'Aurevilly rendant compte d'*A Rebours* : « Après avoir écrit un tel livre, il ne reste à M. Huysmans qu'à se brûler la cervelle ou à se faire chrétien ».

III

Il ne se brûla pas la cervelle. — Mais, peu à peu, par l'étude, par l'expérience, par le spectacle de la tragédie humaine, la conviction s'insinua en lui que le surnaturel existait et que, seul, il donnait un sens à l'énigme de l'univers. C'est alors qu'il écrivit *Là-bas*. Dans cette préface d'*A Rebours* qu'il faut toujours citer, parce qu'elle constitue un document de premier ordre sur son évolution de l'indifférence à la foi, il écrit : « Ce livre a rappelé l'attention sur les manigances du Malin qui était parvenu à se faire nier : il a été le point de départ de toutes les études qui se sont renouvelées sur l'éternel procès du satanisme ; il a aidé, en les dévoilant, à annihiler les odieuses pratiques des goéties ; il a pris parti et combattu très résolument, en somme, pour l'Eglise et contre le démon ».

Donc, dégoûté des bas tableaux de mœurs où se confinait le naturalisme, comprenant que les théories de cette école ne supportaient pas l'examen parce qu'elles acceptaient, de parti pris, comme des certitudes, les hypothèses chancelantes du déterminisme, il en conclut qu'une telle doctrine d'art « conduisait tout droit à la stérilité la plus complète, si l'on était honnête ou clairvoyant, et, dans le cas contraire, aux plus fatigantes des redites ».

Il voulut tenter des chemins nouveaux. Alors il rencontra l'Eglise et il constata le rôle capital qu'elle avait joué, qu'elle ne cessait de jouer dans l'histoire de l'humanité. Bien plus, il admit que les âmes qui se tenaient loin d'elle devenaient les victimes d'une force malveillante, occupée sans cesse à leur fausser le jugement ou à les pervertir.

Il avait découvert le satanisme et il s'attacha passionnément à en relever les manifestations au Moyen Age d'abord, puis à travers les siècles et enfin au temps présent. La vie d'un contemporain de Jeanne d'Arc, Gilles de Rais, qui fut un monstre de luxure sacrilège, lui fournit son point de départ. Tandis qu'il en rédigeait les principaux épisodes, son terrain d'investigation s'étendit ; il découvrit la continuité de l'action diabolique s'avérant par les sabbats, les maléfices de tous genres et les messes noires. Une documentation très sûre, ses observations personnelles achevèrent de détruire en lui la bâtisse vermoulue où s'était abrité son matérialisme de naguère.

Cependant il demeurait perplexe devant les phénomènes démoniaques les plus évidents ; surtout il était pris de malaise à la pensée que si le Démon existait et agissait sur les âmes, Dieu devait exister aussi et que, pour échapper à l'un, il était logique de recourir à l'autre. Ce qui ne l'empêchait pas de reconnaître, avec une entière sincérité, que pour trouver le remède aux souffrances de l'esprit et du cœur, il lui aurait fallu s'adresser à l'Eglise. Maints passages de *Là-Bas* exposent cet état d'âme complexe. Celui-ci entre autres : « Par instants, après certaines lectures, alors que le dégoût de la vie ambiante s'accentuait, il enviait des heures lénitives au fond d'un cloître, des somnolences de prières éparses dans des fumées d'encens... Il pouvait se l'avouer, ce désir momentané de croire, pour se réfugier hors des âges, sourdait bien souvent d'un fumier de pensées mesquines, d'une lassitude de détails infimes mais répétés, d'une défaillance d'âme transie par la quarantaine, par les discussions avec la blanchisseuse et les gargotes, par des déboires d'argent et des ennuis de terme... Resté célibataire et sans fortune, il maugréait certains jours contre cette existence qui lui était faite. Il regardait devant lui et ne voyait dans l'avenir que des sujets d'alarmes et d'amertume. Alors il cherchait des consolations et des apaisements ; et il en était bien

réduit à se dire que la religion est la seule qui sache
encore panser, avec les plus veloutés des onguents,
les plus impatientes des plaies. Mais elle exigeait
en retour une telle volonté de ne plus s'étonner de
rien qu'il s'en écartait tout en l'épiant. Et, en effet,
il rôdait constamment autour d'elle... car elle jaillit
en de telles efflorescences que jamais l'âme n'a pu
s'enrouler sur de plus ardentes tiges et monter avec
elles et se perdre dans le ravissement, hors des dis-
tances, hors des mondes, à des hauteurs plus
inouïes. Puis elle agissait encore sur Durtal par
son art extatique et intime, par la splendeur de ses
légendes, par la rayonnante naïveté de ses vies de
Saints. Il n'y croyait pas et cependant il admettait
le Surnaturel car, sur cette terre même, comment
nier le mystère qui surgit chez nous, à nos côtés,
dans la rue, partout quand on y songe ? Il était
vraiment trop facile de rejeter les relations invi-
sibles, extrahumaines, de mettre sur le compte du
hasard — qui est lui-même d'ailleurs indéchiffrable
— les événements imprévus, les déveines et les
chances... »

Il en était là quand, au plus fort de ses travaux
sur le satanisme, il entra en relations avec une
femme, une possédée qui le fit assister à une messe
noire, l'entraîna — sans que, du reste, il s'en rendît compte, — à commettre un affreux sacrilège.
Révolté dès qu'il eut compris où elle le menait, il
rompit avec elle. Il échappa ainsi à un terrible danger car, qui se risque, ne fut-ce que par curiosité,
chez Satan, s'expose à demeurer dans son empire
et à s'y plaire.

La Providence, qui avait ses desseins sur lui, le garda de ce péril.

L'état d'âme de Huysmans, au moment où il terminait *Là-Bas*, est indiqué dans cette conversation de deux de ses personnages : « Attester le Satanisme, dame, c'est bien gros et pourtant cela peut sembler quasi sûr ; mais alors si on est logique, il faut croire au Catholicisme et, dans ce cas, il ne reste plus qu'à prier ; car enfin ce n'est pas le Bouddhisme et les autres cultes de ce gabarit qui sont de taille à lutter contre la religion du Christ.

— Eh bien, crois !

— Je ne peux pas, il y a là-dedans un tas de dogmes qui me découragent et me révoltent.

— Je ne suis pas non plus certain de bien grand' chose, reprit des Hermies, et cependant il y a des moments où je sens que ça vient, où je crois presque. Ce qui est, en tout cas, avéré pour moi, c'est que le surnaturel existe, qu'il soit chrétien ou non. Le nier, c'est nier l'évidence ; c'est barboter dans l'auge du matérialisme, dans le bac stupide des libres-penseurs.

— C'est tout de même embêtant de vaciller ainsi. Ah ! ce que j'envie la foi robuste de Carhaix !

— Tu n'es pas difficile ! La foi, mais c'est le brise-lames de la vie, c'est le seul môle derrière lequel l'homme démâté puisse s'échouer en paix !... (1) »

En résumé : à cette période de son existence,

---

(1) *Là-Bas*, p. 428. Carhaix est un sonneur de cloches, catholique fervent, dont Durtal — qui est Huysmans — recherche la conversation.

Huysmans admet l'inaptitude de l'art, purement
réaliste, qui inspira ses premières œuvres, à rendre
compte des opérations de la vie spirituelle. Il a
constaté, au point de vue philosophique, que l'école
naturaliste dont il fit partie, échouait lorsqu'elle
cherchait à démonter les ressorts de l'âme, parce
qu'elle se cramponnait à un déterminisme con-
trouvé. En ce qui le regarde personnellement, concluant à l'illusion universelle et au néant foncier de
toutes choses, il n'avait pu pacifier son esprit inquiet.
Il a reconnu l'intervention constante du Surnaturel
dans les affaires de ce monde. Il conçoit que la religion catholique pourrait lui apporter le calme et la
tendresse auxquels il aspire ; il proclame l'influence
bienfaisante de l'Eglise à travers les âges. Mais il
n'entrevoit même pas la possibilité d'acquérir la
foi parce que les dogmes le révoltent ; parce que la
pratique lui répugne ; parce que sa sensualité refuse
de renoncer aux voluptés défendues — parce que la
raison humaine clignote toujours en lui comme une
mauvaise chandelle dans une lanterne aux vitres
enfumées.

C'est la seconde phase.

Cependant il y a comme un petit jour, pâle encore et indécis, à l'horizon de son âme. Le Surnaturel diabolique l'a enveloppé, un moment, de
ses ténèbres que traversent des lueurs fuligineuses.
Le Surnaturel divin va s'emparer de son cœur et
de son intelligence et, par la douleur physique et
morale, par la solitude, par le dégoût de lui-même
et de ce qui l'entoure, le projeter, presque malgré
lui, au pied de la Croix.

Et c'est la troisième phase : celle de la conversion.

IV

Il s'agit maintenant de montrer comment Dieu s'empara de cette âme, lui inculqua le remords de ses fautes, la conduisit à la pénitence, à l'Eucharistie et, désormais, à l'observation de ses commandements.

Or les influences naturelles ne suffisent pas à expliquer la conversion de Huysmans — non plus que celle de n'importe quel pécheur repentant. Tout au plus, préparent-elles, dans une certaine mesure, le terrain, tout au plus interviennent-elles, comme auxiliaires, aux heures de crise. Mais elles demeureraient impuissantes si l'action divine ne suppléait à leur débilité.

C'est donc la Grâce qui opère la transformation de l'âme. C'est elle qui, s'incrustant aux profondeurs les plus secrètes d'une conscience, y implante bientôt de telles racines que rien ne saurait plus l'en arracher.

Au deuxième chapitre d'*En Route*, Huysmans analyse avec une perspicacité remarquable et les circonstances naturelles qui purent l'incliner à croire et les opérations de plus en plus sensibles de la Grâce en lui.

Résumons-le.

Comme préparation lointaine, il démêle un ata-

visme pieux : jadis sa famille pratiqua ; même certaines de ses tantes et de ses cousines se firent religieuses. Mais à s'examiner, il ne découvre pas que
cet élément l'ait beaucoup influencé. Il aurait pu
ajouter que son cas était identique à celui d'un
grand nombre de ses contemporains. Quelle est la
famille, catholique de baptême, qui ne présente pas
des conditions analogues ? Et pourtant, malgré
l'ascendance dévote, ils pullulent les incroyants que
leur hérédité laisse tout à fait sourds aux appels de
l'Eglise.

Deux autres causes lui semblent plus actives :
son dégoût de l'existence aggravé par la solitude,
sa passion de l'art peu à peu tournée vers les beautés de la liturgie et de l'hagiographie, vers la splendeur des cérémonies. La puissance d'analyse de la
philosophie catholique frappe également en lui le
psychologue. Mais tout cela restait dans le domaine
du raisonnement et dans celui des sensations d'art.
Le cœur n'était point touché — ou, du moins,
l'écrivain n'en avait pas conscience.

Enfin, un jour où il se sentait plus mélancolique
et plus abandonné que d'habitude, il entra, par
hasard, dans une église — c'était le Vendredi
Saint — et il fut remué jusqu'aux larmes par l'office
rappelant la Passion et la mort du Christ. Il sentit
le désir de la foi s'ébaucher en lui d'une façon assez
confuse.

Une autre fois, entrant à Saint-Séverin, dont
l'architecture le ravissait, il fut touché par la ferveur des pauvres gens qui priaient là : « C'étaient,
dans ce quartier de gueux, des regrattières, des

sœurs de charité, des loqueteux, des mioches ;
c'étaient surtout des femmes en guenilles, des
humbles gênées même par le luxe piteux des autels... »

Par aventure, la maîtrise chantait, sans la sa-
boter, une messe de plain-chant.

Huysmans, déjà saisi par la piété de l'assistance
minable, se sentit soulevé par cette musique incomparable. Il se dit : « Mais il est impossible que les
alluvions de foi qui ont créé cette certitude musicale soient fausses. L'accent de ces aveux est
tel qu'il est surhumain et si loin de la musique pro-
fane qui n'a jamais atteint l'imperméable grandeur
de ce chant nu ».

Cet acte de foi si spontané lui valut un retour sur
lui-même : « Il était suffoqué par de nerveuses larmes, toutes les rancœurs de sa vie lui remontaient ;
plein de craintes indécises, de postulations confuses
qui l'étouffaient sans trouver d'issues, il maudissait
l'ignominie de son existence, se jurait d'étouffer
ses émois charnels... »

Il était dans l'antichambre de la contrition. Car,
hier encore, il aurait admiré le plain-chant sans en
tirer de conclusions surnaturelles. La foi visible de
l'assistance ne lui aurait guère suggéré qu'un
parallèle sarcastique avec le manque de recueillement que l'on constate trop souvent dans les églises
des quartiers riches. Aujourd'hui, le voici qui se
sent le frère souillé de ces pauvres, le voici qui
voudrait se repentir et qui pleure.

C'est une première touche de la Grâce.

Des mois passent. Il continue de fréquenter les

églises. Il « rôde » sans cesse autour du catholicisme, de plus en plus « touché par ses prières,
pressuré jusqu'aux moelles par ses psalmodies et
ses chants ». Il avoue : « Je suis bien dégoûté de
ma vie, bien las de moi, mais de là à mener une
autre existence il y a loin ! Au fond, j'ai le cœur
racorni par les noces, je ne suis bon à rien... »
Cela, c'est de l'humilité. Ne trouvez-vous pas dans
cet aveu comme un balbutiant *Domine non sum
dignus* ?

Enfin, un jour, au réveil, avec une surprise
émue, il s'aperçoit qu'il croit. « En une nuit, incrédule la veille, sans le savoir, je suis devenu
croyant. »

Tout de suite, cependant, il cherche à s'expliquer le travail caché de la Grâce. Ici je citerai un
peu longuement, car le passage est caractéristique
quant à l'action surnaturelle : « J'ai entendu parler,
dit-il, du bouleversement subit et violent de l'âme,
du coup de foudre ou bien de la foi faisant à
la fin explosion dans un terrain lentement et savamment miné. Il est bien évident que les conversions peuvent s'effectuer suivant l'un ou l'autre de
ces deux modes, car Dieu agit comme bon lui
semble. Mais il doit y avoir aussi un troisième
moyen qui est le plus ordinaire, celui dont le Sauveur s'est servi pour moi. Et celui-là consiste en je
ne sais quoi ; c'est quelque chose d'analogue à la
digestion d'un estomac qui travaille sans qu'on le
sente. Il n'y a pas eu de chemin de Damas, pas
d'événements qui déterminent une crise ; il n'est
rien survenu et l'on se réveille un beau matin,

sans que l'on sache ni comment ni pourquoi, c'est fait. Oui, mais cette manœuvre ressemble fort, en somme, à celle de cette mine qui n'éclate qu'après avoir été profondément creusée. Eh non, car, dans ce cas, les opérations sont sensibles ; les objections qui embarrassaient la route sont résolues ; j'aurais pu raisonner, suivre la marche de l'étincelle le long du fil ; et ici, pas. J'ai sauté à l'improviste, sans m'être douté que j'étais si studieusement sapé. Et ce n'est pas davantage le coup de foudre, à moins que je n'admette un coup de foudre qui serait occulte et taciturne, bizarre et doux. Et ce serait encore faux, car ce bouleversement brusque de l'âme vient presque toujours à la suite d'un malheur ou d'un crime, d'un acte que l'on connaît. La seule chose qui me semble sûre, c'est qu'il y a eu, dans mon cas, prémotion divine — grâce... »

Deux points sont à retenir de cette analyse. D'abord que Huysmans, habitué par profession et par goût à démonter les mobiles de ses pensées et de ses actes, à faire l'anatomie de ses sentiments et de ses idées, reconnaît, de la façon la plus indubitable, qu'une force surnaturelle s'est introduite dans son âme et y agit sans que sa volonté soit intervenue.

Ensuite, il vérifie que Dieu ne s'est point servi, pour le transformer, d'un intermédiaire humain. Cela est à souligner car c'est un cas fréquent dans beaucoup de conversions de notre époque : le clergé n'y a, au début, aucune part. Ce n'est que par la suite qu'il entre en jeu comme instructeur, consolateur et dispensateur des Sacrements. Nous ver-

rons le même fait se reproduire dans les exemples
de conversion que nous aurons à étudier.

Huysmans possède donc la foi. Il lui reste à la
mettre en pratique. Et c'est alors que les difficultés
commencent et que les obstacles se multiplient.
Tout de suite il s'aperçoit que la chose n'est pas
aussi commode qu'il se l'était figuré. Ah! il ne
s'agit plus de réaliser le rêve qu'il avait fait naguère : se dorloter dans un assoupissement béat où
le culte et les exercices religieux tiendraient le
rôle de narcotiques. Il s'agit de changer toutes ses
habitudes, de divorcer avec les péchés contre les
sixième et neuvième commandements et, avant
tout, de se confesser, de liquider le passé pour
inaugurer une existence nouvelle.

Ce programme l'épouvante ; il se dit d'abord
qu'il n'aura jamais le courage de l'appliquer : « Le
bouleversement d'idées qu'il avait subi était trop
récent pour que son âme encore déséquilibrée
se tînt. Par instants, elle semblait vouloir se retourner et il se débattait alors pour l'apaiser. Il
s'usait en disputes, en arrivait à douter de la sincérité de sa conversion. Il se disait : « En fin de
compte, je ne suis emballé à l'église que par l'art ;
je n'y vais que pour voir ou pour entendre et non
pour prier. Je ne cherche pas le Seigneur mais
mon plaisir. Ce sont des vibrations de nerfs, des
chauffourées de pensées, des bagarres d'esprit,
tout ce qu'on voudra, sauf la foi... »

De plus, il remarquait que ses élans vers Dieu
étaient presque toujours suivis de rechutes dans
la luxure : de sorte qu'il finissait par s'imaginer

que ses sens blasés avaient besoin d'une excitation religieuse pour s'embraser.

Relevons cette manœuvre de la Malice qui, mise en éveil par sa marche vers Dieu, cherchait à l'égarer vers une sorte spéciale de sadisme. Il reconnut pleinement, par la suite, qu'il avait été, à cette époque, l'objet d'une manigance d'En-Bas.

C'est, du reste, un fait d'observation courante : dans toute conversion, dès que le néophyte se sent sollicité, par le Surnaturel divin, de faire un pas en avant, le Surnaturel diabolique intervient pour le tirer en arrière. Je ne connais pas d'exceptions à cette règle.

Or, s'il n'y avait eu chez Huysmans qu'une suggestion d'ordre sensuel dans ses alternatives d'échappées vers Dieu et de culbutes dans l'égout, on estimera que l'amateur de sensations anormales qu'il fut si longtemps s'en serait fort bien accommodé, aurait même trouvé du ragoût dans cette salade d'exaltations pieuses et de piments orduriers.

Au contraire, il se prit en horreur. Après avoir subi de nouveaux doutes « il sentait très distinctement au fond de lui qu'il possédait l'inébranlable certitude de la vraie foi... et il était encore assez franc pour se dire : je ne suis plus un enfant ; si j'ai la foi, si j'admets le catholicisme, je ne puis le concevoir tiède et flottant, sans cesse réchauffé par un faux zèle. Je ne veux pas de compromis et de trêves, d'alternances de débauches et de communions, de relais libertins et pieux. Non, tout ou rien ! Se muer de fond en comble ou ne rien changer... »

Ne rien changer à son existence, il ne le pouvait
déjà plus. La Grâce se faisait plus pressante ; et il
s'écriait : « Si je n'obéis pas à des ordres que je
sens s'affirmer de plus en plus impérieux en moi,
je me prépare une vie de malaise et de remords ».

Mais arrivé à ce point, il était bien obligé de
s'avouer que la première démarche à faire, c'était de
s'adresser à un prêtre qui, sans doute, le recevrait
bientôt au confessionnal. Or, cette pensée l'emplissait de répugnance car, encore très truffé d'orgueil, il considérait les neuf-dixièmes du clergé séculier comme trop bornés pour élucider son cas.

Ce prétexte à ne pas bouger ne tint pas longtemps debout car, presque immédiatement, il se
rappela qu'il connaissait un prêtre intelligent et
pieux, fort versé dans la Mystique et qui, très certainement, le comprendrait.

Vous croyez qu'il alla le trouver sans autre hésitation ? Que non point ! Par crainte de l'inconnu
où il entrait en tâtonnant, par vergogne aussi des
aveux pénibles qu'il lui faudrait faire, il s'inventa
cent arguties pour différer.

Sur quoi, la Grâce agit de nouveau d'une façon
sensible. Comme il était de bonne volonté, mais
trop vacillant encore pour déjouer les ruses du
Mauvais et progresser sans aide, elle le conduisit
là où il devait trouver un secours surnaturel.

De même qu'à Saint-Séverin, ce furent des
pauvres, des humbles, des sacrifiées à l'Amour
divin qui furent, en cette occasion, les instruments
de Dieu.

C'était le jour de Noël, l'après-midi. Horripilé

par les bruits pompeux qui sévissent, aux grandes
fêtes, sous les voûtes des églises à la mode, Huysmans errait dans la lugubre et réclusionnaire rue
de la Santé.

Arrivé au coin de la rue de l'Ebre, à l'heure
des vêpres, il découvrit une toute petite église,
fort obscure et chétivement décorée où il pénétra.
Il y avait là quelques religieuses vêtues de blanc,
un pensionnat de jeunes filles voilées de mousse-
line, des pauvresses. Il était seul d'hommes. Le
recueillement était si intense, l'atmosphère d'oraison qui flottait dans l'église si tiède et si lénifiante
que son âme, glacée jusqu'alors par des litiges
d'orgueil et de luxure, contractée sur elle-même,
se réchauffa, se dénoua. Se comparant aux femmes,
évidemment très pures et très pieuses, qui l'entou-
raient, il eut un mouvement d'humilité tout à fait
soudain. Ce fut « un élan véritable, un sourd besoin de supplier l'Incompréhensible, lui aussi. En-
vironné d'effluves, pénétré jusqu'aux moelles par
ce milieu, il lui parut qu'il se dissolvait un peu,
qu'il participait, même de loin, aux tendresses
réunies de ces âmes claires. Il chercha une prière,
se rappela celle que saint Paphnuce avait apprise à
la courtisane Thaïs : — *Toi qui m'as créée, aie pitié*
de moi. Il balbutia l'humble phrase, pria, non par
amour, mais par dégoût de lui-même, par impuissance de s'abandonner, par regret de ne pouvoir aimer ».

Il voulut ensuite réciter le *Pater*, mais la phrase :
pardonne-nous nos offenses, l'arrêta parce que,
se sentant de la rancune contre certains qui

l'avaient lésé, il n'osait affirmer qu'il n'éprouvait point de haine à leur égard. Il s'abîma donc dans la conscience de son indignité et demeura muet.

Les Vêpres s'achevaient. Le prêtre qui officiait lui délégua le bedeau pour l'avertir qu'il allait y avoir une procession, et pour le prier de suivre le Saint-Sacrement. Il acquiesça, mais avec répugnance car il appréhendait, par respect humain, de « se couvrir de ridicule ». Mais le bedeau revenait et lui glissait dans la main un cierge allumé. Bon gré, mal gré, il lui fallut escorter son Dieu, suivi lui-même par toutes les laïques, tandis que les religieuses, voile levé, entonnaient le naïf et adorable chant de Noël : *Adeste fideles*. A ce moment, il n'était nullement ému ; au supplice de se trouver en évidence, il se disait : « Ce que je dois avoir l'air couenne ! »

La procession finie, le bedeau lui souffla de s'agenouiller à la barre de communion, devant l'autel. Huysmans se sentait plein de gêne. La sensation d'avoir derrière lui toutes ces femmes qui, croyait-il, l'observaient, lui était très pénible. Puis il craignait les taches de cire tombant du cierge sur son paletot ; puis à se tenir à genoux — posture qui ne lui était guère habituelle — il éprouvait de l'ankylose et des crampes. Bref il ne parvenait plus à se recueillir.

Or, au moment même où le prêtre se tourna vers les fidèles pour donner la bénédiction, où lui-même se trouva face à face avec la Présence Réelle, la Grâce rentra en lui, chassa les niaiseries qui lui encombraient l'esprit et lui inspira

un vif et suave sentiment de contrition : « Malgré
lui, se voyant là, si près de Dieu, il oublia ses
souffrances et baissa le front, honteux d'être ainsi,
tel un capitaine à la tête de sa compagnie, au premier rang de la troupe de ces vierges. Et lorsque,
dans un grand silence, la sonnette tinta et que le
prêtre fendit lentement l'air en forme de croix et
bénit, avec le Saint-Sacrement, la chapelle abattue
à ses pieds, il demeura le corps incliné, les yeux
clos, cherchant à se dissimuler, à se faire petit, à
passer inaperçu Là-Haut, au milieu de cette foule
pieuse ».

Et voilà encore de l'humilité ou je ne m'y connais pas !

L'effet bienfaisant de cette minute où le Surnaturel lui avait délié l'âme se corrobora du souvenir d'une prise de voile à laquelle il avait assisté,
peu auparavant, au Carmel de l'avenue de Saxe. Il
se peignit l'image de cette postulante, étendue aux
pieds de l'Archevêque officiant, s'offrant pour être
une des victimes qui compensent, à force de rigueurs sur elles-mêmes et de prières, les péchés
du monde. Il se remémora l'existence des Carmélites et il se dit : « La vie, la vie de ces femmes !
Coucher sur une paillasse piquée de crin, sans
oreiller ni draps ; jeûner sept mois de l'année sur
douze ; toujours manger, debout, des légumes et
des aliments maigres ; rester sans feu, l'hiver ;
psalmodier, pendant des heures, sur des dalles
glacées ; se châtier le corps, être assez humble,
pour, si l'on a été douillettement élevée, accepter
avec joie de laver la vaisselle, de vaquer aux be-

sognes les plus viles ; prier dès le matin, toute la
journée jusqu'à minuit, jusqu'à ce que l'on tombe
en défaillance, prier ainsi jusqu'à la mort. Faut-il
qu'elles aient pitié de nous, qu'elles tiennent à
expier l'imbécillité de ce monde qui les traite d'hys-
tériques et de folles, car il est inapte à comprendre
les joies suppliciées de telles âmes ! »

Touché jusqu'au fond du cœur par ce souvenir,
aussi par l'humble piété qui se révélait chez les
Franciscaines de la rue de l'Ebre, tout remué par
la grâce de contrition reçue en ce jour de Noël,
il eut honte de ses hésitations, de ses rechutes
dans la débauche, de ses dérobades à l'appel divin.
Spontanément, rentré chez lui, il tomba à genoux.
D'inspiration, l'idée lui vint de recourir à la
Vierge, consolatrice des affligés, auxiliatrice des
pécheurs. Il lui adressa, d'un trait, cette prière que,
pour ma part, je trouve splendide en sa violence et
en sa crudité :

« Ayez pitié : écoutez-moi !... j'aime mieux tout
que de rester ainsi, que de continuer cette existence ballottée et sans but, ces étapes vaines ! Par-
donnez, Sainte Vierge, au salaud que je suis, car
je n'ai aucun courage pour me combattre. Ah ! si
vous vouliez ! Je sais bien que c'est fort d'oser
vous supplier, alors qu'on n'est même pas résolu à
retourner son âme, à la vider comme un seau d'ordures, à taper sur le fond pour en faire couler la
lie, pour en détacher le tartre, mais je me sens si
débile, si peu sûr de moi qu'en vérité, je recule.
Oh ! tout de même, ce que je voudrais m'en aller,
être hors d'ici, à mille lieues de Paris, je ne sais

où, dans un cloître. Mon Dieu ! c'est fou ce que je
vous raconte, car je ne resterais pas deux jours
dans un couvent et, d'ailleurs, on ne m'y recevrait
pas !... »

L'effet fut immédiat. Quand il se releva, une
ferme résolution d'aller trouver, dès le lendemain,
le prêtre qu'il avait rencontré quelques mois auparavant, s'était imposée à lui, et le calme entra
dans son cœur.

Ainsi se termina la période où il avait eu à
lutter, tout seul, contre le Surnaturel démoniaque,
à recevoir, sans s'y être préparé que par un désir
combattu de changer de vie, les visites de la Grâce.
Il ne s'était confié à personne ; la foi était entrée
en lui sans son propre concours ; alors qu'il en
avait espéré la paix de l'esprit, il n'en avait d'abord
reçu que des souffrances et des angoisses. Selon la
logique naturelle, il aurait dû reculer devant les
nouvelles douleurs que lui présageait un aussi
pénible début dans la voie étroite. Or, au contraire, l'humilité avec la contrition lui furent départies sur un simple acte de respect au Saint-
Sacrement, la force de persévérer sur une brève
prière à l'Immaculée.

Remarquez également que sa présence à la prise
de voile et que la découverte qu'il fit de la chapelle des Franciscaines étaient, au point de vue
humain, purement fortuites. Suivant la procession,
puis agenouillé devant l'autel, il s'était d'abord
dispersé en des préoccupations puériles et ne
s'était repris que sous l'action soudaine de la force
mystérieuse dont il avait appris à reconnaître que

ses manifestations échappaient au raisonnement, déconcertaient les chicanes du sens commun.

Enfin, de la façon la plus directe, il venait d'être amené, par un mouvement inattendu, à solliciter l'intercession de la Vierge de laquelle il ne s'était guère occupé jusqu'alors. Et aussitôt il avait reçu l'énergie de faire un nouveau pas en avant.

V

C'est un fait avéré que Dieu envoie toujours au converti, dans le moment même où une aide lui devient nécessaire, le prêtre qu'il lui faut. Huysmans ne fit point exception à cette règle. L'ecclésiastique qui prit la direction de son âme — et qu'il a peint dans *En Route* sous le nom d'abbé Gévresin — était âgé, ce qui lui donnait de l'expérience. En outre, comme il a été dit plus haut, il était fort savant en Mystique, ce qui le rendait apte à suivre les opérations de la Grâce dans une âme ramenée à Dieu par une voie peu ordinaire.

Enfin ses infirmités lui interdisaient de s'absorber dans le ministère paroissial : par suite, n'ayant qu'à confesser quelques collègues et quelques religieuses, il lui restait du loisir pour étudier, éclairer, consoler et guider l'étrange brebis qui venait se réfugier sous sa houlette.

Huysmans, selon la parole qu'il s'était donnée devant Dieu de ne plus différer, vint donc lui

rendre visite et lui exposa, sans réticences, les péripéties de sa conversion. Il avoua « ses débats
avec la chair, son respect humain, son éloignement des pratiques religieuses, son aversion pour
tous les rites exigés, pour tous les jougs ».

Le prêtre l'écouta sans l'interrompre puis, après
avoir fait remarquer à son pénitent qu'ayant passé
la quarantaine et abusé des voluptés illicites, il
était naturel qu'il fût en proie à des tentations
sensuelles d'origine imaginative, il lui demanda
s'il priait pour les conjurer.

Le néophyte répondit affirmativement, mais il
ajouta que ses supplications ne l'empêchaient pas
de retomber dans la débauche. Après, il se prenait
en horreur mais il était bien temps !

« — Si seulement je pouvais arriver au vrai repentir, s'écria-t-il.

— Soyez tranquille, fit l'abbé, vous l'avez. »

Et comme Huysmans marquait du doute, il reprit : « Rappelez-vous ce que dit sainte Térèse :
— Une des peines des commençants, c'est de ne
pouvoir reconnaître s'ils ont un vrai repentir de
leurs fautes ; ils l'ont pourtant et la preuve en est
de leur résolution si sincère de servir Dieu... Mé-
ditez cette phrase, elle s'applique à vous car cette
répulsion de vos péchés qui vous excède témoigne
de vos regrets ; et vous avez le désir de servir le
Seigneur puisque vous vous débattez, en somme,
pour aller à lui ».

Huysmans, un peu rasséréné, lui demanda ce
qu'il devait faire pour arriver à se vaincre. Le
prêtre, ne le voyant pas disposé à se confesser,

répondit : « Je vous recommande de prier, chez vous, à l'église, partout, le plus que vous pourrez... Nous verrons après ».

Huysmans jugea cette médication par trop anodine. Il le laissa voir.

Mais l'abbé : « Je ne veux cependant pas vous traiter comme un enfant ou vous parler comme à une femme. Entendez-moi donc : la façon dont s'est opérée votre conversion ne peut me laisser aucun doute. Il y a eu ce que la Mystique appelle un attouchement divin. Seulement Dieu s'est passé de l'intervention humaine, de l'entremise même d'un prêtre, pour vous ramener... Or, nous ne pouvons supposer que le Seigneur ait agi à la légère et qu'il veuille laisser maintenant inachevée son œuvre. Il la parfera donc si vous n'y mettez aucun obstacle. Vous êtes, à l'heure actuelle, ainsi qu'une pierre d'attente entre ses mains... Laissez-le agir, patientez, il s'expliquera ; ayez confiance, il vous aidera ; contentez-vous de proférer avec le Psalmiste : — Apprends-moi à faire ta volonté parce que tu es mon Dieu ».

Il termina en lui réitérant le conseil de prier beaucoup, surtout au plus fort de ses crises charnelles et de ne point se décourager, même s'il succombait de nouveau à la tentation.

Huysmans prit congé en promettant de revenir. Résumant l'entretien, il fut un peu étonné de la méthode expectative qu'employait l'abbé. « En somme, se dit-il, tous ses conseils se réduisent à celui-ci : cuisez dans votre jus et attendez. »

Mais il se sentait tout de même réconforté, enclin à la prière.

Or, dès qu'en toute bonne foi, il eut fait l'effort de prier dans le péril, il se sentit soutenu Là-Haut ; ses culbutes dans la fange s'espacèrent. Certaines personnes s'étonneront peut-être qu'elles n'eussent point complètement cessé car enfin, penseront-elles, s'étant rendu compte de son ignominie, il aurait dû s'abstenir !

C'est qu'elles ne saisissent pas qu'au cours du travail tour à tour latent ou sensible de la Grâce sur une âme encore souillée, le néophyte continue, pendant un certain temps, d'agir selon ses habitudes antérieures, mais il n'y a plus là qu'une succession de gestes quasi machinale. Les mobiles qui déterminaient jusqu'alors ses actes n'offrent plus de consistance. Tandis qu'en apparence il reste presque le même, la Grâce modifie profondément le mécanisme de ses facultés. Ajoutez que, durant cette action mystérieuse, le Mauvais ne reste pas oisif et qu'il tente de reconquérir le terrain perdu en illusionnant le converti.

Huysmans, comme tous les convertis, traversa cette période. Ce fut alors qu'il s'imagina que lorsque ses hantises sensuelles fléchissaient, ses inclinations religieuses s'affaiblissaient également.

Il s'en plaignit à l'abbé.

« Cela signifie, répondit le prêtre, que votre adversaire vous tend le plus sournois des pièges. Il cherche à vous persuader que vous n'arriverez à rien tant que vous ne vous livrerez pas aux plus répugnantes des débauches. Il tâche de vous con-

vaincre que c'est la satiété et le dégoût seuls de
ces actes qui vous ramèneront à Dieu ; il vous in-
cite à les commettre pour soi-disant hâter votre
délivrance. Il vous induit au péché sous prétexte
de vous en préserver. »

Et, encore une fois, il insista pour que Huysmans
priât régulièrement, se rendît chaque jour dans les
églises, surtout le matin et le soir.

Huysmans obéit et bientôt il constata que ce
régime lui réussissait. « Ses pensées toujours ra-
menées vers Dieu par des visites quotidiennes dans
les églises, agissaient à la longue sur son âme. Un
fait le prouvait : lui qui n'avait pu pendant si longtemps se recueillir le matin, il priait maintenant
dès son réveil. Dans l'après-midi même, il se sentait envahi par le besoin de causer humblement
avec Dieu, par un irrésistible désir de lui demander
pardon, d'implorer son aide. Il semblait alors que
le Seigneur lui frappât l'âme de petites touches,
qu'il voulût ainsi attirer son attention et se rappeler à lui. »

Ayant de la sorte expérimenté l'efficacité de la
prière persévérante, constaté que la parole de
Notre-Seigneur : *Demandez et il vous sera donné*
était véridique, il eut lieu de vérifier la puissance
de la prière d'autrui pour le soulagement du pécheur.

Or une crise terrible éclata. Une fille, dont la perversité l'avait naguère conquis, le ressaisit soudain : il retomba, pendant quelques jours, tout à
fait sous son joug. Mais bientôt, le dégoût de cette
malheureuse l'empoigna avec violence. Il courut

chez l'abbé. Tout en larmes, il lui confia sa re-
chute et ses remords.

« — Eh bien, êtes-vous sûr maintenant de l'avoir
ce repentir que vous m'assuriez ne pas éprouver
jusqu'ici ? dit l'abbé.

— Oui, mais à quoi bon lorsqu'on est si faible
que, malgré tous ses efforts, on est certain d'être
culbuté au premier assaut !

— Ceci est une autre question. Allons, je vois
que vous vous êtes au moins défendu et qu'à
l'heure actuelle, vous vous trouvez, en effet, dans
un état de fatigue qui exige une aide. »

Et le prêtre lui signifia qu'il allait faire prier
pour lui dans des monastères de religieuses, en
l'avertissant toutefois que la plus grande part de
ses tentations lui étant enlevée, il pourrait, s'il le
voulait bien, supporter le reste, mais que s'il re-
tombait, il serait désormais sans excuse.

« Des saintes, expliqua l'abbé, vont, pour vous
secourir, entrer en lice ; elles prendront le surplus
des assauts que vous ne pouvez vaincre ; sans
même qu'elles connaissent votre nom, du fond de
leur province, des monastères de Carmélites et de
Clarisses vont, sur une lettre de moi, prier pour
vous. »

Ainsi fut fait. De par cette application de la
loi de substitution mystique, Huysmans fut, en
effet, soulagé : les tentations se firent plus rares,
perdirent de leur virulence et il n'y succomba
plus.

Dans le même temps il apprit à prier pour autrui. La charité chrétienne l'ayant soulagé, il com-

prit que ses prières pourraient également soulager
ses frères de souffrance (1).

Un soir, dans une église, il se trouva au milieu
de pauvres femmes du peuple et d'infirmes qui,
visiblement, venaient supplier Dieu de les aider à
porter leur croix. Le spectacle de ces douleurs et
de cette foi le remua profondément. Il s'oublia
lui-même et pria, avec ferveur, pour ces infortunés. Une grande douceur lui resta de cet acte de
compassion.

A cette phase de l'évolution de Huysmans, son
acquis peut se spécifier ainsi : il a pris, par
obéissance, l'habitude de la prière ; il a constaté que
la prière en sa faveur d'âmes tout en Dieu avait
atténué, d'une façon surnaturelle, la violence et la
fréquence de ses tentations ; il s'est aperçu, lui jusqu'alors enclos dans sa personnalité, qu'il n'était
pas seul à souffrir et il a prié pour les âmes douloureuses avec lesquelles il s'est trouvé en contact.

VI

Comme il en était là, l'abbé lui fit pressentir
que le moment approchait où il lui faudrait procé-
der à la grande lessive. « La question qui reste
maintenant à résoudre, ajouta-t-il, est celle de sa-

(1 Afin de ne pas multiplier les citations à l'excès, je résume
le passage. Mais j'en recommande la lecture. C'est un des plus
admirables épisodes d'*En Route* p. 115).

voir dans quel réceptacle nous vous mettrons. »

A ce coup, Huysmans regimba. Quoi donc, est-ce que le prêtre entendait le retrancher du monde ?

« Il n'a pas, je présume, l'idée de faire de moi un séminariste ou un moine ! Le séminaire est, à mon âge, dénué d'intérêt. Quant au couvent, il est séduisant au point de vue mystique et même capiteux au point de vue de l'art. Mais je n'ai pas les aptitudes physiques et encore moins les pré-dispositions spirituelles pour m'interner à jamais dans un cloître !... »

Il oubliait qu'il avait lui-même demandé à la Vierge de lui ouvrir le refuge d'un monastère. Mais, à ce moment, la nature se cabrait en lui d'autant plus qu'il traversait une de ces périodes où la Grâce, opérant aux régions les plus intimes de l'âme, se fait moins manifeste, se dérobe à l'analyse du néophyte. « Ce qu'il ressentait, depuis que sa chair le laissait plus lucide, était si insensible, si indéfinissable, si continu pourtant qu'il devait re-noncer à comprendre. Chaque fois qu'il voulait descendre en lui-même, un rideau de brume se le-vait qui masquait la marche invisible et silencieuse d'il ne savait quoi. La seule impression qu'il eût c'est que c'était bien moins lui qui s'avançait dans l'inconnu que cet inconnu qui l'envahissait, le pé-nétrait, s'emparait peu à peu de lui. »

Il soumit à l'abbé cette situation nouvelle. Il se plaignit de piétiner sur place, d'ignorer vers où s'orientait son destin.

Mais l'abbé clairvoyant : « Cette marche vers

Dieu que vous trouvez si obscure et si lente, elle est au contraire si lumineuse et si rapide qu'elle m'étonne. Seulement comme vous ne bougez point, vous ne vous rendez pas compte de la vitesse qui vous emporte ».

Puis, après avoir fait lire et relire à son pénitent la partie des œuvres de saint Jean de la Croix où sont exposées les souffrances de l'âme soumise à la purification des sens, il ne lui parla plus que des ordres religieux et particulièrement des Trappistes.

Ensuite, sachant le goût d'Huysmans pour le chant grégorien, il l'engagea à fréquenter la chapelle des Bénédictines de la rue Monsieur. Là il entendrait du vrai plain-chant, exempt des fioritures, des mutilations, des négligences qui le déforment dans la plupart des églises.

Huysmans, y alla, y retourna et en fut enthousiasmé, en tant qu'artiste, baigné de suave contrition en tant que catholique de désir.

Il dit à l'abbé ses impressions. Alors celui-ci le fit assister à une prise d'habit dans ce même sanctuaire. Huysmans, — comme déjà chez les Carmélites, mais d'une façon encore plus intense, vu ses progrès dans la vie spirituelle — fut touché à fond par l'holocauste volontaire de la jeune fille qui vouait ainsi son innocence à racheter, pour l'amour du Christ, les péchés du monde.

A la sortie, le voyant tout ému, tout imprégné d'effluves monastiques, l'abbé l'entretint de nouveau de la Trappe, puis lui dit à brûle-pourpoint : « C'est là que vous devriez aller pour vous convertir ».

Huysmans se récria. Pris de panique à cette seule pensée il allégua la faiblesse de son âme et son peu d'endurance corporelle.

« — Mais je ne vous propose pas de vous interner à jamais dans un cloître... Il s'agit d'y rester une huitaine de jours, le temps de vous nettoyer... Croyez-vous donc que si vous preniez une semblable résolution, Dieu ne vous soutiendrait pas ? »

Cet argument ne décida pas Huysmans : le régime alimentaire le mettrait à bas, le lever nocturne l'achèverait. Les objections se pressaient sur ses lèvres.

Et l'abbé nettement : « — Vous ne serez pas malade à la Trappe car ce serait absurde ; ce serait le renvoi du pécheur pénitent et Jésus ne serait plus le Christ alors ! Mais parlons de votre âme ; ayez donc le courage de la toiser, de la regarder bien en face. La voyez-vous ? Avouez qu'elle vous fait horreur ».

Huysmans se taisait.

Le prêtre insista. Il lui représenta qu'il serait soutenu par les prières de ces moines fondus en Dieu, qu'il trouverait là un confesseur expert, auquel il pourrait se confier avec certitude puisque, par un préjugé, d'ailleurs excessif, il éprouvait de la répugnance à recourir au clergé parisien.

Huysmans ne se rendait pas : « Il était sourdement irrité contre cet ami qui, si discret jusqu'alors, s'était subitement rué sur son être et l'avait violemment ouvert. Il en avait sorti la dégoûtante vision d'une existence dépareillée, usée, réduite à l'état de poussière, à l'état de loque ».

Mais à l'idée de se désinfecter au couvent, il éprouvait maintenant « une angoisse presque physique, il ne savait plus à quelles réflexions entendre : il ne voyait surnager, dans ce remous d'idées troubles, qu'une pensée nette : celle que le moment de prendre une résolution était venu ».

L'abbé s'aperçut qu'il souffrait et lui dit : « Mon enfant, croyez-moi, le jour où vous irez, *de vous-même* chez Dieu, le jour où vous frapperez à sa porte, elle s'ouvrira à deux battants et les anges s'effaceront pour vous laisser passer... Enfin soyez assez mon ami pour penser que le vieux prêtre ne restera pas inactif, et que les couvents dont il dispose prieront de leur mieux pour vous.

— Je verrai, répondit Huysmans, vraiment ému par l'accent attendri du prêtre, je ne puis me décider ainsi à l'improviste ; je réfléchirai...

— Priez surtout. J'ai, de mon côté, beaucoup supplié le Seigneur pour qu'il m'éclaire, et je vous atteste que cette solution de la Trappe est la seule qu'il m'ait donnée. Implorez-le humblement à votre tour et vous serez guidé... »

Et il le quitta.

Rentré chez lui, Huysmans se prit à méditer les paroles de son directeur. — A cette phase, il eut le sentiment indubitable que la décision à prendre était laissée à son libre arbitre. Il semblait que Dieu exigeât de lui un consentement réfléchi, motivé, d'autant plus méritoire qu'il serait sans doute très pénible à sa nature.

Alors avec une calme lucidité, avec une loyauté parfaite, il établit son bilan,

Contre : J'ai le corps douillet et maladif. Les né-vralgies me torturent dès que mes heures de repas changent et que je m'abstiens de viande. Jamais, je ne pourrai m'accommoder d'un régime d'huile chaude, de légumes et de lait, d'autant que ce der-nier, je ne le digère pas.

Ensuite, je ne pourrai pas me tenir à genoux par terre pendant des heures. Puis je ne pourrai me passer de la cigarette et probablement, on me défendra de fumer.

Bref, dans mon état de santé, il serait fou de courir un pareil risque de maladie grave.

D'autre part, il est à craindre que, dans le si-lence et la solitude, ma sécheresse d'âme ne per-siste, s'aggrave même. Alors je m'ennuierai terri-blement, je ne saurai comment tuer les heures et je me rebuterai.

Ensuite, il y a deux questions que j'ai laissées dans l'ombre jusqu'à aujourd'hui : me confesser et communier.

Certes, je voudrais bien me confesser, mais com-ment aurai-je l'audace d'étaler mes ordures devant un moine que ma puanteur d'âme suffoquera ?

« Quant à l'Eucharistie, elle me semble, elle aussi, terrible. Oser s'avancer, oser offrir à Dieu, comme un tabernacle, son égout à peine clarifié par le repentir, drainé par l'absolution mais à peine sec, c'est monstrueux ! Je n'ai pas le courage d'in-fliger au Christ cette dernière insulte ! »

Néanmoins, voyons le *Pour*.

Eh ! la seule œuvre propre de ma vie, ce serait justement d'apporter mon âme au couvent pour la

purifier. Et si cela ne me coûtait pas, où serait le
mérite ?

Ensuite qu'est-ce que j'ai à m'occuper tellement
de ma carcasse ? La nourriture, que je crois insuffi-
sante pour mon organisme débilité, les autres in-
commodités de cette vie monastique — qui ne du-
rera du reste qu'une semaine, — je les supporterai
s'il plaît à Dieu de me soutenir. Et puis pourquoi
supposer qu'il m'abandonnera quand j'ai eu les
preuves certaines de son intervention, quand j'ai
cru sans que ma volonté intervint, quand il m'a
donné la force de ne plus céder aux tentations sensuelles ?

Non, tout ce débat est misérable. Je sens « qu'il
me faut partir. Je suis poussé en dehors de moi par
une impulsion qui me monte du fond de l'être, et à
laquelle je suis parfaitement certain qu'il me faudra céder ».

A ce moment il était décidé. Mais ensuite, pendant plusieurs jours, il fut repris d'incertitude et
d'autant plus tourmenté que la Malice, le voyant
tergiverser, lui grossissait sans cesse les obstacles.

Et le silence de Dieu persistait en lui. C'est en
vain qu'il errait d'église en église, qu'il priait de
son mieux, son âme demeurait inerte, comme en-
gourdie.

Il retourna chez l'abbé, nullement enclin à se
soumettre, et sous prétexte de lui demander de nouveaux renseignements sur la Trappe et sur les conditions du voyage.

L'abbé n'eut pas besoin de l'examiner longtemps
pour découvrir sa peur des sacrements et son désir

d'atermoyer encore. Patiemment, il réfuta de nouveau toutes les objections du néophyte. Puis le voyant presque convaincu mais si sombre, il brusqua les choses.

— Je vais écrire à la Trappe que vous arrivez. Le temps d'avoir une réponse, comptons deux fois vingt-quatre heures. Voulez-vous vous y rendre dans cinq jours ?

« Alors Huysmans éprouva une chose étrange. Ce fut une sorte de touche caressante, de poussée douce. Il sentit une volonté s'insinuer dans la sienne. » D'abord il recula, inquiet de cette force indéfinissable qui le mettait en branle avec délicatesse et insistance à la fois. « Puis il fut inexplicablement rassuré, s'abandonna. » Dès qu'il eut dit *oui* une immense allégresse, un soulagement énorme lui vinrent.

Resté seul, il tenta d'analyser le phénomène dont son âme venait d'être le théâtre. Il constata qu'il n'y avait pas eu substitution d'une volonté extérieure à la sienne, car il avait conservé son libre arbitre, et aurait très bien pu se dérober à la pression douce qu'il avait subie. Par suite, son consentement à la proposition de l'abbé ne pouvait s'expliquer par une de ces impulsions irrésistibles et aveugles qu'endurent certains névrosés puisque, restant maître de ses actes, il en avait gardé l'entière conscience. Quant à la suggestion, l'hypnose et autres hypothèses par où les psychologues matérialistes tentent de nier l'intervention du Surnaturel dans des mouvements d'âme dont l'origine leur échappe, il ne s'y arrêta pas une minute. Il avait

vérifié à quel point il était demeuré lucide pour
prendre un parti. Puis il savait trop que, sur ce
terrain, les sciences humaines battent la campagne
et que dès qu'elles échafaudent une théorie, elles
la voient aussitôt controuvée par les faits.

Ce qu'il y avait d'évident, c'est que, au moment
où il ne parvenait pas à surmonter sa répugnance
pour la Trappe, il avait reçu soudain l'ordre tacite
de s'y rendre. Et restant tout à fait libre de ne pas
obéir, il avait néanmoins compris que s'il ne se
soumettait pas, l'avenir de son âme serait gravement compromis.

Se rappelant avoir déjà reçu, étant seul dans les
églises, des conseils et des ordres du même genre,
il se dit : « En somme, il y a la touche divine,
quelque chose d'analogue à la voix interne si con-
nue des mystiques ; c'est moins formulé et pourtant c'est aussi sûr ».

Et, fort judicieusement, il conclut : « Ce que je
me serais rongé, ce que je me serais colleté avec
moi-même, avant de pouvoir répondre à ce prêtre
dont les arguments ne me persuadaient guère, si je
n'avais eu ce secours imprévu, cette aide ! »

VII

La lettre de l'abbé demandant que Huysmans fût
accueilli comme retraitant à la Trappe de Notre-
Dame de l'Atre, reçut, dans le délai prévu, une réponse favorable.

Huysmans fit sa valise. Quoique désormais assuré que les secours surnaturels ne lui feraient pas défaut, il n'éprouvait aucune joie : « il se sentait mélancolique, mal attendri, mais résigné ». Puis la veille de son départ, sans cause apparente, une névralgie terrible le terrassa. A ce coup, il crut qu'il ne pourrait prendre le train et il fut presque sur le point de se réjouir de ce contre-temps, car la seule pensée de la confession le faisait frémir. Or il pria, fut soulagé, se répéta que, coûte que coûte, il lui fallait surmonter la nature.

Il semble qu'en cette circonstance, Dieu voulait qu'il assumât tout le mérite d'un sacrifice affreusement pénible. N'est-il pas significatif ce spectacle d'une âme qui paraît toujours prête à tourner le dos aux moindres obstacles et qui pourtant, bon gré mal gré, soutenue par la Grâce, finit par se résoudre à les franchir ?

Que devient, au regard de ce drame de conscience, la théorie déterministe prétendant que, parmi les mobiles purement instinctifs qui préparent nos actes, celui qui nous est le plus agréable l'emporte toujours et que nous ne pouvons lui résister ?

Dans le cas du converti, ce mobile serait celui que lui imposent sa vie passée de servant des doctrines matérialistes et d'homme épris de sensualité. Or voici que, sous l'influence d'une force qui agit en dehors des lois ordinaires de la psychologie, cet homme entre dans une voie de pénitence, de rachat et de réparation, d'où ses penchants les plus invétérés, ses intérêts les plus immédiats devraient l'écarter.

Au vrai, Huysmans — il l'a dit — allait au couvent « comme un chien qu'on fouette », mais il y allait tout de même.

L'orgueil, aussi, cet orgueil formidable de l'écrivain, trop souvent porté à s'adorer lui-même, était dompté. En partant, il se disait, avec une humilité touchante : « Au fond quel symptôme d'un temps ! Il faut que décidément la société soit bien immonde pour que Dieu n'ait plus le droit de se montrer difficile, pour qu'il en soit réduit à ramasser ce qu'il rencontre, à se contenter, pour les ramener à lui, de gens comme moi !... »

Le jour du départ, le néophyte se réveilla, guéri de sa névralgie et, par aventure, content d'avoir pris son parti. Le voyage ne présenta pas d'incidents notables. Il ne lui restait, en somme, que l'étonnement d'accomplir un acte qu'il n'avait pas envie de faire.

Accueilli, fort poliment mais avec une certaine réserve, par le Père hôtelier, il prit possession de sa cellule, s'enquit de ses obligations, et obtint qu'aux repas, composés de soupe maigre, de légumes accommodés à l'huile et d'un œuf sur le plat, le vin serait substitué au lait que, comme on sait, il ne pouvait digérer. Il devait observer le silence, assister à la messe et aux offices canoniaux, ne pas sortir de la clôture et s'adresser uniquement au Père pour ce dont il pourrait avoir besoin. Nulle autre prescription ni conseil pour sa vie intérieure. Comme il est d'usage dans les monastères, on laissait d'abord la solitude, le repliement sur soi-même, la prière agir sur le pénitent.

Au souper, Huysmans fut présenté à un laïque — qu'il appelle M. Bruno, — un vieillard qui avait reçu l'oblature et qui s'était reclus, pour le reste de son existence, dans ce couvent. Ils échangèrent quelques paroles de courtoisie. Puis la cloche sonna pour Complies.

A l'église, Huysmans observait tout avec une curiosité intense. Il ne songeait ni à se recueillir ni à prier. La façon dont les moines chantaient ou psalmodiaient, selon la méthode grégorienne la plus stricte, le ravit. Mais ce ne fut qu'au chant du *Salve Regina*, proféré avec une ferveur et une force de supplication inouïe, qu'il rentra en lui-même. Cette plainte si suave, cette imploration admirable de l'âme qui voudrait se montrer digne des promesses de Jésus-Christ, cet appel à l'intercession de la Toute-Belle le remua jusqu'au tréfonds. Il fondit en larmes et lorsqu'il eut regagné sa cellule, tombant à genoux, il cria vers Dieu : « Père, j'ai chassé les pourceaux de mon être ; mais ils m'ont piétiné et couvert de purin ; et l'étable même est en ruines. Ayez pitié, je reviens de si loin. Faites miséricorde, Seigneur, au porcher sans place. Je suis entré chez vous, ne me chassez pas, soyez bon hôte, lavez-moi !... »

Avant de se mettre au lit, il s'aperçut qu'il avait oublié de fixer, avec l'hôtelier, l'heure où il se confesserait le lendemain. « Tant mieux, se dit-il, cela me reculera d'un jour. »

Ainsi la confession ne cessait de l'épouvanter.

La nuit fut terrible. Des cauchemars d'une perversité toute spéciale troublèrent son sommeil. Il
eut aussi la sensation d'êtres fluidiques et malfaisants qui rôdaient autour de lui. La récitation du
verset de saint Ambroise : *Procul recedant...* mit
ces larves en fuite. Mais son malaise persista car il
sentait confusément que des attaques d'En-Bas se
préparaient contre lui.

Après une insomnie coupée d'assoupissements
brefs, il atteignit trois heures du matin. Il se leva,
gagna l'église et fut tout de suite empoigné par le
recueillement des religieux qui priaient à genoux
ou étendus, les bras en croix, sur les dalles.

« Oh ! prier, prier comme ces moines, s'écria-t-
il. »

Alors, entraîné par l'exemple, réchauffé, soulevé
au contact de ces âmes limpides, irradiant l'adoration autour d'elles, pour la première fois depuis
sa conversion, il sentit son être se détendre. « Il se
dénoua, s'affaissa sur les dalles, demandant humblement pardon au Christ de souiller par sa présence la pureté de ce lieu. Et il pria longtemps, se
reconnaissant si indigne et si vil qu'il ne pouvait
comprendre comment, malgré sa miséricorde, le
Seigneur le tolérait dans ce petit cercle de ses élus.
Il s'examina, vit clair, s'avoua qu'il était inférieur
au dernier des convers qui ne savait peut-être pas
épeler un livre. Il comprit que la culture de l'esprit
n'était rien, que la culture de l'âme était tout. Et
peu à peu, sans s'en apercevoir, ne pensant plus
qu'à balbutier des actes de gratitude, il disparut de
la chapelle, l'âme emmenée par celle des autres,

hors du monde, loin de son charnier — loin de son corps... »

Il jouissait de cette paix enfin conquise après tant d'inquiétudes, quand, au déjeûner, le Père hôtelier lui dit que le Prieur l'attendrait à dix heures précises à l'auditoire pour le confesser.

Cette nouvelle l'effara : il en fut comme assommé car dans l'élan d'allégresse qui l'emportait depuis l'aube, il avait complètement oublié qu'il devait se confesser. Et maintenant, à la minute redoutable où il allait falloir s'ouvrir devant un moine qu'il ne connaissait pas, il était pris d'une indicible terreur.

Mais les caresses de la Grâce reçues, un peu auparavant, à l'église, agissaient, à son insu, sur son âme et l'inclinaient à la pénitence. Il fit son examen de conscience, et son passé lui apparut tellement hideux que la contrition totale lui tordit le cœur comme pour en exprimer l'écume de ses péchés. Il pleura « doutant du pardon, n'osant même plus le solliciter tant il se sentait vil ».

Puis, se rendant à l'auditoire, une telle peur le bouleversait qu'il fut sur le point de rebrousser chemin, d'aller chercher sa valise, de courir prendre le train.

Comme il se formulait ce projet, le prieur entra. Sans propos préalables, il lui désigna un prie-Dieu et, s'asseyant à côté de lui, se dit prêt à entendre sa confession.

Huysmans avait vaguement préparé une entrée en matière, noté des points de repère, classé à peu près ses fautes. Et maintenant voici qu'il ne se rappelait plus rien.

Le moine demeurait immobile et silencieux.
Huysmans balbutia le *confiteor*, s'efforça de commencer ses aveux. Mais les larmes jaillirent. Il
s'interrompit pour balbutier : « Je ne peux pas !... »
Ah ! ce n'était pas le respect humain qui le retenait.
Non, c'était « toute cette vie qu'il ne pouvait rejeter
qui l'étouffait. Il sanglotait, désespéré par la vue de
ses fautes et atterré aussi de se trouver ainsi abandonné, sans un mot de tendresse, sans secours. Il
lui sembla que tout croulait, qu'il était perdu, repoussé même par Celui qui l'avait pourtant envoyé
dans cette abbaye ».

Alors le Prieur, lui posant la main sur l'épaule,
lui dit d'une voix douce et basse : « Vous avez l'âme
trop lasse pour que je veuille la fatiguer par des
questions. Revenez à neuf heures demain, nous aurons du temps devant nous car nous ne serons
pressés, à cette heure, par aucun office. D'ici là,
pensez à cet épisode de la montée au Calvaire : la
croix qui était faite de tous les péchés du monde
pesait sur l'épaule du Sauveur d'un tel poids que
ses genoux fléchirent et qu'il tomba. Un homme de
Cyrène passait là qui aida le Seigneur à la porter.
Vous, en détestant, en pleurant vos péchés, vous
avez allégé cette croix du fardeau de vos fautes et
l'ayant rendue moins lourde, vous avez ainsi permis
à Notre-Seigneur de la soulever. Il vous en a récom-
pensé par le plus surprenant des miracles, par le
miracle de vous avoir attiré de si loin ici. Remerciez-
le donc de tout votre cœur et ne vous désolez plus ».

Il bénit le pénitent et se retira.

Réconforté par la sublime exhortation du Prieur,

Huysmans passa une journée assez calme, put suivre les offices sans trop se disperser. La nuit fut également à peu près paisible ; les larves impures s'abstinrent de l'obséder.

Le lendemain matin, à la messe, il vit les religieux communier, et la joie grave qui brillait sur leur visage lui inspira le regret de ne pouvoir les imiter. « Cette exclusion lui faisait si nettement comprendre combien il était différent d'eux ! Tous étaient admis jusqu'à M. Bruno, lui seul restait... Et il s'attristait d'être mis à l'écart, traité, ainsi qu'il le méritait, en étranger, séparé de même que le bouc de l'Ecriture, parqué, loin des brebis, à la gauche du Christ... »

Ces réflexions lui firent du bien ; elles dissipèrent sa terreur de la confession. Il comprit que la justice voulait qu'il souffrît et se purifiât pour être admis à recevoir son Dieu.

De retour à l'auditoire, il avait pris son parti ; il était toujours bien triste mais résolu à tout dire.

Le Prieur entra et acheva de l'affermir dans sa bonne volonté : « — Ne vous troublez pas ; c'est à Notre-Seigneur seul, qui connaît vos fautes, que vous allez parler ».

La confession se déroula aussi complète que possible, ne dissimulant, n'atténuant rien.

Quand il eut fini, le Prieur récapitula ses fautes, s'étonna, encore une fois, du miracle évident dont il avait été l'objet et en rendit grâces à Dieu.

Il ajouta : « Le Christ vous a, en quelque sorte, ressuscité. Seulement, ne vous y trompez pas, la conversion du pécheur n'est pas sa guérison, mais seu_

lement sa convalescence ; et cette convalescence
dure parfois des années. Il convient donc que vous
vous déterminiez, dès à présent, à vous prémunir
contre les rechutes, à tenter ce qui dépendra de vous
pour vous rétablir. Ce traitement préventif se com-
pose de la prière, du sacrement de pénitence et de
la sainte communion ».

Prier, Huysmans avait appris à le faire. Il lui fallait
continuer de son mieux. La confession, elle lui serait désormais moins pénible puisqu'il n'aurait plus
des années accumulées de fautes à avouer. L'Eucharistie, il la recevrait souvent car le Démon, furieux de sa défection, allait terriblement s'agiter
pour le reconquérir. Seule, la communion fréquente
l'armerait pour se défendre.

Huysmans, tout imbibé de contrition, accueillit
docilement ces préceptes.

Le moine lui donna pour pénitence *une dizaine
d'un chapelet* à réciter, chaque jour, pendant un
mois ; puis, après lui avoir signifié qu'il communierait le lendemain, il l'invita à faire son acte de
contrition et lui donna l'absolution.

Tandis qu'il prononçait l'impérieuse et splendide
formule qui remet les péchés, le pénitent frémit de
la tête aux pieds. « Il s'affaissa presque sur le sol,
sentant, d'une façon très nette, que le Christ, présent en personne, était là, dans cette pièce, et il
pleura, ravi, courbé sous le grand signe de croix
dont le couvrait le moine... Il lui sembla sortir
d'un rêve quand le Prieur lui dit : — Réjouissez-
vous, votre vie est morte ; elle est enterrée dans
un cloître et c'est aussi dans un cloître qu'elle va

renaître. C'est un bon présage. Ayez confiance dans Notre-Seigneur et allez en paix. »

Voici donc qu'Huysmans vient d'accomplir un des actes capitaux de sa conversion. — On fera simplement remarquer ici qu'il n'avait cessé de mériter l'appui de la Grâce par l'humilité **dont** on a noté chez lui les constantes manifestations et par l'intégral regret de ses fautes. Chaque fois que, malgré sa bonne volonté, il avait été sur le point de suivre les incitations de la nature, le Surnaturel divin était intervenu de telle sorte qu'il avait eu conscience de son action. Chaque fois que le Surnaturel démoniaque avait tenté de l'égarer, il avait été remis dans le droit chemin. Enfin, ayant demandé à la Vierge d'aller dans un couvent, il y avait été envoyé malgré tous les obstacles.

L'acquis, cette fois, était énorme. Et pourtant, il lui restait de terribles épreuves à subir.

VIII

« *Lorsque l'esprit impur est sorti d'un homme, il va par les lieux arides, cherchant le repos. Ne le trouvant pas, il dit :* « *Je retournerai dans ma maison d'où je suis sorti. Et revenant, il la trouve nettoyée de ses souillures et ornée...* »

Or tel était le cas de Huysmans. Car, tout heureux d'avoir enlevé les boues qui lui obstruaient l'âme, il n'aspirait qu'à se fortifier dans ses

résolutions de vie réparatrice en recevant l'Eucharistie.

C'est ce que le Mauvais ne voulait pas. Aussi
tenta-t-il de rentrer dans la maison devenue nette.

Il y eut d'abord, chez le pénitent, des signes
avant-coureurs de cette brusque attaque et qui peuvent s'expliquer d'une façon naturelle. « Le vieil
homme », ayant rompu avec des habitudes ancrées
en lui par de longues années d'indifférence religieuse
et d'égarements sensuels, se réveille et tente de
réagir contre les obligations que la Grâce lui impose. C'est assez bien la situation d'un jeune arbre
à fruits, appliqué récemment en espalier contre un
mur. Les liens qui le maintiennent lui semblent
d'abord importuns ; il tend à les rompre et à reprendre sa forme d'hier.

De même l'âme d'Huysmans quant à la réaction
tout instinctive contre une règle dont il venait
d'éprouver les bienfaits, mais avec cette différence
qu'à la réflexion, il ne désirait nullement retourner
sur ses pas.

Du reste, le Prieur l'avait averti que cette péri-
pétie aurait lieu et il lui avait fait entendre que le
démon en profiterait pour lui travailler l'imagination.

C'est, en effet, par l'imagination — si développée
chez les écrivains — que le Malin pratique une
brèche dans l'âme d'où il avait été chassé. Il
use ensuite de cette faculté comme d'un verre
grossissant qui déforme toutes choses. Il la bourre
d'inquiétudes, de scrupules ineptes : il lui inculque
le doute ; il lui montre ses péchés comme des

pyramides et ses mérites comme des grains de sable — bref, il l'obsède et la porte à se décourager et à s'éloigner des Sacrements. Ce qui était le but visé.

Ce qui prouve, d'une façon indubitable, le caractère surnaturel de cet assaut, c'est le fait que les scrupules et les révoltes dont le néophyte se sent soudain envahi, persistent lors même que sa raison et sa volonté, demeurées intactes, s'opposent à cette tentative d'infection nouvelle. Il repousse, de toutes ses forces, les pensées néfastes que l'Ennemi lui suggère et, néanmoins, il ne parvient pas à les éliminer.

N'oubliez pas qu'il s'agit d'un homme qui débute dans la vie spirituelle et qui ne sait pas encore ce qu'une direction judicieuse lui apprendra par la suite à savoir que : la seule arme contre ces fantômes c'est le mépris. Se croyant en passe de pécher *malgré lui*, il essaie de boxer avec un adversaire aussi rusé qu'habile. Par là, il lui prête le flanc ; il s'affole aux coups redoublés qu'il reçoit et il est mis en déroute (1).

Ainsi de Huysmans.

Voici en quelle minime circonstance l'attaque démoniaque se dessina.

Il venait de confier à son commensal que, s'étant confessé, il devait recevoir la communion le lendemain.

— C'est impossible, répondit M. Bruno, il n'y a

---

(1) Voir pour le développement de ce théorème de Mystique : *Sous l'Etoile du Matin*, chapitres ii et iv.

qu'une messe conventuelle à cinq heures et la règle
défend d'y communier ; c'est le Père prieur qui la
dit, et il ne pourra y en avoir d'autres, car nous
n'avons que trois religieux prêtres au monastère :
le Prieur, le Père Abbé qui est malade et garde le
lit et le Père Benoît qui est absent. Cependant je
vais m'informer.

Renseignement pris, les choses s'arrangèrent
pour que Huysmans pût tout de même communier.
Un vicaire de passage dirait sa messe, le lendemain matin, avant son départ et lui donnerait le
Pain de vie.

Cet expédient navra Huysmans. Il s'était mis
dans la tête qu'il serait communié par un moine et
la perspective de l'être par un séculier le désolait.
Il avait beau se dire et se redire que cette répulsion était puérile, absurde, plus il s'attachait à la
vaincre, plus elle s'affirmait irrésistible.

« Je n'ai pas envie de communier demain... » Et
il se révolta.

Pourtant une lueur de bon sens lui vint : « — Je
suis lâche et imbécile à la fin. Est-ce que le Sauveur ne se donnera pas quand même ? »

C'était la note juste, mais tout de suite il se remit
à errer : « — Je manque d'humilité, c'est pour me
punir que le Ciel me refuse la joie d'être sanctifié
par un moine... »

Il eut beau se raisonner, une sourde colère l'agitait. Pour faire diversion, il voulut réciter la première des dizaines de chapelet qui lui avaient été
prescrites comme pénitence. Alors l'attaque, favo-
risée par son dépit, se développa dans toute sa fu-

reur. En désarroi, oubliant tout à fait les avertisse-
ments du Prieur, Huysmans fut jeté bas. Et ce fut
la crise de scrupule.

A peine touchait-il le deuxième grain qu'il se
figura que ce n'étaient pas un *Pater*, dix *Ave* et un
Gloria qu'il devait réciter, avec contrition, chaque
jour, mais bien dix chapelets entiers.

Malgré l'invraisemblance de la chose, quoiqu'il
se répétât qu'il était sûr que le Prieur ne lui avait
imposé qu'*une* dizaine d'*un* chapelet, l'idée le poursuivait que, se contentant de si peu, il péchait par
paresse.

— Enfin c'est impossible, s'écria-t-il, même à
Paris, le temps matériel me manquerait d'ânonner
cinq cents oraisons à la file !... Allons, je vais dire
mes dix *Ave* et rien de plus...

Mais il ne réussit pas à les égrener. Et alors une
voix railleuse s'éleva en lui qui disait : —Ah! Ah !
tu vois bien que ce n'est pas cela. Dix chapelets !
Dix chapelets ! Et non une dizaine de chapelet,
sinon ta pénitence est nulle.

« — Je n'ai jamais éprouvé une pareille hésitation, pensa-t-il, je ne suis pas fou et pourtant je
me bats contre mon bon sens... Eh bien je vais
réciter dix chapelets ; peut-être ensuite, aurai-je
la paix. »

Il en récita sept d'affilée, recourant à toutes sortes
de subterfuges pour se garder attentif à cette impossible besogne. — Mais alors épuisé, presque
abruti par cette rabâcherie qui devenait purement
machinale, il s'arrêta.

Et aussitôt l'Ennemi poussant son avantage :

— Mieux vaut que tu ne communies pas : après avoir manqué ta pénitence, tu n'oseras approcher de la Sainte Table.

Alors, se forçant au delà de toute mesure, il expédia, vaille que vaille, les trois derniers chapelets.

De ce coup il était rendu. Mais comme il soupirait d'aise d'en avoir fini avec ce moulin à prières, tout de suite la pensée lui fut soufflée qu'ayant accompli la tâche avec répugnance, il lui fallait tout recommencer !

Il chercha un moyen terme : compenser par une dizaine réfléchie, récitée avec soin, les cinq cents oraisons gâchées. — Il n'y parvint pas. Alors il s'irrita contre le Prieur, le rendit responsable de son tourment.

A ce moment, sa volonté prit, un moment, le dessus : « Si je m'appesantis sur cet ordre d'idées, si j'ergote, je suis perdu ! »

Et tout à coup il réussit à imposer silence à l'abominable hantise dont il était la victime.

Retourné dans sa cellule, il demeura vague, plein d'appréhensions mal formulées, mais si las, qu'il n'avait plus la force d'écouter les chuchotements qui couraient toujours en lui. Il alla dans le jardin, espérant se distraire par la marche. Là, le scrupule le ressaisit, devint formidable et s'aggrava d'un sentiment de haine contre le prêtre qui devait le communier le matin suivant.

Il tremblait d'angoisse, tout éperdu, quand M. Bruno, venu à pas rapides, l'aborda et lui demanda, sans autre préambule, ce qu'il avait.

Huysmans, stupéfait de cette intervention, car il ne s'était confié à personne, le regardait sans répondre.

« Oui, reprit l'oblat, le Bon Dieu m'accorde parfois des intuitions : je suis certain, à l'heure qu'il est, que le Diable vous travaille les côtes... »

Le pénitent exposa le combat dont il avait été le théâtre depuis plusieurs heures.

« — Ah ! dit M. Bruno, c'est toujours la même tactique : arriver à vous dégoûter de la chose qu'on doit pratiquer. Oui, le Malin a voulu vous rendre le chapelet odieux en vous en accablant. Puis qu'y a-t-il encore ? Vous n'avez pas envie de communier demain ?

— C'est vrai, répondit Huysmans.

— Nous allons arranger la chose. »

M. Bruno le conduisit à l'auditoire, le laissa quelques minutes puis revint, ramenant le Prieur, et se retira.

Interrogé sur ce dont il souffrait, Huysmans expliqua son tourment.

— Prêtez-moi votre chapelet, dit le moine, et regardez ces dix grains. Eh ! bien, c'est tout ce que je vous avais prescrit et c'est tout ce que vous aurez à réciter chaque jour. Alors, vous avez égrené dix chapelets entiers aujourd'hui ?

Huysmans fit signe que oui.

— Et naturellement, vous vous êtes embrouillé, vous vous êtes impatienté, vous avez fini par battre la campagne ? »

Et voyant que Huysmans souriait piteusement :

« — Eh ! bien, entendez-moi, déclara le Père, d'un

ton énergique, je vous défends absolument à l'avenir
de recommencer une prière. Elle est mal dite ? Tant
pis, passez outre... Je ne vous demande même point
si l'idée de repousser la communion vous est venue,
car cela va de soi et c'est là où l'Ennemi porte tous
ses efforts. N'écoutez pas la voix diabolique qui
vous la déconseille. Vous communierez demain,
quoi qu'il arrive. Vous ne devez avoir aucun scrupule, car c'est moi qui vous enjoins de recevoir le
Sacrement : je prends tout sur moi. » Il le salua et
sortit.

Huysmans un peu rasséréné, demeura songeur :
« — J'ignorais, se dit-il, ces attaques contre l'âme,
cette charge à fond de train contre la raison qui demeure intacte et qui, pourtant, est vaincue. Ça,
c'est fort !... »

Au moment du coucher, un dernier assaut fut
risqué par le diable. Huysmans n'avait dit ni au
Prieur ni à M. Bruno sa répulsion contre le prêtre
séculier qui le communierait, tant la chose lui avait
paru ridicule. Or soudain cette aversion lui revint
avec une véhémence inouïe.

Mais cette fois, il veillait et il s'affirma que rien ne
l'empêcherait de communier.

Puis il ajouta en soupirant : « — Ah ! Seigneur,
si j'étais seulement certain que cette communion
vous plaise. Donnez-moi un signe, montrez-moi
que je puis sans remords vous recevoir. Faites
que, par impossible, demain, ce soit un moine
qui... »

Il s'arrêta, découvrant qu'il tombait dans la pré-
somption par cette demande et qu'il encourait le

risque, si elle n'était pas exaucée, de s'imaginer que sa communion ne vaudrait rien.

Il pria donc humblement Dieu d'oublier son souhait téméraire. Et enfin apaisé, il s'endormit.

Au réveil, tout continuait de se taire en lui. « Il comprenait maintenant qu'il avait été assailli à l'improviste et que ce n'était pas avec lui-même qu'il avait lutté. »

Mais il demeurait morne et froid ; il ne se sentait, plus aucun désir de la communion qu'il allait recevoir. Il se rendit à l'église, s'agenouilla, pria d'une façon distraite car la pensée l'obsédait de ce signe qu'il avait demandé ; il s'efforçait de l'écarter, l'estimant plus que jamais puérile et irrespectueuse. Mais elle revenait toujours.

Comme la messe allait commencer, il fut surpris de voir entrer, pour la dire, non le prêtre séculier qu'il attendait, mais un moine qu'il n'avait pas encore vu.

Avide de se renseigner, il appela d'un geste M. Bruno prosterné non loin de lui et, lui désignant le religieux, lui demanda tout bas qui c'était.

— C'est dom Anselme, l'abbé du monastère, répondit l'oblat.

— Celui qui était malade ?

— Oui, c'est lui qui va nous communier.

Huysmans s'effondra, écrasé de gratitude. Ainsi, sans intervention humaine, le signe qu'il avait demandé à Dieu lui était accordé.

« Tu as obtenu plus que tu n'espérais, se dit-il, tu as même mieux que le simple moine que tu dé-

sirais, tu as l'abbé même de la Trappe. Et il se cria
Oh ! croire, croire, comme ces pauvres convers ; ne
pas être nanti d'une âme qui vole à tous les vents.
Avoir la foi enfantine, la foi immobile, l'indéra-
cinable foi ! Ah ! Seigneur, enfoncez-la, rivez-la en
moi. »

Son âme se réchauffa par cette invocation ; il put
prier à cœur ouvert et, au moment de communier,
cette humilité si franche, dont il avait déjà donné
tant de preuves, lui fit dire : « Seigneur, ne vous
éloignez point. Que votre miséricorde retienne
votre justice. Pardonnez-moi ; accueillez le men-
diant de communion, le pauvre d'âme... »

Quand le Père abbé l'eut communié, il s'attendait
à un transport de joie surnaturelle. — Or rien ne
vint qu'une sensation d'étouffement si pénible qu'il
ne pût faire son action de grâces et qu'il dut
s'élancer dehors pour respirer.

« Toutes ses prévisions étaient retournées ; c'était
l'absolution et non la communion qui avait agi.
Près du confesseur, il avait nettement perçu la
présence du Rédempteur. Tout son être avait été,
en quelque sorte, injecté d'effluves divins. Et l'Eucharistie lui avait seulement apporté un tribut
d'étouffement et de peine. »

C'était une épreuve dont on peut spécifier comme
suit la nature : il avait demandé un signe surnaturel qui lui prouvât que sa communion était agréable
à Dieu. Il l'avait obtenu. Mais en compensation
de cette faveur, l'allégresse du Sacrement reçu, son
action illuminante sur l'âme lui étaient refusées.

Il était désorienté ; le Père hôtelier lui deman-

dant, au déjeuner, s'il était content, il ne répondit
que d'une façon vague. Puis détournant le propos, il
s'enquit de la circonstance qui avait fait que le
Père abbé l'avait communié.

« — Ah ! s'écria le moine, j'ai été aussi surpris
que vous. Le Père abbé a subitement déclaré, en se
réveillant, qu'il lui fallait, ce matin, célébrer sa
messe. Il s'est levé, malgré les observations du
Prieur qui lui défendait, en tant que médecin, de
quitter le lit. Je ne sais pas et personne ne sait ce qui
lui a pris. Toujours est-il qu'on lui a alors annoncé
qu'il y aurait un retraitant à communier. Et il a ré-
pondu : « Parfaitement, c'est moi qui le communierai... »

Huysmans s'inclina sans rien dire : — Il n'y a
plus à douter, pensa-t-il, Dieu a voulu me répondre
d'une façon nette.

Survint M. Bruno qui lui confia qu'il avait obtenu la permission de lui faire visiter les dépen-
dances du couvent.

— Nous irons d'abord voir dom Anselme qui a
exprimé le désir de vous connaître.

Ils trouvèrent l'abbé, toujours très souffrant, assis
dans une petite cellule fort nue. L'abbé reçut, avec
amabilité, le néophyte et lui demanda tout d'abord
s'il se portait bien et s'il s'accommodait de l'abs-
tinence et de la nourriture succincte. Huysmans répondit affirmativement. De fait, contre toutes ses
prévisions jamais il ne s'était trouvé en meilleure
santé : point de névralgies, ni défaillances, ni
troubles d'estomac.

— Mais, voyons, reprit l'abbé en souriant, il y

a pourtant quelque chose qui doit vous manquer ?

— Oui, la cigarette allumée à volonté. Et il avoua avoir fumé en cachette.

— Mon Dieu, poursuivit le dignitaire, le tabac n'a pas été prévu par saint Benoît ; sa règle n'en fait donc point mention et je suis, dès lors, libre d'en permettre l'usage. Fumez, Monsieur, autant de cigarettes qu'il vous plaira et sans vous gêner.

Huysmans remercia et prit congé. M. Bruno le promena partout et leur conversation porta sur l'hagiographie et l'art religieux. Rien ne préparait donc le pénitent à la tempête formidable que le Malin allait, de nouveau, soulever en lui.

IX

Le lendemain matin, après une nuit aussi calme que la précédente, il venait d'entrer à la chapelle dans le but de prier la Vierge, quand soudain, avec une rapidité foudroyante, l'esprit de blasphème éclata en lui. Il entendait résonner dans son âme des injures atroces contre l'Immaculée. Il avait horreur de cette aberration, il en frissonnait de dégoût et pourtant il fallait qu'il usât de toute sa volonté pour ne pas les vociférer à la face de Celle qu'il vénérait.

Épouvanté, n'y comprenant rien, il se réfugia dans le jardin. Aussitôt la voix démoniaque se tut mais pour faire place à une autre qui l'emplit d'ar-

guties captieuses. Ce fut d'abord une nouvelle attaque de scrupule : Pourquoi s'était-il permis de
communier sans goût ? Pourquoi, au lieu de se recueillir, avait-il passé l'après-midi à flâner avec
M. Bruno ?

« — Mais voyons, répondit-il, ces réprimandes
sont ineptes : j'ai communié tel que j'étais, sur
l'ordre formel de mon confesseur. Quant à cette
promenade, je ne l'ai ni demandée ni souhaitée,
c'est M. Bruno qui, d'accord avec l'abbé de la
Trappe, l'a décidée... »

— N'importe, tu aurais mieux agi en passant
toute la journée en prière dans l'église.

— Mais c'est impossible.

— Si, c'est possible à qui possède vraiment l'esprit de pénitence. Donc tu ne l'as pas !

Et un ricanement strident lui labourait l'intérieur.
Il pantelait, ne sachant comment faire tête. Alors,
avançant toujours, le Mauvais tenta de ressusciter
le débat sur les dizaines du chapelet.

De ce coup, Huysmans se ressaisit. Les enseignements du Prieur lui revinrent en mémoire et il
haussa les épaules. Méprisée, la force adverse battit
en retraite. Mais ce ne fut que le délai d'une minute — et l'attaque prit une nouvelle forme.

Une averse de doutes s'écroula sur l'âme du patient. Doutes sur la Présence réelle, doutes sur les
vérités révélées, doutes sur la bonté de Dieu, doutes
sur le libre arbitre — bref une kyrielle d'objections
mille fois réfutées, et dont Huysmans avait appris
à reconnaître l'inanité alors qu'il étudiait sa religion. Néanmoins, il voulut accepter la contro-

verse : mais l'assaut était si pressant qu'il avait à peine le temps de formuler les réponses avant de recevoir un nouveau coup.

Et cependant la foi qu'il avait acquise restait immobile, inébranlable sous le flot de paradoxes éculés qui la submergeait.

« Il y a un fait certain, se dit-il, car il était, à travers cette bagarre, très lucide, nous sommes deux, pour l'instant, en moi. Je suis mes raisonnements et j'entends, de l'autre côté, les sophismes qu'on me souffle. Jamais cette dualité ne m'était apparue aussi nette... »

Sur cette réflexion, l'attaque fit trêve. L'Ennemi découvert battit en retraite encore une fois. Mais Huysmans n'avait pas eu le loisir de se reprendre que l'assaut recommença.

Cette fois, la voix voulait lui persuader qu'il avait été victime d'un phénomène d'auto-suggestion. Il résista, trop renseigné sur son état mental pour prendre au sérieux cette insinuation.

Alors, le doute revint. Tous les arguments déjà présentés, défilaient, grossis, tentaculaires, enlaçant la foi pour essayer de l'étouffer. Toutes les pédantesques rengaines du matérialisme eurent leur tour. Mais Huysmans avait jaugé, dès longtemps, leur vide. Il les subit donc sans fléchir.

Alors furieux d'être repoussé, le démon lui précipita un tombereau d'ordures dans l'âme. En des tableaux d'une précision effrayante, il lui mit sous les yeux des scènes d'un dévergondage inénarrable.

Huysmans ne se laissa pas séduire : ces rappels,

intensifiés, de ses débauches lui faisaient horreur ;
il ne pouvait écarter l'obscène vision, mais l'impression qu'il en reçut était la même que si on l'eût garrotté puis barbouillé d'excréments.

Le plus terrible, c'est que le Surnaturel divin
n'intervenait pas — gardait le silence. Alors ce fut
la tentation de désespoir : « — Tout est fini, je suis
condamné à flotter comme une épave dont personne
ne veut. Aucune berge ne m'est désormais accessible car si le monde me répugne, je dégoûte
Dieu ! »

Non, il ne dégoûtait pas le Seigneur, car, à ce
moment même, il put prier : « — Mon Dieu, dit-il,
souvenez-vous du Jardin des Olives. Souvenez-
vous qu'alors un ange vous consola. Ayez pitié de
moi, parlez, ne vous en allez pas... »

Rien : nulle réponse. Le démon aussi se taisait.
L'âme du pénitent gisait maintenant, dans une
nuit profonde, comme gelée, sans force et sans la
plus petite consolation — quasi-morte.

C'était la purification renforcée ; celle que Dieu
impose toujours à l'âme qu'il entend faire progresser rigoureusement dans la voie étroite afin
qu'elle acquière, d'une façon inébranlable, la certitude que, réduite à ses propres moyens, elle n'est
qu'un cadavre. Et en même temps, il la triture,
comme une éponge, pour en exprimer jusqu'à
l'arrière-suc de ses péchés anciens. L'épreuve est
salutaire mais épouvantablement douloureuse.

Dans cet état d'abandon, Huysmans gagna l'heure
de Complies ; la crise ayant duré toute la journée, il ne put prier, mais quand le chœur entonna

le *Salve Regina*, un peu de lumière rentra en lui.
Il regagna, l'office terminé, l'hôtellerie. Là, tout
pâle et tout tremblant, il s'écroula sur une chaise.
Le Père hôtelier et M. Bruno, qui l'avaient rejoint,
s'alarmèrent en voyant sa figure défaite et l'inter-
rogèrent.

Il expliqua les tortures qu'il venait de subir.

Et le moine, heureux de constater à quel point
cette âme avançait dans les chemins de Dieu, lui
apprit que la crise en question se produisait toujours lorsque la contrition du pécheur était parfaite,
et qu'il devait donc s'en réjouir comme d'une
nouvelle preuve de la sollicitude divine à son
égard.

— N'empêche, avoua-t-il, que c'est un terrible
moment à passer.

— C'est ce que la théologie mystique appelle :
la « Nuit obscure » ajouta M. Bruno.

— Ah ! s'écria Huysmans, j'y suis maintenant ;
je me souviens... Voilà donc pourquoi saint Jean
de la Croix atteste qu'on ne peut dépeindre les douleurs de cette nuit, et pourquoi il n'exagère rien
lorsqu'il affirme qu'on est alors plongé tout vivant
dans les enfers...

Et il comprit alors pourquoi l'abbé Gévresin, à
Paris, avait tant insisté pour qu'il lût avec attention les œuvres du Saint. C'est qu'il prévoyait que
son pénitent passerait par la nuit obscure et il voulait le préparer. Mais, dans son désarroi, Huysmans
avait tout oublié.

L'hôtelier conclut : « — Le remède à tout cela,
c'est la confession. Soyez debout, demain matin à

trois heures. Je vous conduirai au Prieur et il vous entendra » (1).

X

Par la permission divine, Huysmans venait de traverser une crise qui devait lui être fort utile.

D'abord il avait acquis la conviction que la Grâce ne l'abandonnait pas, puisque, contre toute vraisemblance, le signe surnaturel qu'il avait demandé lui fut octroyé.

Ensuite, ayant subi la récapitulation, peinte en traits de flammes, de ses égarements passés et pardonnés, quant à la chair et quant à l'esprit, il se tiendrait davantage en garde contre les rechutes ; de plus il avait appris comment la Puissance d'En-Bas s'empare de l'imagination pour tendre des embûches aux âmes que Dieu destine à se perfectionner par la souffrance. Cet enseignement ne serait pas perdu.

Puis il avait chancelé vers la tentation de désespoir et il s'en était dégagé par la prière la plus humble.

Enfin, son passage dans la nuit obscure lui avait fait expérimenter l'état de l'âme, lorsqu'avide d'aimer Dieu et d'en être payée de retour, elle est privée, pour un temps, de toute consolation sensible,

(1) Voir la note I à la fin de cette étude sur Hyusmans.

enfermée dans la foi toute nue, toute sèche, purement intellectuelle.

Comme, après tout, il avait subi ces vicissitudes sans se rebuter ni s'attiédir — ainsi qu'il l'aurait sûrement fait si sa conversion n'avait été que le caprice d'un cerveau malade ou une fantaisie d'ordre littéraire — il avait conquis sa récompense et il allait la recevoir.

Sa première communion lui avait seulement procuré — d'une façon latente — l'énergie nécessaire pour résister aux attaques du démon ; la seconde l'initia enfin aux joies de l'âme qui sent son Sauveur vivre en elle.

Donc, le lendemain matin, il décrivit, en confession, au Prieur, les affres par lesquelles il venait de passer. Celui-ci mit les choses au point, lui fit toucher du doigt qu'il n'avait pas péché, puisqu'il n'avait pas consenti aux aberrations monstrueuses que le Mauvais lui présentait.

« Ce qui vous arrive, ajouta-t-il, n'est pas surprenant après une conversion. Du reste, c'est bon signe car, seules, les personnes sur qui Dieu a des vues sont soumises à ces épreuves. »

Puis il analysa, avec une extrême précision, le mécanisme des ruses employées par le démon pour troubler l'âme de bonne volonté, recommanda encore à son pénitent de répondre par un calme mépris, sans même daigner faire au Mauvais l'honneur de le combattre.

Comme Huysmans lui confiait qu'il ne se sentait pas le désir de communier et que cette inertie l'inquiétait, il conclut par ces mots : « — Il y a de la fatigue dans votre cas ; l'on n'endure pas impunément de pareils chocs. Ne vous tourmentez pas de cela. Ayez confiance. Ne prétendez point vous présenter devant Dieu tiré à quatre épingles : allez à lui, simplement, naturellement — tel que vous êtes. N'oubliez pas que si vous êtes un serviteur, vous êtes aussi un fils. Ayez bon courage, Notre-Seigneur va dissiper tous ces cauchemars ».

Il lui donna l'absolution, et Huysmans, consolé, descendit à l'église.

Il reçut la communion avec une pleine humilité, puis alla au jardin pour faire son action de grâces.

Alors, avec une douceur irrésistible, le Sacrement se répandit dans son âme ; une lumière indicible en pénétra les replis les plus intimes ; il se sentit, peu à peu, soulevé au-dessus de lui-même ; il se trouva transporté en adoration au seuil même de l'Eden. Quand il revint sur la terre, il s'aperçut qu'il voyait pour la première fois la nature : le brouillard de tristesse et d'impressions artificielles qui la lui voilait naguère, s'était dissipé. Tout le paysage s'illumina de la même clarté que son âme. Il éprouvait à suivre les allées une sensation de dilatement, « la joie presque enfantine du malade qui opère sa première sortie ». Les arbres, lui sembla-t-il, murmuraient des prières ; des ailes angéliques se reflétaient dans l'eau des bassins. Le soleil brillait semblable à un ostensoir d'or radieux. « C'était un Salut de la nature, une génuflexion d'arbres et de fleurs chantant dans le vent, encensant de leurs parfums le Pain sacré qui resplendissait, là-haut, dans la custode embrasée de l'astre...

« Transporté, il avait envie de crier à ce paysage
son enthousiasme et sa foi. Il éprouvait enfin une
aise à vivre. L'horreur de l'existence ne comptait
plus devant de tels instants qu'aucun bonheur terrestre n'est capable de donner. Dieu seul avait le
pouvoir de combler ainsi une âme, de la faire déborder et ruisseler en des flots de joie. »

Huysmans l'expérimentait donc : cette joie toute
surnaturelle atteignait une intensité que les gens
les plus humainement heureux ne soupçonnent
même pas...

Il passa encore quelques jours au monastère,
bien portant, entouré d'affection par les moines et
par le bon M. Bruno. Quand il retourna dans le
monde, il emportait le regret de ne pas toujours
demeurer auprès d'eux. Il était fort triste car il
pressentait de nouvelles épreuves. Mais le souvenir des Grâces reçues lui donnait aussi bien du courage.

XI

Je n'ai point ici pour objectif d'écrire la vie
d'Huysmans depuis sa conversion. De même, au
cours des pages précédentes, écartant tout ce qui
n'était point mon sujet, à savoir : suivre la marche
de la Grâce dans cette âme, et en marquer, avec
autant de précision que je l'ai pu, les arrêts et les
reprises, j'ai tâché de rendre évidente l'action du
Surnaturel dans cette rénovation d'une conscience.

J'ai voulu établir une sorte de procès-verbal ; je me suis donc attaché à réprimer l'émotion que suscitaient souvent en moi maints épisodes où se manifeste la véracité magnifique du pécheur pénitent.

Poursuivant sur ce terrain volontairement circonscrit, dans ce qui va venir, je démontrerai, je l'espère, que Huysmans était prédestiné à conquérir son salut par la douleur physique et morale. Dieu, en effet, multiplia les épines sur le chemin où il l'avait engagé. Rares et brèves y furent les joies, fréquentes et prolongées les souffrances. Huysmans y acquit peu à peu la résignation puis l'amour de la Croix. Il y reçut aussi la persévérance jusqu'à cette mort enviable pour le croyant, effrayante pour l'incrédule, qui fut la sienne.

L'état d'âme, que révèlent les livres postérieurs à sa conversion, c'est surtout l'aridité, cette épreuve si fréquente chez ceux que Dieu mène par les voies extraordinaires et dont saint Jean de la Croix a si merveilleusement fixé les phases.

Dans cet état, nous apprend-il en substance, Dieu purifie l'âme en lui retirant toute lumière sur ce qui se passe en elle. Bien plus, il semble s'en tenir à distance et n'accorde aucune satisfaction apparente au désir qu'elle éprouve de se rapprocher de Lui.

« L'âme, spécifie le Saint, ignore le chemin où elle se trouve ; privée de toutes les consolations naturelles et surnaturelles dont elle avait coutume de jouir, elle est éprise d'amour de Dieu et ne peut se contenter et cette soif est si ardente qu'elle en est toute desséchée... »

Et il ajoute : « On voit qu'un tel état peut devenir une épreuve très rude quand il se prolonge. Il
est d'une monotonie désolante et malheureusement
il s'impose : on ne peut en changer à son gré. Quand
cette aridité dure pendant quelques jours, elle est
déjà profondément ennuyeuse. Mais au bout de
plusieurs années, elle devient intolérable. On est
bien tenté de s'étourdir en se jetant tout au moins
dans les bonnes lectures et dans les œuvres saintes
mais extérieures » ; mais le résultat est nul ou à peu
près.

Enfin, rassemblant, sous une image frappante, les
différents traits de ce véritable purgatoire, le Saint
en dit : « C'est une plaine sablonneuse, sèche, monotone. Çà et là pousse une herbe rare, partout la
même. Elle se dresse tristement vers le ciel. C'est
le souvenir de Dieu, souvenir simple, sans variété.
Le vent des distractions couche cette herbe et
l'oriente en tout sens. Mais la rafale passée, les
tiges se relèvent et reprennent leur direction vers
le ciel avec une obstination tranquille... »

Tel fut, en effet, le cas d'Huysmans durant les
années qui suivirent sa conversion et jusqu'au
jour où la maladie le cloua sur son lit. Il l'a noté
dans la *Cathédrale* et dans l'*Oblat*.

D'abord il fut durement éprouvé au point de vue
des consolations naturelles : le bon prêtre qui l'avait
envoyé à la Trappe, qui avait repris la direction de
son âme à son retour à Paris et pour lequel il ressentait une affection filiale, mourut peu de temps
après. Des amitiés nouvelles et qu'il croyait solides
s'éloignèrent. Il s'était retiré dans la solitude, au-

près de l'abbaye de Ligugé ; il y trouvait quelque réconfort à suivre les splendides offices bénédictins. Or, quelques mois après son installation, les religieux furent expulsés, partirent en exil. Il dut rentrer dans ce Paris qu'il avait en horreur.

Enfin comme tous les écrivains convertis, il eut à subir de violentes attaques. Les incroyants le chargèrent d'injures et de calomnies ou déplorèrent hypocritement son gâtisme précoce. Parmi les catholiques, divers Pharisiens mirent en doute sa sincérité, soulignèrent, avec perfidie, l'outrance de quelques-uns de ses jugements, interprétèrent dans un sens défavorable tous ses faits et gestes, le poursuivirent, lui et ses confesseurs, de conseils empoisonnés ou de lettres anonymes. Encore un coup, comme tous les pécheurs repentants à qui Dieu impose la lourde croix de la notoriété, il but, jusqu'à la lie, le fiel de la méchanceté humaine.

Et pour secours surnaturel, rien que la foi privée, en apparence, des visites de la Grâce, rien qu'une oraison qui semblait ne pas être entendue, rien que des communions où Jésus gardait le silence en lui, rien qu'une faim dévorante de Dieu qui paraissait ne devoir être jamais rassasiée. Il n'obtint un peu de tendresse que lorsqu'il se réfugiait auprès de la Consolatrice des Affligés, à Chartres, à Lourdes ou à Notre-Dame des Victoires.

Il a consigné son état d'aridité dans de nombreux passages de ses livres, ceux-ci par exemple : « Revenu de la Trappe à Paris, il vécut dans un état d'anémie spirituelle affreux. L'âme se traînait dans une langueur que berçait le ronronnement de prières toutes machinales... Il se demandait : suis-je plus heureux qu'avant ma conversion ? Et il devait cependant bien, pour ne pas se mentir, se répondre : oui. En somme, il menait une vie chrétienne, priait mal, mais, du moins, priait sans relâche. Seulement il se sentait l'âme si vermoulue et si aride !... » (*La Cathédrale*, ch. II).

Ce qui l'attristait aussi, c'était sa pénurie de ferveur à la communion. Il décrit comme suit sa sécheresse : « C'est un état particulier où il semble que la tête soit vide, que le cerveau ne fonctionne plus ; que la vie soit réfugiée dans le cœur qui gonfle et vous étouffe, où il semble, lorsqu'on reprend assez d'énergie pour se ressaisir, pour regarder au dedans de soi, que l'on se penche, dans un silence effrayant, sur un trou noir. » (*La Cathédrale*, p. 97).

Il avait en outre à lutter contre une vanité sournoise qui le portait à s'admirer pour sa continence et son assiduité à la prière, malgré les distractions et le manque de goût. Cette tentation le suppliciait car Dieu lui laissait cette exquise humilité dont il l'avait gratifié dès la première heure. « J'ai, dit-il, à l'état latent, ce qu'au Moyen Age on appelait ingénument la vaine gloire : une essence d'orgueil diluée dans de la vanité et s'évaporant au dedans de moi, dans des réflexions toutes tacites... Mon vice est muet et souterrain : il ne sort pas ; je ne le vois pas ni ne l'entends. Il coule et rampe à la sourdine et il me saute dessus sans que je l'aie entendu venir. »

Et relevant ces distractions incessantes qui

marquent l'état d'aridité il s'écriait : « Il suffit que je m'agenouille, que je veuille me recueillir pour qu'aussitôt je me disperse. Ah ! les gens qui ne pratiquent pas s'imaginent que rien n'est plus facile que de prier. Je voudrais bien les y voir : ils pourraient attester alors que les imaginations profanes qui laissent, à d'autres moments, tranquille, surgissent pendant l'oraison, à l'improviste. » (*La Cathédrale*, p. 103).

Puis l'aridité persistant, « un jour l'ennui s'implanta en lui, l'ennui noir qui ne permet ni de travailler, ni de lire, ni de prier, qui vous accable à ne plus savoir que devenir ni que faire... Je m'ennuie à crever : ce que je suis las de me surveiller, de tâcher de surprendre le secret de mes mécomptes et de mes noises. Mon existence, je la jaugerais volontiers de la sorte : le passé me semble horrible ; le présent m'apparaît faible et désolé ; quant à l'avenir, c'est l'épouvante... Je cherche des sensations dans mes communions ; il faudrait pourtant me convaincre que c'est parce qu'elles sont glacées qu'elles deviennent méritoires. Je le vois mais j'en souffre : c'est si naturel de demander à Dieu un peu de joie !... » (*La Cathédrale*, chap. VIII).

Oui, c'est naturel, mais le patient, malgré les éclaircissements de son admirable confesseur, n'arrivait pas à se rendre compte qu'il était dans le Surnaturel. Dieu voulait qu'il demeurât dans les ténèbres, qu'il progressât sans aide sensible.

Il essaya la diversion notée par saint Jean de la Croix. Il se jeta dans des lectures infinies de Mystique, de liturgie, d'art religieux et il n'en tira que

de la satiété : « Quel malheur, s'écria-t-il, que
d'avoir une bobine dans la cervelle et de se dévider
ainsi ses récentes lectures !... » (*L'Oblat*, p. 134).

Cependant les offices de la Semaine Sainte lui
apportaient un peu de soulagement : souffrant
comme il était, il goûtait Notre-Seigneur en croix,
la Vierge en larmes. Il se sentait alors en communion avec l'Eglise ; il parvenait à prier sans trop
de contraction.

Mais bientôt l'ennui revenait ; et, sauf le temps
du voyage en Hollande où il alla visiter la ville de
Schiedam, patrie de sainte Lydwine, il ne sortit
plus de l'aridité jusqu'au moment où la maladie
brisa sa plume.

Durant cette période d'apparent abandon de
Dieu, il eut tout de même deux signes qui purent
lui faire comprendre qu'il n'était point délaissé.

D'abord l'amour de Dieu persistait, intégral, en
lui, s'augmentait même du fait qu'il s'y attachait
avec persévérance malgré la fatigue de son âme et
malgré l'éclipse des grâces sensibles, malgré aussi
les déboires d'ordre naturel.

Ensuite ses livres produisirent des conversions.

XII

La publication d'*En Route* fit un bruit considérable : langues et plumes entrèrent en danse autour
du converti.

Les uns expliquèrent qu'il n'y avait là que « de

la littérature. » Le goût bien connu d'Huysmans
pour les singularités l'avait porté à ressusciter, à
grand renfort de détails effarants, cette chose dé-
funte qu'était la religion catholique. En somme,
disaient-ils, c'est une fantaisie d'artiste qui, blasé
sur les sensations normales, a voulu s'en créer
d'insolites en s'imprégnant de Mystique et en nous
mystifiant. — De fait, le mot : *mystiquefication*
fut lancé.

D'autres — des « chers confrères », bien entendu
— dénoncèrent un adroit calcul pour s'attirer la
clientèle dévote et s'assurer, par là, de sérieux bé-
néfices. Ils n'allèrent pas, comme ils le firent plus
tard pour un autre écrivain, jusqu'à l'accuser de
s'être « vendu aux Jésuites ». Mais ils qualifièrent
sa conversion d'opération de librairie bien menée.

Quand il fut avéré que Huysmans avait sincèrement raconté, dans *En Route*, sa propre histoire,
qu'il pratiquait, persévérait, semblait avoir totalement rompu avec le matérialisme, on en conclut
comme il a été dit plus haut, à un affaiblissement
d'esprit ; un esthète gourmé promulgua cet axiome :
« On se fait catholique lorsqu'on n'a plus de talent ». Et maints crocodiles de lettres feignirent de
verser des larmes sur l'effondrement prématuré de
cette belle intelligence.

D'autre part, dans le clergé, on observait une
prudente réserve. Car Huysmans, très ignoré,
jusqu'alors, dans les milieux catholiques, et dont
seuls, quelques intimes connaissaient la droiture
foncière, effrayait par la crudité de son vocabu-
laire. Il offusquait aussi par la violence de ses

critiques touchant les déformations du culte, l'ignorance de la liturgie qui se révèlent dans certaines paroisses, touchant la pauvreté de style et la
gaucherie de nombreux volumes traitant de la vie
spirituelle. Plusieurs, dont l'amour-propre en fut
écorché vif, crièrent au scandale, insinuèrent qu'une
mise à l'index s'imposait.

Au surplus, il faut bien l'avouer, Huysmans dé-
passait souvent la mesure. Il y eut toujours chez lui
un penchant à l'exagération des tares de l'Eglise militante, une tendance aux généralisations hâtives.
Je l'ai déjà dit ailleurs : il l'aimait tant cette Eglise,
où il avait mis tous ses espoirs, qu'il voulait servir
de tout son talent et de tout son cœur ! Y constater maintes faiblesses et maintes défectuosités
lui était pénible. Qu'elle ne fût point parfaite, cela
le désolait. Et il en résultait des jugements préci-
pités bien faits pour indisposer contre lui ceux qui
ne partageaient pas sa furie d'Absolu.

Peut-être eut-il aussi la préoccupation de dé-
montrer aux incrédules que la foi n'abolissait point
le sens esthétique, et qu'un catholique n'était pas
nécessairement un *bondieusard* confiné dans d'idiotes
superstitions, voué à un fétichisme grotesque.

Quoi qu'il en soit, si l'on ne peut qu'applaudir des
deux mains à quelques-uns de ses réquisitoires,
par exemple à l'entrain justicier qui lui faisait dé-
noncer sans cesse l'ignoble laideur de l'imagerie
religieuse d'aujourd'hui, on doit reconnaître que
certaines de ses appréciations, par trop sommaires,
étaient de nature à froisser les esprits enclins à
plus d'équité.

Ainsi lorsqu'il déclare que le clergé séculier ne peut être « qu'un déchet, tout le dessus du panier étant enlevé par les ordres contemplatifs et l'armée des missionnaires » et lorsqu'il le traite de « lavasse des séminaires » (*En Route*, p. 57).

Voilà qui est d'une injustice évidente. Car si le clergé actuel s'est parfois laissé influencer par le rationalisme ambiant, si, comme nous tous, il a besoin de Saints, il n'en contient par moins nombre d'excellents prêtres, surnaturels, zélés, soumis à Rome, et dont l'apostolat se prouve efficace.

Il s'est trompé de même lorsqu'il a parlé des cercles catholiques d'ouvriers. Il les croit composés « d'affreux blousards » dont l'haleine alcoolique dément l'onction mal arrêtée des traits » (*En Route*, p. 117).

Eh bien cela est faux de toute fausseté. Je fréquente beaucoup lesdits cercles ouvriers, mon métier de conférencier m'en faisant une obligation qui m'est fort agréable à remplir.

Or j'y ai trouvé des âmes admirables de franchise et de piété, des esprits judicieux et d'une culture souvent fort développée. Jamais je n'y ai remarqué de tartufes allant du mastroquet à la table de communion et vice-versa.

J'irai plus loin. S'il est dans les desseins de Dieu que l'Eglise de France triomphe de la crise qu'elle traverse, je crois que c'est par le peuple que se fera sa rénovation. En effet, la bourgeoisie est, en grande partie, paralysée par l'égoïsme, endurcie par l'amour de l'or, faisandée quant aux mœurs.

Mais, chez les prolétaires, les cercles catholiques

d'ouvriers forment, en général, une élite sur qui l'on peut fonder de grandes espérances. La preuve, c'est que la Maçonnerie s'en inquiète et médite de les dissoudre...

Revenons à Huysmans.

On comprend combien ses outrances le desservaient auprès des esprits prévenus et des intelligences fermées à l'art. Son action demeura aussi à peu près nulle sur les simples.

Et cela s'explique : son style surchargé de néologismes et d'archaïsmes, ses métaphores en raccourci, sa syntaxe déconcertante ne pouvaient que les ahurir sans les toucher. Dame, il n'a rien d'un classique. On se rappelle ses diatribes amusantes contre Virgile et les écrivains du xviie siècle. Au fond, plus encore qu'un réaliste, il est un romantique, voué au paroxysme du sentiment et de l'expression.

Mais ce sont justement les teintes violentes de son style, ses trouvailles d'images neuves, l'imprévu de ses comparaisons pharmaceutiques et culinaires, son habitude d'explorer les régions les moins connues de la littérature et de l'art, qui séduisirent des amateurs de nourritures rares dont le cerveau ne digérait plus que le bistournage des idées et les ragoûts de sensations troubles et de sentiments savamment frelatés.

Certains d'entre eux se plurent aux confidences scabreuses d'*En Route*, furent d'abord comblés dans leur goût de l'équivoque, charmés par cet écrivain qui savait accommoder, d'une façon si experte, leurs friandises de prédilection.

Plusieurs en furent chatouillés dans leur dépra-
vation et rien de plus. Mais quelques-uns, qui ne
s'étaient pas méfiés de ces bonbons au poivre enro-
bant l'eau pure et fraîche de la Grâce, firent soudain un retour sur eux-mêmes. Sans qu'ils en
eussent d'abord conscience, ces aveux véridiques,
cyniquement chrétiens, touchèrent la partie encore
saine de leur âme. Puis se comparant à Huysmans,
ils se dirent : — Moi, non plus je n'attends rien de
la vie ; moi aussi, le chagrin et l'ennui me rongent;
moi aussi, je suis dégoûté des raffinements infects
dont mes sens ont désormais besoin pour s'émouvoir ; moi aussi, j'ai soif d'une certitude que ni la
science ni les philosophies les plus subtiles n'ont
pu me fournir.

De là à se dire : — Si j'essayais de faire comme
Huysmans ? il n'y avait qu'un pas.

Et ce pas fut souvent franchi.

Aussi avait-il le droit d'écrire, quelque temps
après la publication d'*En Route* : « Ce livre a fait
des conversions que je connais; d'autres sont prêtes.
Cela étonne bien des prêtres qui le constatent puisqu'ils en sont les témoins, mais c'est ainsi. A coup
sûr, c'étaient des gens bien malades ceux qui se
sont appliqués ce remède de cheval. N'est-ce pas la
meilleure récompense que le Bon Dieu ait donnée
à mes efforts ? Il a fait servir le très imparfait que
je suis au bien. Il est admirable !... (1) ».

Huysmans eut une preuve encore plus formelle

---

(1) Lettre à un religieux citée par dom du Bourg, bénédictin,
dans son opuscule : *Huysmans intime*.

que son œuvre ne restait pas stérile. Je rapporte le fait tel qu'il me le conta, l'un des derniers jours de sa vie terrestre.

Lorsque parut *En Route*, l'abbé F., qui l'avait instruit et dirigé dès le début de sa conversion, eut à subir de violents reproches de la part de plusieurs de ses collègues. Ils prenaient texte des passages acrimonieux à l'égard du clergé que contient le volume, pour mettre en doute la sincérité de l'écrivain. Ils accusaient son confesseur d'avoir agi avec trop de précipitation.

Le pauvre prêtre fut pris de scrupule. Bouleversé, il alla prier la Sainte Vierge, à l'église Saint-Sulpice, de l'éclairer sur le cas de Huysmans.

— Bonne Mère, lui dit-il, que je me sois trompé ou que j'aie bien agi, daignez me donner un signe.

Le lendemain, comme il était à son confessionnal, un homme d'une quarantaine d'années se présenta et lui déroula une série d'aveux où foisonnaient les turpitudes et les sacrilèges. Il témoignait du plus intense repentir et spécifiait qu'il n'avait plus pratiqué depuis vingt-cinq ans.

Fort édifié, l'abbé F. lui donna l'absolution. Puis il lui demanda quelle circonstance l'avait amené à une aussi parfaite contrition.

— C'est que je viens de lire *En Route*, répondit l'autre. Le ton de sincérité, la bonne foi de ce livre m'ont touché. Enfin je me suis dit que si une âme souillée, avouant ses fautes avec tant de franchise, avait été pardonnée, la mienne, plus sale encore, pourrait peut-être aussi se purifier. Je suis venu à ce confessionnal — à tout hasard. Et j'ai bien fait puisque vous m'avez reçu à merci.

— Le voilà le signe, se dit le bon prêtre, fondant en larmes et remerciant la Vierge...

Donc Huysmans reçut quelques consolations à travers ses souffrances. Elles lui furent douces mais elles ne rafraîchirent pas son aridité. Pourtant il ne se rebute pas. Il se déclare indigne d'être mieux traité. Il écrit : « Ce qui m'inquiète, c'est de ne pas assez aimer Dieu. Je l'aime bien tout de même mais je ne le sens pas et j'en souffre... Je vois qu'on va continuer Là-Haut à me mener par une voie que, faute de courage, je n'aurais pas choisie. Mais Dieu sait très bien ce qu'il fait ; et il n'y a qu'à répondre : *Amen* ! »

Et se répétant toujours : Père, c'est bien dur ! Mais que votre volonté s'accomplisse et non la mienne, il continue à prier dans sa nuit sans étoiles.

Il vient d'atteindre le fond de la souffrance morale. Dieu va le préparer maintenant à l'extrême souffrance physique en le mettant en contact avec cette sainte Lydwine dont il est destiné à reproduire en partie les maux.

XIII

A mon avis, avec la seconde partie d'*En Route*, le chef-d'œuvre de Huysmans c'est *Sainte Lydwine de Schiedam*.

La Cathédrale, en effet, s'alourdit de considérations liturgiques, d'aperçus, ingénieux d'ailleurs, sur le symbolisme religieux, de nomenclatures bibliographiques par trop sèches qui en rendent la lecture assez pénible. D'autre part, les états d'âme, consécutifs à sa conversion, que Huysmans y analyse, sont toujours les mêmes. Cette monotonie était inévitable puisque, souffrant d'une aridité qui se prolongea jusqu'à sa maladie dernière, il ne pouvait que constater le fait sans en varier l'exposé. Son admirable véracité, son souci d'exactitude s'opposaient à ce qu'il inventât des péripéties aussi poignantes que celles qu'il venait d'éprouver quand il écrivit *En Route*. Or les études d'archéologie, d'histoire et d'art qui occupent une grande partie du volume apparaissent plaquées un peu au hasard parmi les considérations d'ordre psychologique. Il semble qu'il y ait là un défaut de composition et l'intérêt en pâtit.

Peut-être Huysmans aurait-il bien fait de scinder l'ouvrage. Il aurait consacré un livre à part à la description et à l'explication de la cathédrale de Chartres, et un autre à sa propre psychologie durant la période qui suivit son retour à Dieu. Telle qu'elle est, *la Cathédrale* donne l'impression d'une mosaïque disparate et rafistolée à l'aveuglette, où les pavés grisâtres d'une érudition pesante alternent avec les émaux monochromes d'une phase, sans incidents notables, de la vie spirituelle.

La même remarque s'applique à *l'Oblat*, encore qu'il y ait dans ce livre d'intéressantes données sur les vicissitudes d'une communauté bénédictine à l'époque des expulsions.

Quant à *Foules de Lourdes*, c'est un livre manqué. Le tempérament de Huysmans ne le désignait
guère pour se mêler aux grands pèlerinages. Sa
sensibilité extrême, son penchant foncier à discer-
ner, avant tout, le vilain côté des choses humaines,
et à le souligner dans ses écrits, l'ont emporté une
fois de plus. Il a eu sur les yeux une sorte de voile
qui lui amortit fâcheusement l'incomparable éclat
du Surnaturel à Lourdes. Les laideurs vinrent au
premier plan et rejetèrent les beautés dans une pénombre excessive.

Cependant on trouve dans *Foules de Lourdes*,
une superbe apologie de la Sainte Vierge, une page
exquise sur les cierges à la Grotte, une réfutation
judicieuse et *documentée des difficultés que la
science matérialiste oppose au caractère miraculeux
des guérisons obtenues par l'Immaculée. Ceci peut
atténuer cela. Néanmoins, le volume péche par
manque d'équilibre et de mesure. De là l'impression
blessante qu'il laisse à beaucoup de personnes.

Mais dans *Sainte Lydwine*, Huysmans a rencontré un sujet qui s'adaptait on ne peut mieux à son
talent et à son amour de la Mystique. Cette victime volontaire de la loi de substitution, souffrant
des maux inouïs dans son corps et dans son âme
pour racheter les péchés de son siècle, cette Sainte
toute couverte de plaies répugnantes, tout embau-
mée de parfums surnaturels, l'a ravi et, par suite,
l'a merveilleusement inspiré.

Il est sorti de lui-même. Il a compris, il a noté,
dans des pages d'une puissance et d'une éloquence
magnifiques, le rôle bienfaisant, assainissant, di-

vin, de la douleur dans le monde. Il a reproduit,
avec une foi paisible, avec une naïveté toute nouvelle chez lui, avec un grand bonheur d'expression,
les épisodes terribles ou gracieux qui parsèment la
légende de la Sainte. Son style s'est clarifié, simplifié (1). Son humeur même s'est adoucie. Moins
railleur, il est devenu plus compatissant à autrui,
plus équitable, plus persuasif.

C'est pourquoi l'on ne saurait trop recommander
la lecture de *Sainte Lydwine*. D'abord cette relation, tout imprégnée d'esprit surnaturel, réagit,
d'une façon excellente, contre certaines vies de
Saints où l'aberration rationaliste s'étale avec im-
pudence à moins que ce ne soient les vaines finas-
series du libéralisme.

Ensuite l'impression produite par le livre est
consolante : on y apprend à souffrir avec résignation, voire avec joie. Je sais des âmes qui s'en
trouvèrent éclairées, réchauffées, stimulées vers
l'abnégation de soi-même.

Huysmans allait avoir besoin de cette abnégation. Comme on l'a indiqué ci-dessus, il semble
qu'ayant été orienté par la Providence vers sainte
Lydwine, il en ait reçu l'énergie surnaturelle nécessaire, pour accepter, en se sanctifiant, les tortures purificatrices par où s'acheva son existence
périssable.

---

(1) Il y a bien encore quelques façons de dire assez saugrenues.
Par exemple, p. 210, Huysmans fait parler ainsi un chanoine im-
plorant l'aide de Lydwine : « Je vous serais obligé *d'exorer* le
Sauveur pour qu'il *m'élague* de ce qui lui déplaît le plus en moi ».
Mais ces tâches sont rares.

XIV

Comme le Prieur de la Trappe en avait prévenu Huymans, « la conversion du pécheur n'est pas sa guérison mais seulement sa convalescence ».

Il l'avait compris. Aussi, pour se garantir des rechutes et pour se bonifier, il s'était appliqué à observer avec beaucoup d'exactitude les commandements de Dieu et ceux de son Eglise, à fréquenter assidûment le confessionnal et la Sainte Table. Par là, il s'attachait à corriger ses défauts.

Or, le plus persistant, c'était le manque de charité envers le prochain. Il s'en rendait si bien compte que, vu sa grande loyauté, ce n'était qu'avec un tremblement qu'il proférait l'article du *Pater* : *Pardonne-nous nos offenses comme nous pardonnons à ceux qui nous ont offensés.*

Ce lui était matière à débats anxieux (voir l'*Oblat*, p. 117). Car il constatait que sa nature l'inclinait, sur ce point, à des jugements aigres et par trop sommaires, à des médisances plus impulsives que réfléchies, à des accès de colère contre qui l'avait lésé.

Retenons qu'il était dans la vie comme dans ses livres : un nerveux d'une extrême impressionnabilité, un imaginatif pour qui les moindres déboires s'exagéraient en catastrophes. En outre, il possédait un don de la caricature qui lui faisait

éprouver du plaisir à tourner en ridicule les travers de la pauvre humanité.

Dans l'ordinaire de l'existence, il faisait parfois
l'effet d'un chat peu sociable, qui n'aime pas que
les étrangers se familiarisent avec lui et qui se
tient toujours prêt à jouer de la griffe.

Mais il sentait que cette attitude agressive ca-
drait mal avec son amour si réel de Dieu. Entre
amis, lorsqu'il s'était laissé aller à des sorties fu-
ribondes contre les Pharisiens et les pies-grièches
de dévotion, il lui arrivait de couper court à ses
diatribes, d'en témoigner de la confusion et de
s'excuser avec une charmante ingénuité.

— C'est que, expliquait-il, la bêtise « au front
de taureau », pour parler comme Baudelaire, et
l'hypocrisie me mettent hors de moi.

Par contre, il manifestait la plus délicate tendresse à ceux qui avaient su se faire aimer de lui.
J'en parle d'expérience, car lorsque j'allai lui demander pardon des outrages dont je l'avais persécuté du temps où j'appartenais au diable, il se
montra plein d'affectueuse mansuétude. En nous
embrassant pour sceller la réconciliation, nous
pleurions comme deux gosses qui se sont flanqué
des taloches et qui en éprouvent du remords...

Dieu qui voulait que Huysmans fût totalement
à Lui, qui avait commencé à le diriger dans les
voies de la perfection en lui imposant la persévérance sans le réconfort des consolations sensibles,
acheva de briser son amour-propre en lui envoyant
la maladie pour qu'elle complétât son Purgatoire
sur la terre.

D'abord, Huysmans devint aveugle. Comme il écrivait la dernière ligne de *Foules de Lourdes* — c'est une prière à Notre-Dame — il fut frappé d'un zona qui, parmi des souffrances aiguës, se porta sur le nerf optique.

Fait notable : il recouvra la vue lorsqu'il eut à corriger les épreuves de son livre et il la reperdit aussitôt la besogne accomplie. — Je tiens ce détail de lui-même.

Au bout de quelques mois, une amélioration partielle se produisit. Il put quitter le bandeau qui lui couvrait les paupières. Mais sa vision demeura défectueuse : il ne supportait plus les lumières vives et était obligé de se servir de lunettes.

Courte fut la trêve. En octobre 1906, éclata le mal atroce qui l'acheva : un cancer de la face qui lui rongea la joue droite, caria le maxillaire et finalement lui perfora le palais.

Quand on lui signifia le diagnostic des médecins, Huysmans eut, tout d'abord, un mouvement d'épouvante. Il ne se faisait pas d'illusions ; il savait que le cancer est incurable. Mais ce sursaut de la nature, reculant devant la souffrance, fut bref. Un acte d'entier abandon à la justice de Dieu suivit bientôt. Il inclina la tête et murmura :

— Comme sainte Lydwine !... Que votre volonté soit faite, Seigneur...

Le sacrifice fut généreux, sans restriction. Et non seulement il se soumit en toute humilité, mais encore, s'étendant sur la croix sans récriminer, il refusa de ruser avec la souffrance.

« Ses médecins, pour apaiser ses douleurs into-

« lérables, voulaient employer les piqûres de mor-
« phine. Il s'écria : — Ah! vous voulez m'em-
« pêcher de souffrir ! Vous voulez changer les
« souffrances du Bon Dieu en mauvaises jouis-
« sances de la terre. Je vous le défends !...

« Par ce martyre qu'il permettait pour Huys-
« mans, en le soutenant de sa Grâce, Dieu voulait
« estampiller les œuvres de son serviteur de bonne
« volonté vis-à-vis de ceux qui persistaient à douter
« de lui : — Il me fallait, disait-il, souffrir tout
« cela pour que ceux qui liront mes livres sachent
« que je n'ai pas fait que de la littérature (1)... »

Son courage reçut une récompense. Plus les
tortures augmentèrent, plus il entra dans la sérénité. Elles étaient loin maintenant les lamentations
de naguère ; bien loin les tirades sarcastiques ba-
fouant les faiblesses d'autrui. Désormais l'indul-
gence, le pardon des injures, l'oubli des iniquités
à son égard habitèrent son âme. C'était si frappant
que le bon Coppée me dit, un jour où nous l'avions
visité de compagnie : — Il est transformé ; il
fallait la douleur pour cela ; c'est admirable !...

Et il ne se contentait pas d'ouvrir pleinement
son âme à la charité chrétienne, il se préoccupait
de ses amis, surtout des néophytes entrés après
lui dans l'Eglise.

Comme, malgré sa déchéance physique, sa lucidité d'esprit demeurait parfaite, il leur écrivait
des lettres dictées par son expérience, illuminées
par les clartés nouvelles qui lui venaient de son

(1) Dom du Bourg : *Huysmans intime*, p. 32.

calvaire. Tant qu'il put tenir la plume, il les leur prodigua (1).

Et quelle patience fut la sienne ! Le mal poursuivant ses ravages, malgré tous les efforts des médecins, ceux-ci le tourmentèrent de cent façons : on le cautérisa à outrance, on lui arracha les dents et l'os de la mâchoire supérieure, on essaya de cruelles médications empiriques.

Le tout, en vain.

Lui disait avec un sourire doucement résigné :
— Ces messieurs m'ont mis en capilotade ; maintenant, ils renoncent même aux palliatifs et ils ne me font plus que des pansements à l'eau oxygénée... Ils auraient bien pu commencer par là !...

A mesure qu'il s'ornait ainsi de vertus, il s'unissait davantage à Dieu. Vers la fin, il ne pouvait que rarement communier, le pus lui emplissant presque toujours la bouche. Il suppléait à cette privation du corps et du sang de Notre-Seigneur, par des communions de désir qui lui fortifiaient l'âme. Il méditait aussi sans cesse la Passion et il en vint à vivre dans un état d'oraison presque continuel. Puis sa tendre dévotion pour la Sainte Vierge l'aidait à souffrir. Il posait sa tête endolorie sur les genoux de la Bonne Mère et, me montrant le chapelet qui ne quittait plus ses doigts, il me disait : — J'ai peine à me recueillir ; mes prières sont pareilles aux fumées mourantes d'un encensoir oublié devant l'autel, mais notre Immaculée s'en contente et elle me soulage pour

(1) Voir note II à la fin de cette étude.

porter ma croix : le corps souffre à hurler, mais l'âme déborde d'une joie tranquille qui ressemble à une lumière blanche...

Je le vis pour la dernière fois la veille de sa mort. Il était assis dans un fauteuil et si affaissé qu'il ne put que me serrer faiblement la main et articuler, d'une voix presque imperceptible, ces mots : — Je vais à Dieu, cher ami, et je prie pour vous...

Le lendemain, à six heures du soir, il s'endormit paisiblement dans le Seigneur, sans une plainte, sans un regret. L'agonie fut si calme qu'on ne s'aperçut d'abord pas qu'il venait de passer.

L'épuration était accomplie : il avait racheté par des souffrances héroïquement supportées ses égarements anciens et ce que « le vieil homme » avait laissé en lui d'inquiétudes et d'acrimonie. En comparaissant au tribunal de la Miséricorde, il avait acquis le droit de s'écrier avec le serviteur de la parabole évangélique : — *Seigneur, vous m'avez confié cinq talents pour les faire fructifier, et voici que je vous en ai gagné cinq autres !...*

Quand un converti peut se rendre ce témoignage au seuil de la Vie éternelle, je crois qu'il a mérité son salut.

Note I

A propos des voix entendues si nettement par le néophyte au dedans de lui-même, je tiens à répéter ici ce que j'ai déjà dit dans ma brochure : *Notes sur la psychologie de la conversion* et antérieurement dans *Du Diable à Dieu* au chapitre VIII : c'est un phénomène fort perceptible qu'on ne peut absolument pas prendre pour une illusion ou un dédoublement de la personnalité. *Quelqu'un* parle en vous qui n'est pas vous, et vous en avez d'autant plus conscience qu'à cette période de la conversion, la faculté de raisonner est particulièrement libre : jamais l'on ne fut plus lucide, et l'on s'en rend compte.

Au surplus, voici ce que dit de ces voix sainte Térèse qui fait autorité dans la matière : « Ce sont des paroles parfaitement distinctes, mais on ne les entend pas des oreilles du corps ; l'âme, néanmoins, les entend bien plus clairement que si elles lui arrivaient par les sens ; on aurait beau résister pour ne pas les entendre, tout effort est inutile ». (*Vie de sainte Térèse par elle-même*, ch. xxv).

NOTE II

Voici une lettre que Huysmans m'écrivit en novembre 1906. Je l'ai donnée dans mon livre : *Un séjour à Lourdes*. Mais je crois utile de la reproduire ici. Si malade, il s'oubliait lui-même pour réconforter et encourager, avec une perspicacité admirable, son frère cadet de conversion.

BIEN CHER AMI

« Vous voici dans la solitude et j'espère que celui que le brave Curé d'Ars appelle le Grappin vous laisse un peu en paix (1). Je prie pour cela matin et soir. En tout cas, ayez confiance, refusez avec lui toute discussion. Et quand même les prières à la Vierge vous paraîtraient des sons vains, faites-les. Ce sont, d'ailleurs, les plus agréables à Dieu, les prières faites sans joie, presque sans espoir parce qu'elles coûtent. Les autres sont aisées et, par conséquent, valent moins.

« Dites-vous bien aussi que la souffrance est la marque de l'amour divin. Il n'est pas un des Saints qu'il n'ait broyé. Rappelez-vous la réponse de Jésus à sainte Térèse, accablée de maux, et finissant tout de même par se plaindre à Lui de ses rigueurs : — *Ma fille, c'est ainsi que je traite ceux que*

(1) Je venais de subir des attaques démoniaques d'une particulière violence.

j'aime. Voyez, il nous traite nous, les convertis, les bons sa-
lauds, comme ses vrais amis !

« Comme je vous l'ai dit, c'est très bon signe. N'empêche
que c'est affreux. J'en ai su et j'en sais encore quelque
chose, n'étant pas précisément heureux au point de vue
spirituel, et au point de vue corporel. Mais je me dis que
c'est, sans doute, autant de moins à valoir dans le Purgatoire et je me console.

« Songez aussi, bien cher ami, qu'il y a un peu de bonne
ruse chez le Seigneur. Il est souvent le plus près de nous
alors que nous le croyons le plus loin. Il laisse agir le Prince
des Mufles qui, sans le vouloir, nous épure. Car, en fin de
compte, c'est à cela que toutes ses ridicules persécutions
aboutissent.

« Soyez donc content : la Sainte Vierge vous a recueilli.
En dépit de tous les cahots, tout ira donc très bien. »

Note III

Pour la préparation de Huysmans aux tortures de la fin
de sa vie, il ne faut pas oublier que son attrait le portait
surtout vers la Passion. Il a noté ce penchant dans maints
passages de son œuvre et notamment dans l'*Oblat* où il dit :
« La Semaine Sainte était celle qui convenait le mieux à
ses aspirations et à ses goûts. Il ne voyait bien Notre-Seigneur
qu'en croix et la Vierge qu'en larmes. Aussi sortait-il des
longs offices de cette grande semaine accablé mais heureux.
Il se sentait si bien en communion avec l'Eglise, et il avait
si bien prié ! Et il lui fallait faire un effort pour s'imposer
un état d'âme différent avec la Pâque... »

Note IV

Un livre fort intéressant à consulter, c'est celui de
M. Gustave Coquiot : *le vrai J.-K. Huysmans*. Naturellement
M. Coquiot, incrédule, n'a rien compris à la conversion de
son ami. Mais il a noté, avec une perspicacité sympathique,
les particularités de caractère, les façons d'être et de dire
de l'auteur d'*En Route*. Je dois des remerciements à M. Mi-
chel Druhen qui m'a signalé le volume.

PAUL VERLAINE

Toutes mes peurs, toutes mes ignorances,
Vous, Dieu de paix, de joie et de bonheur,
Vous connaissez tout cela, tout cela,
Et que je suis plus pauvre que personne —
Mais ce que j'ai, mon Dieu, je vous le donne.

PAUL VERLAINE.

PAUL VERLAINE

I

J'ai entendu parler, pour la première fois, de Paul Verlaine, en 1886, comme je venais de déposer le casque et la cuirasse, après cinq ans de service militaire.

Féru de littérature, j'étais, comme la plupart des poètes qui allaient former l'école symboliste, fort préoccupé de tenter des voies nouvelles, d'assouplir le vers, de le rendre plus musical et surtout ¡de le libérer des entraves par trop rigides dont les Parnassiens l'avaient garrotté. Mais ce qui nous unit principalement, ce fut un goût d'idéalisme qui nous portait à réagir contre l'aberration matérialiste que préconisait le naturalisme alors triomphant. Car c'était l'époque où Zola proférait les bruits les plus incongrus dans tous les trombones de la réclame...

Donc, flânant en Belgique, je fis la connaissance à Marcinelle. près de Charleroi. d'un jeune avocat fort lettré, M. Jules Destrée — depuis, député so-

cialiste, — qui me montra un petit volume intitulé
Romances sans paroles dont les vers le ravissaient.
Il me lut quelques pièces, entre autres : *Il pleure
dans mon cœur,... Voici des fruits, des fleurs,...
Le piano que baise une main frêle...*

Je me récriai d'admiration tant cette poésie répondait à mon rêve, tant, tout ondoyante, toute
flexible, toute mélodieuse, toute nuancée, tout aérienne, elle me semblait supérieure aux fades déclamations et aux rhapsodies descriptives dont les
champs de l'art étaient alors infestés.

Je m'enquis du nom de l'auteur.

— Ah ! me dit Destrée, on ne sait pas grand'chose
sur son compte. C'est un nommé Verlaine qui, pa-
raît-il, a été condamné, il y a une douzaine d'années,
pour tentative de meurtre. En prison, il s'est converti au catholicisme et il a écrit un recueil de vers
religieux intitulé *Sagesse* que je ne connais pas.
M. Huysmans l'a découvert ; il en parle dans son
livre *A Rebours* publié il y a deux ans. Ce fut une
véritable révélation pour beaucoup, car les Parnassiens, dont Verlaine fit partie avant 70, gardent le
silence sur ce repris de justice qu'il leur semble
compromettant d'avouer pour l'un des leurs...

Rentré à Paris, je lus *A Rebours*. Les pages —
d'ordre purement littéraire — que Huysmans y con-
sacre à Verlaine augmentèrent mon envie de m'ini-
tier davantage à l'œuvre de l'étrange poète. Non
sans quelque peine, je me procurai un exemplaire
de *Sagesse* de l'édition Palmé, presque tout entière
mise au pilon.

Je lus et relus cette plaquette. **Tout m'en plaisait:**

la simplicité de la forme, dissimulant un art consommé, la beauté des images, la fraîcheur de l'inspiration, le parfum de sincérité qui flottait sur ces strophes semblables à des buissons de roses blanches.

Bien entendu, fort ignorant que j'étais des choses religieuses, je ne pus saisir à quel point l'esprit catholique imprégnait le livre d'un bout à l'autre, quelle haute Mystique l'illuminait de ses clartés. Néanmoins, dès lors et plus tard, quand parurent *Amour*, *Bonheur*, *Liturgies intimes*, quelles que fussent mes préventions contre l'Eglise, je dus bien rendre témoignage, que les poésies chrétiennes de Verlaine constituaient les joyaux de son œuvre.

Cela, je l'ai dit et répété dans de nombreux articles et dans les conférences que, dès cette époque, je faisais sur le poète.

D'ailleurs, il faut y insister : Dans ce temps, la presse bien pensante, que les mœurs décousues de Verlaine effarouchaient, se tenait sur la réserve à son égard. Elle ne l'a pas encore accepté tout entière. N'ai-je pas lu dernièrement un article où l'on opposait au pécheur repentant de *Sagesse*... qui? Un chansonnier breton — bon chrétien d'ailleurs. Tout de même, il n'y a pas proportion !

La presse boulevardière et maintes revues normaliennes propageaient force légendes malveillantes, force jugements ineptes sur la personne et sur l'art de Verlaine.

Mais de jeunes écrivains, mécréants pour la plupart, trouvant chez lui une beauté nouvelle ne cessaient d'acclamer, avec une furie généreuse, les mérites de ses poèmes. C'est donc la génération symboliste qui a fait la gloire de Verlaine — envers et contre tous. Elle n'a pas toujours placé aussi judicieusement ses admirations...

Quoi qu'il en soit, les catholiques ont lieu de se réjuir d'un pareil résultat. En effet, n'est-il pas réconfortant que la partie la plus pénétrante, la plus humaine et la plus surnaturelle à la fois de l'œuvre de Verlaine, celle où il atteste les beautés et les bienfaits de l'Eglise, soit tenue pour la plus admirable même par des adversaires irréductibles de notre foi ? Quelle preuve que le Saint-Esprit demeure le plus grand des artistes !

Répétons-le donc, dût la postérité renfrognée de Jansénius crier au scandale : Verlaine fut et reste, malgré ses rechutes, ses faiblesses et ses égarements, le chantre incomparable de la Grâce. Aussi Huysmans n'exagère pas quand il écrit : « L'Eglise a eu en lui le plus grand poète dont elle se puisse enorgueillir depuis le Moyen Age ». (Préface aux *Poésies religieuses*, 1 vol., chez Messein.)

II

Dans les lignes qui suivent, je n'ai pas l'intention de raconter la vie de Verlaine. Résumant les circonstances qui le menèrent en prison, je dirai sa conversion soudaine. Puis je suivrai, *d'après Sagesse*, le travail de la Grâce sur cette âme ingénue ;

je montrerai sa bonne foi et sa ferveur. Ensuite,
me servant de ses propres confidences, de son
œuvre postérieure à *Sagesse* et de nombreux documents publiés depuis sa mort, je tâcherai d'exposer combien il fut désarmé pour lutter contre
lui-même et contre les influences déplorables du
milieu où s'enlisèrent ses derniers jours.

Rien, avant la prison, ne révèle chez Verlaine
qu'il ait été préparé au catholicisme ardent de *Sa-*
gesse. Son père, capitaine du génie en retraite, considérait la religion comme une sorte de discipline
qu'il importe de respecter — sans plus. Sa mère,
grand cœur, plein de tendresse et de dévouement,
ne pratiquait que d'une façon assez sommaire. Le
poète fit sa première communion « parce que cela
était convenable » et n'en garda aucune ferveur.
Puis, dès son adolescence, il s'éloigna de l'Eglise.
Comme bien d'autres, il se laissa prendre aux fari-
boles de la science athée. Un de ses biographes qui
fut, jusqu'à la fin, son ami dévoué, dit de sa formation intellectuelle : « Nous avions lu ensemble,
entre autres ouvrages matérialistes, le livre, alors
célèbre et réputé hardi, du docteur Büchner :
Force et matière, y puisant des arguments scientifiques pour nous instruire et fortifier nos convictions philosophiques. Par nos lectures, par nos réflexions, nous étions persuadés de l'inexistence du
surnaturel, et nous ne pouvions croire à l'existence
d'un autre monde, pas plus qu'à la suprématie
d'une puissance extérieure qui domine l'humanité,
la gouverne, se mêle de ses actes, les juge, les récompense, les punit... Verlaine était donc, à

vingt ans, absolument incroyant par raisonnement, conviction, études et non simplement par une grossièreté négative comme la plupart des hommes qui ne savent pas, qui ne réfléchissent pas » (1).

Pourtant il lisait aussi, avec plaisir, les œuvres de sainte Térèse, non pour y chercher des motifs de croire, mais parce que le talent merveilleux manifesté par la réformatrice du Carmel, dans *le Chemin de la perfection* et *les Châteaux de l'Ame*, lui agréait. Ils sont, d'ailleurs, assez nombreux les incroyants qui cherchent des jouissances d'ordre littéraire ou psychologique dans les livres de dévotion. Il y a, par exemple, Sainte-Beuve, qui s'intitulait, aux dîners gras du vendredi qu'il présidait chez Magny : « évêque du diocèse des athées » et qui, néanmoins, se déclarait charmé par la lecture assidue de l'*Imitation*. Moi-même, je me souviens qu'à une époque où je combattais farouchement l'Eglise, *la Douloureuse Passion* de la sœur Catherine Emmerich me tomba sous la main. Je m'en délectai, mais comme j'aurais fait d'un conte de fées.

Ce ne fut pas non plus dans le mariage que Verlaine trouva des exemples de piété. Mlle Mathilde Mauté, qu'il épousa en août 1870, ne pratiquait pas. La suite des événements montra, au surplus, qu'elle n'était nullement catholique, puisqu'elle divorça pour se remarier dès que les rêveries antisociales du Juif Naquet eurent passé dans la loi.

Cette union mal assortie fut l'origine de tous les malheurs du poète. Quand il eut perdu sa place

(1) EDMOND LEPELLETIER : *Paul Verlaine, sa vie, son œuvre*, p. 387 (Editions du *Mercure de France*).

d'employé à l'Hôtel-de-Ville, après la Commune, il
vint habiter chez ses beaux-parents avec sa femme
et son petit garçon. Mme Verlaine était une personne très positive et très amie du pot-au-feu,
ce qui est, du reste, louable. Mais elle n'a jamais
compris le caractère du grand enfant — très facile
à mener si elle avait su le prendre — qu'était son
mari. Les inégalités d'humeur de celui-ci et, il faut
bien le dire, ses équipées bachiques, en compagnie
d'autres écrivains, la courroucèrent. Des querelles
éclataient à chaque instant, aggravées de longues
bouderies. Il faut retenir aussi que la jeune femme
était poussée sournoisement à la discorde par son
père, qui ne pardonnait pas à Verlaine de montrer
plus de penchant à chevaucher Pégase qu'à s'aca-
gnarder sur un rond-de-cuir. Ce M. Mauté était un
notaire villageois en retraite, un de ces Prud-
hommes papelards et venimeux, à lunettes montées
sur or, à faux-cols trop empesés, dont maints
capitalistes — toujours prêts à se duper les
uns les autres, sous couleur de contrats et
de licitations — vénèrent la fourberie onc-
tueuse.

Le ménage allait donc fort mal quand survint ce
voyou lyrique de Rimbaud, poète précoce, d'un talent extraordinaire, mais d'une perversité diabolique, qui prit un ascendant total sur Verlaine. Sa
grossièreté, le mépris qu'il témoignait pour les
plus simples convenances, les orgies où il entraînait son hôte mirent Mme Verlaine hors d'elle.
Elle exigea son expulsion de la maison familiale.
Verlaine refusa et même, il prit la fuite en société

de son mauvais génie, tandis que sa femme introduisait une demande en séparation.

Les deux amis menèrent à Londres, dans les Ardennes, en Belgique, une existence picaresque qui prit fin à Bruxelles, quand Verlaine n'eut plus le sou. Alors Rimbaud, que l'intérêt seul avait retenu auprès de lui, déclara qu'il allait le quitter. Verlaine, après maintes supplications pour le retenir, entra en fureur. Il avait, du reste, bu avec excès depuis deux jours. Il tira un revolver de sa poche, fit feu sur Rimbaud qu'il blessa très légèrement au poignet. Confirmé dans son projet de rupture, Rimbaud, dès le lendemain, se dirigea vers la gare du Midi pour retourner dans sa ville natale, Charleville. Verlaine le suivait en gesticulant et en vociférant. Arrivés place Rouppe, Rimbaud, effrayé par ses menaces, se réfugia auprès d'un agent de police, montra sa blessure et fit arrêter Verlaine...

Une condamnation à deux ans de prison s'ensuivit. Le poète fut incarcéré dans une cellule de la maison de détention de Mons.

Tels furent les événements d'où résulta *Sagesse* (1).

III

Verlaine est seul dans sa cellule. Quatre murailles blanchies à la chaux, une fenêtre grillée qui

(1) Voir note I sur la première communion de Verlaine à la fin de cette étude.

n'ouvre que sur le ciel, une couchette dure, une table étroite, un escabeau, une cruche de grès.

Le grand silence de la prison l'enveloppe, à peine interrompu par le bruit monotone des pas d'une sentinelle au dehors et par le claquement du guichet qu'un gardien tire, deux fois dans la journée, pour lui tendre des repas sommaires.

C'est là que pendant vingt-quatre mois il lui faudra vivre en tête à tête avec sa conscience.

Le passage brusque d'une existence désordonnée et tapageuse à une vie claustrale l'ahurit d'abord : son esprit roule et tangue parmi des rêves incohérents, oscille des illusions bariolées d'hier à la réalité grise et rude d'aujourd'hui. Puis son âme se rassied un peu. Il écoute s'apaiser en lui les rumeurs de la tempête qui l'a jeté, tout fiévreux, sur cette morne plage. Les fumées de l'alcool se dissipent, emportant, avec elles, l'image du funeste compagnon d'aventure qui l'a trahi. D'autres figures la remplacent : sa femme, son enfant.

Alors le regret du foyer perdu, le remords de s'être aliéné celle qui l'aimait, malgré les malentendus et les querelles, lui déchirent le cœur. Il se demande comment il a pu gâcher, fouler aux pieds les joies paisibles qu'il s'était promises au temps des fiançailles. Des vers écrits pour la petite épouse chantent avec mélancolie dans sa mémoire :

> ...Arrière
> L'oubli qu'on cherche en des breuvages exécrés !

Je veux, guidé par vous, beaux yeux aux flammes douces,
Par toi conduit, ô main où tremblera ma main,
Marcher droit, que ce soit par des sentiers de mousses
Ou que rocs et cailloux encombrent le chemin.

Oui, je veux marcher droit et calme dans la vie
Vers le but où le sort dirigera mes pas...

Et encore :

N'est-ce pas, nous irons, gais et lents, dans la voie
Modeste que nous montre en souriant l'espoir,
Peu soucieux qu'on nous ignore ou qu'on nous voie ;

Isolés dans l'amour ainsi qu'en un bois noir,
Nos deux cœurs, exhalant leurs tendresses paisibles,
Seront deux rossignols qui chantent dans le soir...

Maintenant les cris d'orfraie de la chicane remplacent le chant des rossignols. La petite épouse, pleine de rancune, décoche du papier timbré à l'époux dans le malheur.

Quoi donc, tout est-il fini entre eux ? Quand il sortira de cette geôle, il n'aura même pas la consolation de se réfugier vers des lèvres qui pardonneront ! Sa femme, il ne la retrouvera plus et peut-être qu'un autre la lui aura prise ! Et son fils, qu'il n'a vu qu'au berceau, on le détournera de lui !

Cette pensée le torture. Il piétine éperdûment le pavé de sa cellule ; il lance autour de lui des regards effarés. Qui lui apportera une parole de consolation ? Qui fera le geste de pardon ? Personne, — il est seul.

A quoi lui servent maintenant les « convictions philosophiques » dont son ami Lepelletier nous

rapporte, en des termes d'une si inconsciente drô-
lerie, l'empire sur son intelligence ? Le sophiste
teuton, qui lui servit une lourde panade de force et
de matière, va-t-il lui fournir une aide dans sa détresse ?

Que non pas. Ces paradoxes arrogants, ces négations hâtives lui semblent, à cette heure, ce qu'ils
sont en effet : les très poussiéreuses balayures de
l'orgueil. La science humaine, la raison humaine,
la tendresse humaine lui font faillite. Il est seul...
Il est tout seul !...

Tout seul, non : au-dessus de la table, un Crucifix, surmontant une lithographie du Sacré Cœur,
ouvre ses bras miséricordieux. Celui qui est venu
pour tous les égarés l'attendait là depuis l'éternité.
Il offre au poète le brasier d'amour qui consumera
ses fautes : il lui montre la plaie de son côté d'où
ruisselle le rachat du monde : il lui chuchote — à
voix si basse : — Mon enfant, c'est à cause de tes
péchés que je saigne sur cette croix. Blottis-toi dans
ma blessure et je te rendrai doux et humble de
cœur car je suis celui-là qui ne change jamais !...

Verlaine n'entend d'abord point la parole rédemptrice. Ses yeux à peine fixés sur le gibet de
gloire se détournent aussitôt. Il n'a pas encore assez
souffert pour mériter le plein repentir. L'obsession
le poursuit du procès engagé par sa femme. Il implore une réconciliation : il écrit des lettres sup-
pliantes qui restent sans réponses. Il agonise d'incertitudes et d'angoisses. Mais il n'est pas assez
arraché de tout pour sentir que Dieu seul recueillera
le débauché, le gibier de prison vomi par la société.

Et des jours coulent...

Un matin, le directeur de la prison entre dans la cellule et, après quelques phrases d'encouragement, lui remet le jugement du tribunal de la Seine qui prononce la séparation au profit de sa femme et qui confie à celle-ci la garde de l'enfant.

Bien qu'il eût dû prévoir ce dénouement, Verlaine fut foudroyé. Et alors Jésus se manifesta.

Mais laissons parler le poète.

« Je tombai en larmes sur mon pauvre lit. Une poignée de main et une tape sur l'épaule du directeur me rendirent un peu de courage — et, une heure ou deux après cette scène, ne voilà-t-il pas que je me pris à dire à mon gardien de prier monsieur l'Aumônier de venir me parler.

« Celui-ci vint et je lui demandai un catéchisme. Il me donna aussitôt celui de persévérance de Monseigneur Gaume... »

Verlaine n'y trouva pas beaucoup de réconfort quoique l'aumônier corroborât ses lectures « des meilleurs et des plus cordiaux commentaires ». Ah ! c'est que Jésus voulait agir sur lui sans l'intermédiaire d'aucun livre.

Il reprend : « Dans la situation d'esprit où je me trouvais, le désespoir de n'être pas libre et la honte de me trouver là déterminèrent, un certain petit matin de juin, — après une nuit douce-amère passée à méditer sur la Présence réelle et la multiplicité sans nombre des hosties figurée au Saint Evangile par la multiplication des pains et des poissons — tout cela, dis-je, détermina en moi une étrange révolution... Je ne sais Quoi ou Qui me souleva soudain, me jeta hors de mon lit, sans que je pusse prendre le temps de m'habiller et me prosterna en larmes, en sanglots, au pied du Crucifix et de l'image du Sacré Cœur — cette image évocatrice de la plus sublime dévotion de l'Eglise catholique aux temps modernes.

« L'heure seule du lever, deux heures au moins après ce véritable petit ou grand miracle moral, me fit me relever et je vaquai, selon le règlement, au soin de mon ménage (faire mon lit, balayer la chambre) lorsque le gardien de jour entra, qui m'adressa la phrase traditionnelle. — Tout va bien ?

« Je lui répondis aussitôt : — Dites à monsieur l'Aumônier de venir.

« Celui-ci entrait dans ma cellule quelques minutes après ; je lui fis part de ma conversion.

« C'en était une, sérieusement. Je croyais, je voyais, il me semblait que je savais : j'étais illuminé. Je fusse allé au martyre pour de bon — et j'avais d'immenses repentirs évidemment proportionnés à la grandeur de l'Offensé...

« L'Aumônier, un homme d'expérience, me calma, après m'avoir félicité de la grâce reçue. Puis comme, dans mon ardeur probablement indiscrète et imprudente de néophyte, hier encore tout mécréance et tout péché, j'implorais de me confesser sur-le-champ, dans ma crainte de mourir impénitent, disais-je, il me répliqua, en souriant un peu : — N'ayez peur. Vous n'êtes déjà plus impénitent, c'est moi qui vous l'assure. Quant à l'absolution, veuillez attendre encore quelques jours. Dieu est patient et il saura bien vous faire encore un petit crédit, lui qui attend son dû depuis pas mal de temps déjà, n'est-ce pas ?... » (1).

Fort sagement, l'aumônier jugeait à propos de laisser le repentir imbiber, d'une façon encore plus profonde, l'âme du pauvre pécheur.

Alors, dans la solitude et le silence — ces adjuvants incomparables du Paraclet — les larmes revinrent — un fleuve de larmes qui balaya, emporta les pitoyables arguties de la science athée, les habitudes d'intempérance et de luxure, la haine et la colère, et qui fit place nette dans ce cœur où le Bon Maître allait pouvoir descendre.

Verlaine éprouva combien la douleur est efficace pour modeler l'âme en forme de ciboire où rayonnera bientôt l'Eucharistie. Les glaces qui lui enveloppaient le cœur fondirent. Il connut ce printemps de la Grâce où les prières fleurissent comme des perce-neige, où le rosier, chargé des roses rouges de la contrition, vous fait sentir ses épines qui blessent et qui versent du baume tout à la fois. Son âme monta vers le Sacré Cœur comme une alouette vers le soleil d'un beau jour d'avril.

La confession générale eut lieu, puis la communion. Dans ses écrits en prose, Verlaine n'a guère donné de détails sur ses dispositions quand il reçut les Sacrements. Mais nous pouvons être assurés que l'effet produit fut intégral, car nous en trouvons l'admirable écho dans les vers de *Sagesse*.

La sincérité du poète n'est pas moins évidente.

---

(1) PAUL VERLAINE : *Mes Prisons*, pages 428 et suivantes. (Edition Messein).

Pour preuve, deux lettres écrites, peu après, à son ami Lepelletier et publiées par celui-ci dans le livre mentionné plus haut. J'en citerai les passages essentiels.

« ... Tout ce que je puis te dire, c'est que j'éprouve en grand, en immense, ce qu'on ressent quand, les premières difficultés surmontées, on perçoit une science, un art, une langue nouvelle et aussi ce sentiment inouï d'avoir échappé à un grand danger... Si l'on te demande de mes nouvelles, dis que je me suis absolument converti à la religion catholique, après mûres réflexions, en pleine possession de ma liberté morale et de mon bon sens. Oh ! cela tu peux bien le dire si l'on t'interroge... Je vois à présent ce que c'est que le vrai courage. Le stoïcisme est une sottise douloureuse, une Lapalissade. J'ai mieux : ce mieux, je te le souhaite, mon ami... »

Quelques semaines plus tard, il écrivait encore en envoyant à M. Lepelletier les premiers vers de *Sagesse* : « C'est absolument senti, je t'assure. Il faut avoir passé par tout ce que je viens de souffrir depuis trois ans, humiliations, dédains, insultes, pour sentir tout ce qu'il y a d'admirablement consolant, de raisonnable, de logique dans cette religion si terrible et si douce. Oh ! terrible, oui ! Mais l'homme est si mauvais, si vraiment déchu et puni par sa seule naissance. Et je ne parle pas des preuves historiques, scientifiques et autres qui sont aveuglantes quand on a le bonheur d'être retiré de cette société abominable, pourrie, vieille, sotte, orgueilleuse, damnée !... Si tu savais comme je suis détaché de tout, hormis de la prière et de la méditation ! »

M. Lepelletier, très loyalement, donne ces lettres si probantes. Mais comme, pour sa part, il en est resté à Büchner, il essaye d'expliquer par des considérations rationalistes le retour de Verlaine à la foi. Et alors il nous propose notre vieille connaissance, l'auto-suggestion : Verlaine s'est hypnotisé devant l'image du Sacré Cœur et tout le reste s'en est suivi. Vous voyez comme c'est simple ! En compulsant son livre, documenté, perspicace au point de vue humain, plein d'affection et d'admiration pour le poète, mais d'une absurdité renversante dès qu'il touche à la religion, je me répétais ce que je vérifie toujours davantage à mesure que je poursuis mes études sur l'action du Surnaturel dans les âmes : la Foi est une grâce qui nous opère de la cécité.

Ah ! si *Sagesse* n'était que le produit des hallucinations d'un cerveau surchauffé par l'isolement, pensez-vous que les jeunes mécréants qui firent le succès de ces vers auraient été non seulement ravis par les mérites littéraires du recueil, mais touchés jusqu'au fond du cœur par l'accent si sincère des joies et des tristesses qu'il raconte ? Croyez-vous que M. Jules Lemaître — qui ne passe point pour un emballé — en aurait écrit ceci : « Ces dialogues avec Dieu sont comparables — je le dis sérieusement — à ceux du saint auteur de l'*Imitation*. A mon avis, c'est peut-être la première fois que la poésie française a véritablement exprimé l'amour de Dieu ».

Examinons donc *Sagesse* à la lumière de la Mystique.

IV

Donc, quand Notre-Seigneur eut renouvelé l'âme de Verlaine par les pleurs du repentir et qu'il lui eut accordé le bienfait des Sacrements, le poète, comme il est dit dans la lettre ci-dessus, se mit à étudier sa religion. Le bon aumônier lui prêta des livres et, croyant par le cœur, il le devint également par la raison.

Mais il ne fit pas que s'instruire. Peu à peu, à mesure qu'il acceptait son retranchement du monde ainsi qu'une juste et nécessaire expiation de ses péchés, il se sentit pressé d'employer le don merveilleux de poésie que la Providence avait mis en lui, à célébrer les joies, les souffrances et les ravissements du néophyte qui progresse dans la voie étroite. Les vers constituaient, d'une façon si exclusive, son langage naturel que, lorsqu'il a tenté, par la suite, de décrire en prose quelques-uns de ses états d'âme dans sa prison, il n'a produit que des phrases gauches, encombrées de lourdes parenthèses, et d'une syntaxe débile. Du reste, chez Verlaine, le prosateur fut toujours très inférieur au poète. C'est un fait reconnu par tous ceux qui l'admirent : poète il était, et rien que poète.

Or, avant sa conversion, ses strophes charriaient bien des limons, tourbillonnaient parmi des bas-fonds suspects. Catholique, elles se purifient et prennent un cours régulier. Elles forment une ri-

vière paisible qui reflète le grand ciel salubre et le
soleil ineffable de la Grâce. Des églantines étoilent
les rives, des champs de violettes et de muguet
les parfument. Des croix jalonnent le parcours avec
des chapelles, élancées dans l'air tiède, où les
cloches d'airain de la contrition martellent les
psaumes de la Pénitence, où les cloches d'or de
l'amour de Dieu égrènent des alleluia.

C'est la vie purgative où l'âme, aidée par la
Vierge des Sept Douleurs, se dépouille de ses or-
gueils et de ses sensualités. C'est la vie illuminative
où l'Etoile du Matin lui verse les clartés les plus
argentines de la Grâce vivifiante. C'est, parfois, un
peu de la Vie unitive où la Rose Mystique épanouit
sa corolle couleur d'arc-en-ciel.

Et comme Verlaine a senti que Notre-Dame lui
était la dispensatrice des faveurs de l'Amour divin !
Comme il a eu raison de placer sa statue au centre
de l'œuvre ! Comme il a tendrement célébré les
munificences de la Reine sans tache ! Ecoutez :

Je ne veux plus aimer que ma mère Marie :
Tous les autres amours sont de commandement,
Nécessaires qu'ils sont, ma Mère seulement
Pourra les allumer aux cœurs qui l'ont chérie...

Et comme j'étais faible et bien méchant encore,
Aux mains lâches, les yeux éblouis des chemins,
Elle baissa mes yeux et me joignit les mains
Et m'enseigna les mots par lesquels on adore...

Marie Immaculée, amour essentiel,
Logique de la foi cordiale et vivace,
En vous aimant qu'est-il de bon que je ne fasse,
En vous aimant du seul amour, Porte du Ciel ?

Ah ! oui, cent mille fois oui, c'est toi qui nous es
la grande Auxiliatrice, Vierge très pure ! Ils le
savent bien ceux qui, servant l'Eglise militante,
saisirent entre leurs doigts un pan de ton manteau
radieux afin de ne pas buter sur les rocailles du chemin difficile qui monte en Paradis !...

Excusez cette incidente, lecteurs ; ce n'est pas
de ma faute : lorsque le nom de la Toute Belle
vient sous ma plume, je ne puis me contenir. Il
faut que je laisse tout pour lui répéter : — Ma
Mère, je vous aime !...

Ainsi, *Sagesse*, placé sous la protection de la
Vierge, nous décrit tour à tour les épreuves et les
consolations départies à l'âme contrite, les caresses
que lui prodigue la Grâce illuminante et les ardeurs
qui manifestent son ascension vers Dieu.

Le poème s'ouvre par une magnifique allégorie.
On dirait une image de missel, nuancée de pourpre
et d'or comme un crépuscule. Le chevalier Malheur
se dresse tandis que tonnent les fanfares qui sa-
luent le Saint-Graal. La visière de son casque,
qu'ombragent des plumes noires et feu, est levée et
son regard sévère darde sur le poète. Il lui atteste,
« d'une voix dure, » la loi de douleur qui régit
l'univers. Ensuite il brandit sa lance, lui perce le
cœur, et son doigt ganté de fer entre dans la blessure :

Et voici qu'au contact glacé du doigt de fer,
Un cœur me renaissait, tout un cœur pur et fier.

Et voici que, fervent d'une candeur divine,
Tout un cœur jeune et bon battit dans ma poitrine !

Or je restais tremblant, ivre, incrédule un peu,
Comme un homme qui voit des visions de Dieu.

Mais le bon chevalier, remonté sur sa bête,
En s'éloignant me fit un signe de la tête

Et me cria (j'entends encore cette voix) :
« Au moins, prudence — car c'est bon pour une fois ! »

V

La solitude est le plus grand des bienfaits en
cette période de début dans la vie spirituelle qui
se marque par l'examen de conscience et par le
bon propos pour la réforme de soi-même. Qu'elle
serait néfaste, au contraire, si le Surnaturel ne
l'habitait, si la rentrée du converti dans le Vrai
n'était qu'un jeu de son imagination, une velléité
religieuse soumise aux caprices de son tempérament et aux péripéties du hasard. Bien vite il se re-
buterait. Ensuite il passerait le temps à se surex-
citer au souvenir de ses caravanes à travers la débauche. Puis il s'irriterait contre le châtiment qui
l'a frappé. Il se chercherait des excuses. Il se dirait qu'après tout, la société ne valant pas grand
chose, son seul tort fut de ne pas garder les apparences. Il passerait par des alternatives d'amour-
propre froissé, de rancune, d'animosité contre les
auteurs de sa disgrâce. Il se poserait en surhomme
que l'éminence de ses facultés place en dehors des

lois de la morale. A d'autres moments il se dévo-
rerait d'ennui : une lourde tristesse, où il ne verrait
pas d'issue, pèserait sur lui comme une nuée de ca-
nicule. Enfin, peut-être, s'aveuglant tout à fait sur
ses torts, exagérant ses griefs, il formerait des projets de vengeance pour le jour de sa libération.

Mais quand Jésus tient compagnie au pécheur
repentant, comme la cellule pénitentielle lui devient suave ! Il s'y dessine une frise lumineuse de
bonnes pensées et de prières. Son âme apprend
qu'en ce lieu morne, elle a conquis la vraie liberté.
Car, quand elle le veut, elle s'évade vers le ciel en
chantant quelque cantique pareil à celui que saint
Jean de la Croix mit en tête de sa *Montée du
Carmel*, — ce livre que certains trouvent presque
inintelligible et qui m'a toujours semblé si limpide
et si profond :

> Pendant une nuit obscure,
> Enflammée d'un amour anxieux,
> — O l'heureuse aventure ! —
> Je suis sortie sans être aperçue
> Tandis que ma demeure était tranquillisée...
>
> En cette nuit heureuse,
> En secret, sans que nul ne me vit,
> Ne voyant moi-même plus rien du monde,
> Je n'eus d'autre lumière et d'autre guide
> Que Celui qui brillait dans mon cœur.

Ainsi de Verlaine en sa prison, soit qu'il recense
le passé pour détester ses égarements, soit qu'il
cultive les germes des vertus déposés en lui par la
confession et l'Eucharistie, soit que ses concupis-

cences s'étant tues, il s'entretienne avec Dieu.

Il voit alors, dans une incomparable clarté, les abîmes où il courait, les fanges où il se prélassait et il note combien toute sagesse humaine fut impuissante à le retenir :

> J'avais peiné comme Sisyphe
> Et comme Hercule travaillé
> Contre la chair qui se rebiffe...
>
> Et toujours un lâche abrité
> Dans mes conseils qu'il environne
> Livrait les clefs de la cité.
>
> Que ma chance fût male ou bonne,
> Toujours un parti de mon cœur
> Ouvrait la porte à la Gorgone !

Le repentir, le châtiment accepté, la prière l'ont racheté. Mais, comme il arrive toujours en cette phase de la vie purgative, l'Esprit du monde s'affaire à lui souffler la révolte et des conseils d'ingratitude envers Dieu. Il note ces insinuations en des vers d'un relief merveilleux, puis, enlaçant le pied de la Croix, il répond :

> Sagesse humaine, ah ! j'ai les yeux sur d'autres choses
> Et parmi ce passé dont ta voix décrivait
> L'ennui, pour des conseils encore plus moroses,
> Je ne me souviens plus que du mal que j'ai fait.
>
> Dans tous les mouvements bizarres de ma vie,
> De mes malheurs, selon le moment et le lieu,
> Des autres et de moi, de la route suivie,
> Je n'ai rien retenu que la grâce de Dieu.

Si je me sens puni, c'est que je le dois être :
Ni l'homme ni la femme ici ne sont pour rien
Mais j'ai le ferme espoir d'un jour pouvoir connaître
Le pardon et la paix promis à tout chrétien...

Puis il analyse son état d'âme avant la capti-
vité. Il dénonce l'immense orgueil du poète,
cet orgueil qui le précipita dans la fosse où
grouillent et grincent tous les vices. Il lui oppose
la quiétude dont le favorise Notre-Seigneur depuis
qu'il a mérité, par l'oraison confiante, la grâce
d'humilité :

... Un doux vide, un grand renoncement,
Quelqu'un en nous qui sent la paix immensément,
Une candeur d'une fraîcheur délicieuse...

Mais le Mauvais ne rend pas les armes si facilement : ce pénitent qui lui échappe, il veut le reconquérir. A cette heure douteuse du crépuscule
où nos sentiments se teintent de mélancolie, où
l'esprit fatigué de sa tâche du jour se tient moins
en garde contre les assauts des passions, il étale,
devant le reclus, des tableaux d'une précision traî-
tresse et d'un charme redoutable... Le prisonnier
répond :

Les faux beaux jours ont lui tout le jour, ma pauvre âme
Et les voici vibrer aux cuivres du couchant ;
Ferme les yeux, pauvre âme, et rentre sur-le-champ :
Une tentation des pires ! Fuis l'infâme...

Car l'Ange gardien est là qui lui rappelle qu'il
n'y a qu'un moyen de dissiper le prestige :

Ces souvenirs, va-t-il falloir les retuer ?
Un assaut furieux, le suprême sans doute !...
Oh ! va prier contre l'orage, va prier.

Mais le monde dégage de tels miasmes autour de la prison ! Ah ! si, du moins une fois libéré, il pouvait échapper à son siècle boueux. S'il pouvait remonter vers les temps de foi naïve et robuste ! Et voici l'admirable sonnet si justement célèbre :

... C'est vers le Moyen Age énorme et délicat
Qu'il faudrait que mon cœur en panne naviguât
Loin de nos jours d'esprit charnel et de chair triste...

Et là que j'eusse part — quelconque, chez les rois
Ou bien ailleurs, n'importe — à la chose vitale,
Et que je fusse un saint, actes bons, pensers droits,

Haute théologie et solide morale,
Guidé par la folie unique de la Croix,
Sur tes ailes de pierre, ô folle Cathédrale !

Vaincu quant à la sensualité, le Malin cherche alors à lui insuffler des pensées de découragement :

Pourquoi triste, ô mon âme,
Triste jusqu'à la mort
Quand l'effort te réclame ?...

N'as-tu pas l'espérance
De la fidélité
Et, pour plus d'assurance
Dans la sécurité,
N'as-tu pas la souffrance ?

C'est la nuit des sens, point culminant de la vie

purgative. Mais bientôt une grâce d'allégresse lui
est envoyée et il s'écrie :

> J'ai dit un adieu léger
> A tout ce qui peut changer,
> Au plaisir, au bonheur même,
> Et même à tout ce que j'aime
> Hors de vous, mon doux Seigneur !...
>
> Douce, chère Humilité,
> Arrose ma charité,
> Trempe-la de tes eaux vives,
> O mon cœur, que tu ne vives
> Qu'aux fins d'une bonne mort.

Or voici qu'après des semaines passées à dompter
la nature, à réduire en poudre « le vieil homme »,
voici qu'une aube inconnue commence à dorer l'horizon de son âme. Parce qu'il se rendit humble,
parce qu'il s'est tenu éveillé quand Notre-Seigneur souffrait pour lui à Gethsémani, Verlaine
gravit un degré de plus de l'échelle qui monte au
Sacré Cœur : il parvient au seuil radieux de la vie
illuminative. Son oraison n'est plus seulement de
pénitence. Elle devient l'acte d'offrande, le don de
tout son être à Dieu ; elle devient aussi l'acte de
désir qui réclame, en retour de ce joyeux holocauste, les félicités de l'amour divin. Il aime son
Sauveur, il l'aime enfin dans l'entier détachement
des choses de la terre et il veut être aimé plus encore qu'il n'aime. Et il est tellement éperdu de
gratitude qu'il se consume, comme un cierge
bénit, devant le bon Maître. Rien n'est plus beau,
plus fervent, dans toute la littérature religieuse,

que les cris qui témoignent de son ravissement :

O mon Dieu, vous m'avez blessé d'amour
Et la blessure est encore vibrante!...

Noyez mon âme aux flots de votre Vin,
Fondez ma vie au Pain de votre table !...

Prenez-moi, je vous donne tout : voici ma chair,
voici mon sang purifiés par votre chair, par votre
sang. Voici mon front « pour l'escabeau de vos
pieds adorables ». Voici mes mains « pour les
charbons ardents et l'encens rare ». Voici mon
cœur « pour palpiter aux ronces du Calvaire ».
Voici ma voix « pour les reproches de la Pénitence ».
Voici mes yeux « pour être éteints aux pleurs de
la prière ». Tout cela, c'est bien peu de chose, ô
mon Dieu, mais ce peu que vous sanctifiez, je
vous le donne sans en rien retenir !...

Ah ! que de pauvres gens, au cœur glacé, ne
peuvent comprendre cette sublime effusion du pécheur pardonné vers son Dieu. Pourtant, s'ils savaient !...

S'ils savaient que la douleur et le repentir, haïs,
poursuivis d'imprécations et de quolibets par le
monde, valent à qui les offre au Crucifix des voluptés auprès de quoi toutes les liesses de la terre
ne sont qu'épluchures pour les pourceaux.

Mais ils ne veulent pas savoir.

— Mangez les fruits de cet arbre, leur dit le démon, plutôt que l'hostie, et vous deviendrez semblables à des dieux. Ils se précipitent, il se bous-

culent et se meurtrissent les uns les autres pour
cueillir plus vite ces pommes vermeilles dont le
désir sèche leurs lèvres et crispe leurs doigts.

Ils cueillent ; ils mangent — et voici que l'illusion s'évapore aussitôt.

Tout barbouillés du jus noir des fruits de perdition, le palais en feu, le cœur plein d'ordures, ils
baissent tristement la tête et ils se disent : — Quoi,
ce n'était que cela ? Pourquoi ces pommes, si belles
à convoiter, nous laissent-elles dans la bouche le
goût de la mort ?

Alors quelques-uns — bien peu ! — se tournent
vers Jésus qui leur dit : — Si tu sèmes dans la
douleur, par ma grâce, tu récolteras dans l'allégresse. Accepte la Croix, porte-la joyeusement à
ma suite, et je t'abreuverai à la source vivifiante
de mon Cœur, et plus tu t'oublieras toi-même pour
te donner à moi, avec tes sens, tes sentiments et
ton intelligence, plus je mettrai dans ta bouche
l'avant-goût du Paradis.

Le lépreux, de corps ou d'âme, entend cette parole : le Larron des grands chemins entend cette
parole : Madeleine, la courtisane, entend cette parole : Nathanaël le sceptique, entend cette parole...

Mais divers bourgeois qui veulent « être de leur
temps » n'entendent pas cette parole. Leur cœur,
pétrifié d'or, leur cœur imbibé de luxure, ils le
mettent, sous quatre verrous et six serrures de sûreté, dans un coffre de granit. Puis ils s'en vont ges-
ticuler et brailler à la Bourse ou faire les pachas
dans les maisons chaudes. Lorsqu'ils rentrent, ils

ouvrent le coffre et ils n'y trouvent plus qu'un puant amas de pourriture. Alors les uns, pleins de désespoir, vont se pendre à l'arbre qui ombrage le Champ du Potier. Le démon prend leur âme et en fait des fagots pour entretenir les fournaises de la Géhenne. Les autres blasphèment Notre-Seigneur et persécutent son Eglise. Mais ils ne sont pas heureux car le Diable ne cesse de leur darder aux reins sa fourche ardente.

VI

Maintenant que Verlaine a fait à Dieu le don total de lui-même, il reçoit une grâce encore plus élevée. Parce que son âme s'est purifiée et pacifiée, parce que la voici nette et fleurie d'oraisons, Notre-Seigneur daigne s'y plaire. N'a-t-il pas dit en effet : « *Si quelqu'un m'aime, il gardera ma parole et mon Père l'aimera et nous viendrons en lui et nous ferons en lui notre demeure* ».

Bonté incomparable de Dieu : non seulement il daigne fortifier dans ses résolutions droites le néophyte, mais il vient résider au centre de l'âme qui s'offre à Lui comme un tabernacle. Il s'y attarde, lui faisant sentir son amour par des ondes de lumière qui la pénètrent, sans violence, jusqu'en ses profondeurs les plus intimes. Lorsque cette surabondance de délices risque de l'épuiser — notre pauvre nature ne pouvant supporter qu'une somme

limitée de jouissances surnaturelles — Il ne l'abandonne pas ; mais il modère l'éclat de ses faveurs et
il se retire un peu — pas bien loin — pour que
l'âme le rappelle. On éprouve alors le sentiment —
presque la sensation — de la présence de Dieu
autour de soi. Impression mystérieuse et qu'il est
difficile de définir. C'est à peu près comme si, se
trouvant dans une chambre obscure, on *sentait* qu'il
y a quelqu'un, qu'on ne voit pas, près de soi. De
cette présence silencieuse émane une sorte de
fluide qui éveille dans le cœur une joie confiante et
paisible. On se sent aimé, protégé, plein de zèle
pour la vertu... Mais ces mots ne peuvent rendre
que d'une façon grossière cet *enveloppement*, cet
enrichissement de l'être — corps et âme — par la
Grâce. Ils sont trop matériels pour exprimer avec
exactitude un phénomène d'ordre tout spirituel.
Toutefois ils en donnent une idée lointaine et
affaiblie.

Ensuite, Dieu s'éloigne encore pour que l'âme
comprenne à quel point elle serait veuve s'il la dé-
laissait complètement.

Et en effet l'âme s'étonne et s'afflige ; elle craint
d'avoir cessé d'être digne que son Seigneur la possède. Alors, planant au-dessus d'elle, le Bon Maître
lui remémore ce qu'il a souffert pour la conquérir,
et combien il a le droit d'en être aimé toujours
davantage :

... Mon fils, il faut m'aimer, tu vois
Mon flanc percé, mon cœur qui rayonne et qui saigne
Et mes pieds offensés que Madeleine baigne
De larmes, et mes bras douloureux sous le poids

De tes péchés, et mes mains. Et tu vois la croix,
Tu vois les clous, le fiel, l'éponge et tout t'enseigne
A n'aimer, en ce monde amer où la chair règne,
Que ma Chair et mon Sang, ma parole et ma voix...

A ces mots, l'âme qui, sans ce rappel du divin sacrifice, se serait peut-être enorgueillie de la faveur sans prix qu'elle vient de recevoir, la considérant comme un salaire de ses mérites, s'humilie, se fond dans la conscience de son néant. Elle se rend compte que si fort qu'elle aime Dieu, elle ne l'aimera jamais assez. Très humble, elle murmure :

C'est vrai que je vous cherche et ne vous trouve pas.
Moi, vous aimer ! Voyez comme je suis en bas,
Vous dont l'amour toujours monte comme la flamme !..

Mais la voix, doucement impérieuse :

Aime-moi ! Ces deux mots sont mes verbes suprêmes,
Car, étant ton Dieu tout-puissant, je peux vouloir,
Mais je ne veux d'abord que pouvoir que tu m'aimes.

A cette manifestation adorable de la tendresse divine qui se montre accessible, l'âme, éperdue de reconnaissance, ne peut croire à son bonheur. Elle recule, se trouvant trop tiède au regard de cette vive flamme qui la sollicite :

Seigneur, c'est trop ! Vraiment je n'ose. Aimer qui ? Vous ?
Oh non : je tremble et n'ose. Oh ! vous aimer, je n'ose,
Je ne veux pas ! Je suis indigne ! Vous la Rose
Immense des purs vents de l'Amour, ô vous tous

Les cœurs des Saints, ô vous qui fûtes le Jaloux
D'Israël, vous, la chaste abeille qui se pose
Sur la seule fleur d'une innocence mi-close,
Quoi, moi, moi, pouvoir vous aimer !...

Il faut m'aimer, insiste la voix :

Aime, sors de ta nuit, aime, c'est ma pensée
De toute éternité, pauvre âme délaissée,
Que tu dusses m'aimer, Moi seul qui suis resté !

Alors l'âme, tremblante : — Je le veux bien,
Seigneur, mais je crains, je ne sais comment m'y
prendre, enseignez-moi, dites-moi si je puis nourrir
l'espoir de retrouver

Dans votre sein, sur votre cœur qui fut le nôtre
La place où reposa la tête de l'apôtre.

— Certes, tu peux y arriver, continue la voix ;
pour cela, soumets-toi à mon Eglise en toute enfantine obéissance ; par elle, parle-moi, avec toujours
plus de foi, toujours plus d'espérance et plus de
désir de m'aimer davantage. Fais abnégation de
toi-même pour ne connaître que ma Passion et ma
douceur.

Et pour récompenser ton zèle en ces devoirs
Si doux qu'ils sont encor d'ineffables délices,
Je te ferai goûter sur terre mes prémices :
La paix du cœur, l'amour d'être pauvre et mes soirs
Mystiques quand l'esprit s'ouvre aux calmes espoirs
Et croit boire, suivant ma promesse, au Calice
Eternel et qu'au ciel pieux la lune glisse
Et que sonnent les Angelus roses et noirs...

L'âme alors, ivre d'amour, s'envole, aspirée par son Dieu. Après l'avoir lavée de ses souillures, Il est descendu jusqu'à elle. Il a fait sa demeure en elle pour l'illuminer. Maintenant, Il l'attire, la fait peu à peu monter jusqu'à Lui et la précipite au fond du brasier dévorant de son Amour.

Et c'est l'apogée du poème de *Sagesse*...

Telle est la substance de ces merveilleux colloques avec Dieu, si brûlants qu'on n'en trouve l'analogue que chez sainte Térèse. J'ai tâché d'en résumer la signification mais, à tous les vers, il faudrait une glose admirative tant ils débordent de foi lucide, de ravissements et d'extase.

Et il faut bien qu'ils soient d'une éloquence irrésistible puisque même des ennemis de Dieu en sentirent le rayonnement dans leurs ténèbres. Et il faut bien qu'il y ait là autre chose que de l'art, puisque les amoureux de Jésus ne peuvent les relire sans courir au Saint-Sacrement de l'autel pour lui vouer un surcroît d'amour et de fidélité...

VII

Voici donc que, par le bienfait de l'Amour divin, Verlaine a conquis une âme d'enfant sage. Il est doux, il est patient, il est humble. Lorsque sa pensée va vers celle qui fut sa compagne, il ne sent plus ni colère ni rancune. Il veut espérer qu'elle lui pardonnera ses torts si durement expiés et il lui adresse

des suppliques pour qu'elle s'apaise à son tour et
consente à mener avec lui une existence désormais
chrétienne :

> Allez, rien n'est meilleur à l'âme
> Que de faire une âme moins triste...
> Faites le geste qui pardonne !...

Hélas, c'est en vain qu'il l'implora ; la petite
bourgeoise, tout effarée déjà d'avoir vécu quelques
mois avec ce hors-la-loi pharisienne : un poète,
sentit mille répulsions se hérisser en elle à la seule
idée de renouer avec un « repris de justice ».

Croyante, elle aurait compris — et au besoin
son confesseur le lui aurait suggéré — que son devoir était d'accueillir, de consoler, de relever le
pécheur repentant. Elle l'aurait aidé à se tenir en
garde contre les rechutes. Avec une âme aussi fon-
cièrement ingénue que celle de Verlaine, la tâche
était, sans doute, aisée. Et, en tout cas, il eût été
conforme à l'Evangile de l'entreprendre.

Mais, farcie de morale notariée, elle se récria, en
invoquant « les convenances », et elle se déroba.
Que Dieu lui pardonne sa sécheresse d'âme. Mais
il n'est pas téméraire d'avancer qu'elle est en partie
responsable du désastre où sombra par la suite son
seul époux devant Dieu...

L'art de Verlaine bénéficia grandement de sa
pénitence. Non seulement il conserva le don de
rendre les nuances les plus délicates du sentiment, comme dans les poèmes des *Fêtes galantes*
et de *la Bonne Chanson*, mais il prit plus de simplicité et plus de profondeur à la fois. L'Eucharistie

a doué le poète d'yeux nouveaux pour contempler
la nature. Il en résulte que quelques mots très ordinaires, quelques lignes à peine appuyées, quelques teintes d'aquarelle lui suffisent pour évoquer un paysage, pour en donner la sensation
totale et pour le spiritualiser.

Voyez, par exemple, le merveilleux petit poème
où, accoudé à la fenêtre de sa prison, par un beau
jour d'été, il regarde un platane agiter faiblement
son feuillage où niche une fauvette :

> Le ciel est, par-dessus le toit,
>   Si bleu, si calme !
> Un arbre, par-dessus le toit,
>   Berce sa palme.

> La cloche, dans le ciel qu'on voit,
>   Doucement tinte.
> Un oiseau, sur l'arbre qu'on voit,
>   Chante sa plainte...

> Mon Dieu, mon Dieu, la vie est là,
>   Simple et tranquille.
> Cette paisible rumeur-là
>   Vient de la ville.

Puis aussitôt, faisant un retour sur lui-même :

> Qu'as-tu fait, ô toi que voilà
>   Pleurant sans cesse,
> Dis, qu'as-tu fait, toi que voilà,
>   De ta jeunesse ?

Ce n'est presque rien ces quatre strophes ; et
pourtant elles résument tout un état d'âme. Et elles
exhalent comme un parfum de buis amer et de lys

entreclos. Et elles montrent la paix d'un cœur qui
apprit de Jésus les douceurs de la souffrance acceptée pour l'amour de Lui...

Enfin les jours de prison s'achèvent. La porte
s'ouvre. La liberté, chèrement achetée, déploie ses
ailes. La nature se met en fête pour saluer le pénitent qui sort, plein de bonnes résolutions. Et *Sagesse*
se termine sur un magnifique poème, d'un rythme
bondissant, où les vers flambent comme des coque-
licots au soleil :

C'est la fête du blé, c'est la fête du pain
Au chers lieux d'autrefois revus après ces choses !
Tout bruit, la nature et l'homme, dans un bain
De lumière si blanc que les ombres sont roses....

Travaille, vieux soleil, pour le pain et le vin,
Nourris l'homme du lait de la terre et lui donne
L'honnête verre où rit un peu d'oubli divin ;
Moissonneurs, vendangeurs là-bas, votre œuvre est bonne.

Car sur la fleur des pains et sur la fleur des vins,
Fruit de la force humaine en tous lieux répartie,
Dieu moissonne et vendange et dispose à ses fins
La Chair et le Sang pour le calice et l'hostie.

Qu'il est superbe ce couronnement de l'œuvre où
le poète affirme que la Terre fut créée pour produire les Saintes Espèces...

VIII

Une légende — qui commence tout de même à
disparaître — veut que Verlaine soit allé, sans tran-
sition, des exercices de la vie chrétienne dans sa

cellule aux ribotes dans les estaminets. Or, ainsi que l'a démontré M. Edmond Lepelletier, rien n'est moins exact.

Certains s'en sont pourtant autorisés pour étayer cette thèse que la conversion du poète fut le produit d'un sursaut d'imagination dû à l'isolement, et que l'illusion religieuse où il avait vécu entre quatre murs se dissipa dès qu'il reprit contact avec la vie extérieure.

Si l'on leur objecte les vers catholiques composés et publiés depuis sa libération, ils répondent qu'il n'y a là que de l'application à poursuivre une veine où *Sagesse* prouvait de la supériorité.

Mais d'abord, on leur fera remarquer que nulle maîtrise d'ordre purement littéraire n'aurait suffi à conférer aux plus beaux poèmes d'*Amour*, de *Bonheur* et de *Liturgies intimes* cet accent d'espérance et de foi qui prouve une âme éprise de son Dieu. Un esthète incrédule *ne peut pas* sentir à quel point l'Esprit de vérité vivifie ces vers. Seul, un catholique, les comparant à des œuvres païennes habillées de christianisme, telles que *la Conscience* de Hugo ou le *Faust* de Gœthe, saura faire la différence entre ces morceaux de rhétorique et les effusions du pauvre Lélian visité par la Grâce. On admirera peut-être les premiers comme d'élégantes porcelaines ou des marbres adroitement sculptés, mais on restera froid. Au contraire, Verlaine, égal à ces rhéteurs en tant qu'artiste, l'emporte sur eux de toute l'inspiration surnaturelle qui dicta ses aveux et ses prières — et il nous remue le cœur. D'autre part, s'il y avait eu chez Verlaine la préoc-

cupation d'exploiter une *manière* inaugurée par
lui dans *Sagesse*, il faut avouer que le calcul eût
été fort maladroit. Car, comme je l'ai dit, rien ne
fut plus complet que l'insuccès du volume, à son
apparition chez Palmé en 1881. Les Parnassiens,
s'ils le lurent, s'empressèrent de l'enterrer dans la
cave la plus secrète de leur domicile. La presse,
pour lors occupée de quelques rimeurs dont il n'a
plus jamais été parlé depuis les cinq premières minutes qui suivirent leurs obsèques, garda un silence
compact. Ce n'est que six ans plus tard que les
symbolistes tirèrent *Sagesse* des catacombes et
firent le succès du recueil. Or, à cette époque,
Amour était écrit, malgré le fiasco de *Sagesse* et
parce que Verlaine demeurait — tout au moins de
désir — attaché à Jésus.

Voyons maintenant de quelle façon il s'y prit
pour persévérer dans la Voie unique, tout en ga-
gnant sa vie.

Après quelques semaines passées à la campagne
auprès de son admirable mère, il trouva une place
de professeur de français dans un collège d'Angle-
terre où il resta dix-huit mois « apaisé, laborieux,
régulier », dit son biographe. Mais la nostalgie le
prit. Muni du certificat le plus élogieux, il revint
en France. On l'accepta comme professeur de littérature, d'histoire et de géographie au collège
ecclésiastique Notre-Dame à Rethel. Là il réussit
également fort bien. On apprécia la façon grave
dont il faisait sa classe, son assiduité, sa ferveur
sans ostentation aux offices. Ses collègues, prêtres
excellents, le prirent en amitié. Et il faut bien ad-

mettre qu'il laissa des souvenirs irréprochables dans la maison, puisque « en 1897, les anciens du collège Notre-Dame organisèrent en l'honneur de leur illustre professeur un banquet. Sur le menu, on voyait le buste du poète que la renommée entourait avec la ville de Rethel et son collège » (1).

Mais Verlaine se lassa de l'enseignement. Il lui vint la singulière idée d'employer les débris de sa fortune à acheter de la terre qu'il cultiverait en compagnie d'un de ses élèves, Lucien Létinois, qu'il avait pris en affection. La tentative ne réussit pas — comme on le pense. Ruiné, Verlaine revint à Paris avec ce fils de sa pensée et de son cœur. Il y donna des leçons. La pratique chrétienne persistait car Létinois était fort pieux et Verlaine réchauffait sa foi au contact de cette ferveur juvénile.

Mais Létinois mourut, emporté en trois jours par la typhoïde. Le chagrin du poète fut immense. On en trouve l'écho dans d'admirables vers de son recueil : *Amour*. Et quelle humilité, quelle résignation poignante émanent de ces strophes où la souffrance chrétiennement acceptée scintille comme une étoile vue à travers des larmes :

> Mon fils est mort ! J'adore, ô mon Dieu, votre loi,
> Je vous offre les pleurs d'un cœur presque parjure,
> Vous châtiez bien fort et parferez la foi
> Qu'alanguissait l'amour pour une créature...
>
> Vous me l'aviez donné, je vous le rends très pur,
> Tout pétri de vertus, d'amour et de simplesse...

(1) EDMOND LEPELLETIER, *Paul Verlaine*, p. 414.

Et laissez-moi pleurer et faites-moi bénir
L'élu dont vous voudrez, certes, que la prière
Rapproche un peu l'instant si bon de revenir
A lui dans Vous, Jésus, après ma mort dernière.

Verlaine, resté seul, tenta de rentrer dans l'Administration. Toutes ses démarches échouèrent. Il n'était évidemment pas plus fait pour la vie de bureau qu'un sycomore pour porter des châtaignes. Il espérait seulement trouver là des ressources modiques mais assurées qui lui permettraient de versifier sans être talonné par le terrible souci du pain quotidien. D'autres tentatives auprès de catholiques notoires ne réussirent pas davantage : personne ne voulut s'apercevoir qu'un poète de génie était né à l'Eglise.

Alors il commença de plier sous le fardeau de la solitude et de l'abandon. Il avait tant besoin d'affection ! Méconnu par sa femme, déçu par le diabolique Rimbaud, privé de Létinois, il lui aurait fallu un prêtre qui le comprît, le relevât dès ses premières chutes, le guidât dans la voie étroite d'une main ferme et douce à la fois. — Ce prêtre ne se trouva pas...

Il sentait pourtant bien le péril auquel il était exposé, quand il écrivit l'incomparable poème où il regrette sa prison, ce doux *lamento* qui suscita le rire épais du Juif Nordau.

Quel sourire mélancolique plane sur les premiers vers :

J'ai naguère habité le meilleur des châteaux
Dans le plus fin pays d'eau vive et de coteaux :
Quatre tours s'élevaient sur le front d'autant d'ailes
Et j'ai longtemps, longtemps, habité l'une d'elles...

Puis la mémoire des heures de recueillement au pied du Sacré Cœur se précise et s'élève jusqu'à la prière :

Une chambre bien close, une table, une chaise,
Un lit strict où l'on pût dormir juste à son aise,
Du jour suffisamment et de l'espace assez,
Tel fut mon lot durant les longs mois là passés ;
Et je n'ai jamais plaint ni les mois ni l'espace,
Ni le reste, et du point de vue où je me place,
Maintenant que voici le monde de retour,
Ah! vraiment, j'ai regret aux deux ans dans la tour !..

Oh ! sois béni, château d'où me voilà sorti
Prêt à la vie, armé de douceur et nanti
De la Foi, pain et sel et manteau pour la route
Si déserte, si rude et si longue sans doute
Par laquelle il faut tendre aux innocents sommets,
Et soit aimé l'Auteur de la Grâce à jamais !

— Quoi, s'écrieront les gens superficiels, il regrettait sa cellule !... Fallait-il qu'il fût malheureux !

Sans doute, il était malheureux, mais surtout il sentait le peu que vaut le monde au regard de l'intimité avec Notre-Seigneur dans une cellule. Le souvenir des colloques divins dont il avait été favorisé lui faisait voir la société telle qu'elle est : un marécage hérissé d'ajoncs épineux qui déchirent les poètes, une fosse à purin fétide où barbottent en blasphémant les frénétiques de la chair, de l'or et de la vaine science.

Hélas, lui-même, à la longue, découragé, malade, glissa dans la fondrière. Et ce fut cette fin d'existence, oscillant entre les « breuvages exécrés », les liaisons fangeuses et l'hôpital que l'on sait.

Parfois il essayait de se dégager de la boue ; il allait se confesser — m'a dit un bon prêtre qui se reprochait de n'avoir su prendre assez d'ascendant sur lui —, il formait de bonnes résolutions. Mais il était si faible, si dénué de volonté, si esclave de son imagination débordante et de ses sens, si incapable de gagner sa vie par des besognes prosaïques ! Toujours il retomba. Néanmoins il ne perdit pas la foi. Jamais, fût-il ivre, on ne l'entendit blasphémer ; et il ne permettait pas que ses compagnons de débauche raillassent les choses saintes en sa présence.

Cependant les tentations ne faisaient plus trêve, et le Diable fouaillait avec fureur celui qui l'avait si rudement mis en déroute au temps de *Sagesse*.

Et ainsi, Verlaine, descendit peu à peu jusqu'au bas de la spirale de ténèbres et d'abjection où il s'était engagé presque *malgré lui*.

Jetons un voile et prions !...

IX

L'histoire des poètes est une sorte de martyrologe. Sauf quelques-uns qui se conforment aux aberrations de leur temps, que la foule acclame et qui alors deviennent fous d'orgueil, comme Victor Hugo, ils sont voués à la misère, aux humiliations et aux outrages.

Ils ne peuvent que vivre en marge d'une société qui, ayant pour objectif à peu près unique d'accumuler des sommes et de réjouir ses instincts, ouvre des yeux ahuris sur ces étranges personnages dont l'occupation capitale consiste à poursuivre, avec désintéressement, un idéal de Beauté.

— Qu'ai-je à faire, dit l'épicier du coin, de cette espèce de fou, de ce paresseux que je vois flâner par les rues en marmottant des phrases incompréhensibles, et qui se plante en extase devant la lune et les ennuyeuses étoiles à l'heure où les honnêtes gens dorment ?... Si je ne craignais de gâter une denrée louable, je le prendrais par la peau du cou et je le noierais dans un tonneau de mélasse.

Et tel professeur de rhétorique, couvé par la Normale, brandissant les parchemins qui lui octroient le privilège d'assoupir deux douzaines de jeunes cancres, s'écrie : — Quelle outrecuidance chez ces poètes !... En voici un qui se permet de prétendre qu'il apporte une personnelle conception de l'art. Je lui montrerai que j'ai pris patente pour maintenir les règles. Sur quoi, le cuistre dégaîne sa critique. Il barbouille un article où il atteste la « saine prosodie » et le « bon goût ». Il étale son incompétence gorgée de textes périmés. Il essaie des railleries. Or supposez un hippopotame qui nourrirait la folle ambition de se balancer sur une toile d'araignée, vous aurez une vague idée de la souplesse qu'il met à ces exercices... Mais il égratigne la libre Muse et il est content...

Ces déboires, et bien d'autres, constituent le lot du poète : le peu de pain qu'il mange est sau-

poudré de cendres malpropres. Ecorché vivant,
il saigne sans cesse par les autres et par lui-même.
Il y a là comme la rançon du don inappréciable
qu'il reçut d'exprimer la *Beauté*.

Toujours un peu de divin se décèle dans l'art,
si dévoyé soit-il. C'est pourquoi j'aime à me
figurer que Dieu purifie le poète par la souffrance
pour lui accorder, après le Purgatoire nécessaire,
une petite place au Ciel.

A plus forte raison si le poète est un converti.
Car alors il est équitable que les grâces reçues
soient payées par des tribulations qui éprouvent sa
foi, qui lui font mériter la persévérance. Il est juste
et salutaire que les mécréants dont il se sépara le
huent et le calomnient. Il est juste et salutaire que
les Pharisiens, pour qui l'Eglise est un parc d'os-
tréiculture, lui jettent des écailles à la tête. Il est
juste et salutaire qu'il soit très pauvre, car ce serait
la pire des ignominies si sa conversion lui devenait une source d'écus.

La déchéance de Verlaine s'explique de la sorte.
Il semble que Dieu lui ait dit : — Tu subiras les
angoisses d'une atroce misère ; tu mendieras ; tu
seras abaissé au niveau des guenilleux, des va-nu-
pieds et des meurt-de-faim. Des Juifs mettront ton
nom comme enseigne à leur boutique. Tu seras
exploité par des aigrefins, bafoué par d'infectes
créatures. Couvert de crachats, tu traîneras par les
ruisseaux tes membres ankylosés. Les valets de
presse et les Petdeloups donneront tes vers comme
des modèles d'imbécillité. Les hypocrites prendront
un air dégoûté, réciteront de pudibondes pate-

nôtres quand on leur parlera de toi. Malade, tu n'auras qu'un lit d'hôpital pour y étendre ta détresse. Après ta mort, on t'élèvera un monument ridicule qu'inaugureront des athées. A chaque anniversaire de ta fin, quelques poètes se réuniront : ils se soûleront à ta mémoire et ils échangeront des coups. Et nul d'entre eux n'aura l'idée de faire dire une messe pour le repos de ton âme... Ces choses s'accompliront, ô mon fils, parce que je t'aime et que je veux te faire sentir ma justice.

Et, en effet, il en fut ainsi.

Or Verlaine restait l'humble qui pleure ses péchés toujours renaissants, considère son ordure, demande à Jésus seul d'avoir pitié de sa faiblesse. Peu avant sa mort, cloué sur un grabat d'assistance publique, il soupirait :

O Jésus, vous m'avez puni moralement
Quand j'étais digne encor d'une noble souffrance,
Maintenant que mes torts ont dépassé l'outrance,
O Jésus, vous me punissez physiquement.

L'âme souffrante est près de Dieu qui la conseille,
La console, la plaint, lui sourit, la guérit
Par une claire, simple et logique merveille.
La chair, il la livre aux lentes lois que prescrit
Le Verbe qui devait, Jésus-Christ, être Vous...

...Jésus répond : Pour être enfin
Mienne et le Vase pur de l'Esprit de sagesse
Et d'amour et plus tard glorieuse au divin
Séjour définitif de liesse et de largesse,

Encore un peu de temps, souffre encore un instant,
Offre-moi ta douleur que d'ailleurs la science
Peut tarir, et surtout, ô mon fils repentant,
Ne perds jamais cette vertu : la confiance,

La confiance en moi seul. Et je te le dis
Encore : patiente et m'offre ta souffrance.
Je l'assimilerai, comme j'ai fait jadis,
Au Calvaire, à la mienne ; et garde l'espérance,

L'espérance en mon **Père** : il est père, il est roi,
Il est bonté, c'est le bon Dieu de ton enfance.
Souffre encore un instant et garde bien la foi,
La foi dans mon Eglise et tout ce qu'elle avance.

Comme le clair ruisseau d'espérance chuchotait toujours au fond de son âme, Verlaine put supporter sans révolte ses dernières tortures. Reclus en une chambre sordide de la rue Descartes, il souffrait d'une hypertrophie du cœur, du diabète, d'une cirrhose du foie, d'une gastralgie, d'une arthrite rhumatismale. Ainsi que je l'ai rapporté dans mon livre : *Au pays des lys noirs*, il ne versifiait plus, mais il usait les journées à dorer des bibelots. Quelques-uns de ses amis venaient le voir et le trouvaient paisible, résigné à ses maux.

Une pneumonie survint qui amena le dénouement — peut-être par suite d'un accident dû à la négligence de la personne qui le soignait.

La nuit qui précéda sa mort, ayant voulu se lever, il tomba sur le carreau. La garde, « trop faible pour l'aider à se recoucher, n'osa pas réveiller les voisins de palier. Ce ne fut qu'au matin que Verlaine put être replacé dans son lit de moribond après avoir passé la nuit étendu sur le sol 1)... »

(1 *Les derniers jours de Paul Verlaine*, par F. A. CAZALS et G. LEROUGE, 1 vol. éditions du *Mercure de France*). M. Cazals fut le plus fidèle et le plus dévoué des amis de Verlaine.

Le médecin, mis au courant, déclara, après examen, que le malade était perdu sans ressources. Un prêtre fut alors appelé qui arriva cinq minutes trop tard : Verlaine était mort. Et c'était le 8 janvier 1896, à sept heures du soir.

Donc, les dernières heures de son existence, il les passa sur la terre glacée. Et les secours demandés à l'Eglise lui firent défaut...

Cette suprême abjection, ce délaissement, je pense qu'ils furent voulus de Dieu pour le rachat du poète. Mais je m'imagine aussi que toute proche de l'entrée dans la vie éternelle, alors que les assistants le croyaient dans le coma, son âme, fermée aux choses d'en bas, s'ouvrit aux lumières d'En-Haut. Oui, j'aime à me persuader qu'à cette minute terrible, Jésus le visita comme au temps de la cellule pénitentielle. Oui, le Sacré Cœur, brûlant d'amour et de miséricorde, dut rayonner sur cette âme contrite.

Il est donc permis d'espérer que le bon Maître le recevra un jour dans son Paradis...

Note I

Verlaine dit, quelque part, que sa première communion se fit sans aucune ferveur. Et cependant, au chapitre IX de son livre : *Confessions*, il écrit ceci : « Je ressentis alors, pour la première fois, cette impression presque physique que tous les pratiquants de l'Eucharistie éprouvent de la Présence absolument réelle dans une sincère approche du Sacrement. On est investi : Dieu est là dans notre chair et

dans notre sang. Les sceptiques disent que c'est la Foi
seule qui produit cela en l'imaginant. Non, et l'indifférence
des impies, la froideur des incrédules quand, par dérision,
ils absorbent les Saintes Espèces, est l'effet même de leur
péché, la punition temporelle du sacrilège... »

Comment expliquer cette contradiction ? Je crois que
Verlaine applique à sa première communion d'enfant ce
qu'il éprouva lors de sa première communion en prison,
après son retour à Dieu. Cette sensation si exactement
notée de la Présence Réelle dut être la récompense octroyée
à son sincère repentir. Notons, en passant, que cette seconde communion eut lieu à la fête de l'Assomption.

Note II

Dans le volume cité plus haut, *Les derniers jours de Paul
Verlaine*, M. Cazals fait remarquer que les plus beaux
poèmes d'*Amour*, de *Bonheur* et de *Liturgies intimes* furent
écrits lors des nombreux séjours du poète dans les hôpi-
taux. Et il ajoute : « Certains jours, Verlaine convenait avec
bonne grâce qu'il se fût volontiers résigné à passer toute
sa vie dans un hôpital — moyennant, toutefois, certains
adoucissements à la sévérité du régime — comme, par
exemple, le droit d'avoir une chambre à lui... » (p. 66).

C'est que le poète se rendait compte à quel point la vie
extérieure était périlleuse pour le salut de son âme. A
l'hôpital, comme jadis en prison, il se dégageait des prestiges néfastes qui l'assaillaient au dehors ; sa sensualité
excessive faisait silence. Aussitôt, broyé par la douleur
physique, lacéré par le remords de ses chutes, il se tournait
vers Jésus ; et aussitôt les carillons de la Grâce recommen-
çaient à tinter en lui.

Dans son cas, s'avère, une fois de plus, je le crois, l'action surnaturelle. Car si sa foi n'avait été qu'un effet d'imagination, elle ne l'aurait certes pas reconquis dès que Dieu
le mettait à l'abri des tentations basses. Loin d'accepter
ses souffrances comme l'équitable châtiment de ses fautes,
il se serait révolté contre le destin barbare qui le lui im-

posait et il aurait sombré dans l'indifférence à l'égard de Dieu. Au contraire, plus il était frappé, plus sa ferveur se ranimait.

On a le droit, semble-t-il, de déduire de ce fait — et d'autres analogues notés chez Huysmans et chez ceux que nous aurons encore à étudier — une loi de constance pour la psychologie de la conversion. On pourrait la formuler de la sorte : toutes les fois que le converti, incité par la nature corrompue, tente d'échapper à la Grâce, la Grâce le ressaisit par la douleur et le force de rentrer dans la voie étroite.

PAUL LŒWENGARD

*Ecoute, Israël, les ordonnances de vie ; prête
l'oreille, pour apprendre la sagesse. D'où
vient, Israël, que tu es maintenant dans le
pays de tes ennemis, que tu vieillis sur une
terre étrangère, que tu t'es souillé avec les
morts et que tu es réputé au nombre de ceux
qui sont descendus dans la tombe ? C'est
que tu as abandonné la source de la Sagesse. Car si tu avais marché dans la voie
de Dieu, tu serais assurément resté dans
une paix éternelle. Apprends où se trouvent la prudence, la force, l'intelligence,
afin que tu saches en même temps où se
trouvent la stabilité, la vraie nourriture, la
lumière des yeux et la paix.*

BARUCH : III.

1ᵢ

PAUL LŒWENGARD

I

J'ai voulu donner place dans ces études à un récit de conversion dû à un étranger. J'aurais pu
choisir l'admirable auteur du *Maître de la Terre*
et de *la Lumière invisible* : l'Anglais Robert Hugh
Benson ou le professeur allemand Albert de Ru-
ville ou enfin l'exquis, le tendre poète danois Jœr-
gensen.

A la réflexion, j'ai pris un cas encore plus particulier que celui de ces protestants : c'est celui
d'un écrivain qui, né d'un père prussien et d'une
mère badoise, se trouve, par surcroît, être un
Juif. Il s'appelle Paul Lœwengard.

Un Juif, c'est-à-dire non seulement un homme
dont les ancêtres furent nourris dans la haine du
Sauveur, mais qui, en outre, appartient à une race
très différente de la nôtre. Celui-là, rien ne saurait
exprimer à quel point il nous est étranger. D'autant plus étonnant le miracle qui l'amène à l'Église.

En effet, avec nos frères séparés nous gar-
dons un lien : à moins qu'ils n'aient tout à fait
perdu la foi, ils savent que, comme nous, ils furent
rachetés par la Passion de Notre-Seigneur ; la
Croix ne peut leur inspirer que des sentiments de
reconnaissance et de respect ému. Pour un Juif,
s'il reste dans la tradition talmudique, les souffrances de Jésus sont un châtiment mérité ; la seule
vue d'un Crucifix lui fait éprouver de l'horreur
pour ces chrétiens qui transfigurent en symbole de
gloire un gibet infamant, qui adorent un agitateur
sacrilège, rejeté par la synagogue, livré aux bourreaux par le grand-prêtre du Temple.

Mais il y a encore autre chose : les Juifs, parce
qu'ils ne sont pas de notre sang, demeurent imper-
méables à nos mœurs, à nos façons de sentir, à
nos habitudes de pensée. Campés parmi nous, ils
ont beau se faire naturaliser, la tare originelle persiste ; ils restent la « nation insociable », comme
l'avoua un de leurs intellectuels : Bernard Lazare.
Accapareurs d'or ou révolutionnaires frénétiques,
ils sont un élément d'injustice, de trouble et de désordre. Secoués par cette névrose, qui est le signe
de la réprobation qu'ils encoururent, ils tendent
sans cesse, et plus ou moins consciemment, à
fausser ou à détruire les principes que des siècles
de christianisme créèrent en nous.

L'ancienne société, mue par un sage instinct de
conservation, avait donc raison de les maintenir
hors de ses cadres. Il a fallu la Révolution, la veu-
lerie humanitaire qui s'ensuivit et l'application du
sophisme égalitaire, pour qu'on admît les Juifs à des

fonctions d'où la plus simple prudence aurait dû
les exclure à jamais. Notre pays, réduit en poussière par la Franc-Maçonnerie — que leur rage
anti-chrétienne inspire et stimule — commence,
tout de même. à s'apercevoir qu'il y a péril à
donner aux Juifs le droit de gouverner des Français, de légiférer pour des Français, de juger des
Français, de commander à des soldats français.

S'il est dans les desseins de Dieu que la fille
aînée de l'Eglise recouvre son privilège de guer-
rière du Christ, la première mesure à prendre sera
de tenir la nation juive à l'écart pour qu'elle at-
tende le jour où, selon l'affirmation de saint Paul,
son arrogance fléchira, où, les écailles lui tombant
des yeux, elle reconnaîtra la lumière de Jésus, où
elle aura part au salut éternel.

Et alors, ce sera la fin du monde. Mais jusqu'alors : —*Vade foras, Israël!*...

Cela, c'est le point de vue social.

Mais au point de vue religieux, nous ne devons
ni mépriser, ni désespérer les Juifs car ils furent le
peuple élu par Dieu pour garder la Promesse.
L'histoire entière du peuple hébreu converge vers
la Rédemption ; on en trouve la preuve éblouis-
sante d'évidence dans l'Ancien Testament : là,
s'élève le roc de diamant d'une certitude contre laquelle viennent se briser toutes les pauvres arguties
du rationalisme. Les patriarches et les prophètes
juifs, nous les vénérons, car nous savons que leurs
holocaustes préfigurent le Saint-Sacrifice. La gé-
néalogie humaine de Notre-Seigneur remonte au
Roi-Psalmiste. « Le salut du monde, comme il a

été dit, sort des Juifs. » Et enfin, pour qui apprit à
regarder au delà des apparences, quel mystère que
le maintien de ce peuple comme témoin permanent
des justices divines ! Quels prodiges que sa disper-
sion dans l'univers, que sa conservation depuis deux
mille ans tout à l'heure, malgré tant de massacres
et d'oppressions, que l'influence anormale exercée
par lui de nos jours. Ne sont-ce pas là des faits
aussi extraordinaires que celui de sa prédestina-
tion ?

D'ailleurs, le plus renversant des miracles, c'est
la conversion si rare — d'un Juif. Précurseur du
pardon qui doit être accordé à sa race, il atteste,
plus que quiconque, les torrents de miséricorde et
d'amour qui jaillissent inlassablement du Sacré
Cœur. Souvent, il devient un admirable prêtre
comme ce Père Hermann dont l'âme fut une musique, comme ce Ratisbonne conquis par la Sainte
Vierge elle-même, comme cet abbé Lémann, dont
l'éloquence embrasée au feu de l'Evangile persuada
le jeune Lœwengard ainsi que celui-ci l'indique
dès la dédicace de son livre à son père spirituel :
« A vingt-huit ans, j'étais un Juif satanique, impie,
sensuel, fou d'orgueil. A vingt-neuf ans, la Providence a dirigé mes pas vers une église où vous
annonciez la parole de Dieu. Cette parole me trans-
forma, me convertit... »

Ah ! ici, il n'y a plus à ratiociner d'Aryens et de
Sémites. Il faut adorer les merveilles de la bonté
divine, accueillir en chantant *Magnificat* ce frère
revenu de si loin, raconter les rigueurs et les tendresses de la Grâce dont il fut l'objet et proclamer,

à son propos, la seule égalité qui ne soit pas illusoire : celle qui prosterne et prosternera toutes les
races au pied de la Croix souveraine !...

II

Rappelons-le : Lœwengard tire son origine d'un
Juif et d'une Juive, venus d'Allemagne, installés
à Lyon, où ils entreprirent le commerce des soie-
ries. Ils bénéficièrent aussitôt de l'empressement
inepte que le régime actuel met à naturaliser les
Hébreux attirés chez nous de tous les points du
monde par la Franc-Maçonnerie.

Cette formalité hâtive n'a point fait du converti
un Français. Il faut donc préciser tout de suite
que nous avons à étudier un métèque que ni son
hérédité ni son éducation ne préparaient à la faveur indicible dont Dieu le rendit l'objet. Aussi,
dans nulle conversion d'aujourd'hui, nous ne ren-
contrerons des marques plus frappantes de l'action
du Surnaturel sur une âme.

Lœwengard a raconté ce miracle dans un livre
ardent et tumultueux, encombré de citations excessives, mais où se révèlent un talent remarquable,
une parfaite droiture d'âme et un touchant amour
de l'Eglise qui l'accueillit comme Jésus prescrit
d'accueillir l'ouvrier de la onzième heure.

Dépouillons ce volume (1). Nous y saisirons le

1) *La Splendeur catholique* (Perrin, éditeur).

fil que suivit la Grâce pour illuminer un de ceux qui gisent « dans les ténèbres extérieures ».

Lœwengard père ne pratiquait même pas sa religion : imbu de blasphèmes par la lecture de Voltaire, de Renan et d'Henri Heine, il raillait tout sentiment religieux. « Je crois ce que je vois, disait-il devant son fils, et je ne vois que matière, animalité plus ou moins perfectionnée, vie et mort dans la nature. » Mᵐᵉ Lœwengard n'allait point à la Synagogue ; mais elle avait conservé l'habitude d'une « vague prière déiste » qu'elle apprit à son enfant. Celui-ci en reçut une impression profonde. Dès l'âge de cinq ans, l'idée de Dieu s'affirma en lui, c'est-à-dire qu'il reçut une foi implicite qui le faisait parler à Dieu comme à un père « qui savait le comprendre mieux que les siens ».

« Je le suppliais, dit-il, passionnément et naïvement de me donner tout ce dont j'avais envie, car j'étais affamé de bonheur. La prière savait me consoler dans mes chagrins déjà violents de garçonnet très sensible, qu'un mot d'ironie faisait sangloter, qu'une parole un peu dure faisait se cabrer dans un sursaut de révolte ; la prière m'inondait de calme et de confiance. »

Tenons pour significatifs des vues de Dieu sur cette âme une sensibilité si réfractaire à la sécheresse juive et un goût si déterminé du recours à la Providence dans de précoces chagrins. Je vois là comme une première touche de la Grâce. Car enfin, combien d'enfants juifs — ou hélas ! chrétiens de baptême, — à qui leurs parents donnent l'exemple de l'indifférence ou d'un semblant de pratique toute machinale. Très vite, leur âme s'étiole comme celles de leur entourage. Quand, plus tard, les parents sont frappés de quelque malheur par le fait du jeune incrédule qu'ils formèrent ou pour tout autre cause apparente, ils se récrient et accusent le hasard néfaste. Or il n'y a pas de hasard : très évidemment ils sont punis, dès ici-bas, pour avoir commis le crime d'éloigner de Dieu leur progéniture...

Donc Lœwengard connut, d'une façon toute gratuite, le bienfait de la prière, et jusqu'à l'âge de douze ans, il y demeura fidèle malgré les incitations du milieu où il vivait.

Mais, à cette époque, sa foi commença de s'affaiblir sous l'influence de l'impiété paternelle. Et voici principalement à quelle occasion : Lyon, comme on le sait, est placé sous la garde de la Sainte Vierge à la gloire de qui la ville éleva cette théâtrale basilique de Fourvière dont, pour ma part, j'admire peu les richesses, leur préférant l'humble petite église voisine, le sanctuaire primitif où j'ai reçu tant de grâces.

La cité lyonnaise célèbre sa Protectrice le 8 décembre, en la fête de l'Immaculée Conception. Lœwengard, âme de poète stimulée encore par la ferveur ambiante, se sentait tout ému ce jour-là. Les invocations des pèlerins, les illuminations innombrables le portaient à s'enquérir de cette Dame mystérieuse en l'honneur de laquelle les Lyonnais réchauffent un peu leur froideur coutumière (1).

(1) Ne généralisons pas trop : il y a souvent bien de l'ardeur religieuse sous les glaces lyonnaises.

Son père, le soir, le menait promener par les rues.
Et comme l'enfant l'interrogeait sur la signification de ce culte, le Juif répondait par des quolibets empruntés aux plus bas manuels d'anti-
cléricalisme.

« Sans bien comprendre toujours ces railleries,
note le converti, elles provoquaient en moi des
sentiments contradictoires qui s'accentuèrent avec
les années et m'eussent, sans une grâce spéciale, à
jamais détourné de la foi chrétienne. D'une part,
ces railleries me faisaient du mal : elles blessaient
cette émotion devant la beauté qui devait se transformer plus tard en religieuse ferveur d'artiste...
D'autre part, cette raillerie des choses qu'une ville
entière révérait, ce sarcasme qui s'efforçait de
saper les croyances d'une foule emplissant les rues
et les quais, pieusement recueillie en face de la
colline sainte où éclatait, triomphal, en gigan-
tesques lettres de feu, le nom de Marie, ce détes-
table sarcasme pénétrait mon intelligence et la cor-
rompait de méphistophélique orgueil. Les graines
de la négation étaient semées : elles lèveront, elles
fructifieront sous la triple et longue influence de
la conversation paternelle, de l'instruction du lycée
et de la littérature moderne. »

Ainsi préparé à l'impiété, Lœwengard, qui avait
besoin d'un idéal, se réfugia dans les rêves que lui
suggéraient les récits d'aventures fabuleuses qu'il
lisait passionnément et sans contrôle. Or, comme
il le mentionne avec beaucoup de justesse, ne se
mêlant guère à ses camarades, porté à fuir les ba-
nalités de la vie quotidienne, ce penchant à la rê-

verie lui fut délétère : « J'étais solitaire, dit-il,
d'une timidité farouche jointe à des accès d'inso-
lente hardiesse, déjà replié sur moi-même, capricieux et d'un entêtement implacable, d'une sensibilité nerveuse exagérée. Avec cette irrésistible
tendance au rêve, il m'eût fallu, plus qu'à d'autres, la discipline d'une éducation clairvoyante et
ferme, basée sur les commandements d'une morale
indiscutée... Mais élevé en dehors de toute instruction religieuse, n'entendant en fait de morale
que des phrases comme celle-ci : « la jouissance
est le but de la vie », quelle distinction pouvais-je
faire entre le bien et le mal ? *La religion naturelle
n'est pas suffisante pour des hommes. A plus forte
raison ne saurait-elle réfréner les concupiscences
d'un enfant* ».

Au lycée, il demeura l'enfant — « pas comme
tout le monde, dans la lune » — dont les Juifs de
négoce et de finance, qui l'environnaient à la
maison, déploraient les singularités.

« Déjà l'on pouvait prévoir que je ne serais ni
commerçant ni banquier ; les marchandages auxquels mes camarades se livraient à propos de billes
et de timbres me laissaient indifférent. Et l'arith-
métique était pour moi sans charme : elle devait
toujours le rester. »

Ce dernier détail est caractéristique : un Juif
qui n'éprouve pas le besoin de trafiquer, qui ne
veut rien entendre au tant pour cent, au doit et
avoir, osez prétendre que Dieu n'a pas de desseins
sur lui ! D'ailleurs, il n'y a pas besoin d'être Juif
pour qu'une telle grâce vous soit départie. Je

connais, de la façon la plus intime, quelqu'un qui,
ramené à Dieu passé la quarantaine, ne conquit,
durant ses dix années de collège, que de larges
zéros pour tous ses devoirs de mathématiques. Depuis et jusqu'à présent, il ne parvint jamais à comprendre quoi que ce soit aux mystères du chiffre.
Or ses cheveux blanchissent et il est bien peu probable qu'il acquière avant sa mort des notions
précises à ce sujet. — Les logarithmes, dit-il volontiers, ce doivent être des animaux bizarres
comme les ornithorynques et les babiroussas...
Ah ! que Lœwengard lui est sympathique pour son
salutaire éloignement de la chose calcul !...

Mais si, fort heureusement pour Lœwengard,
les mathématiques lui restaient closes, il n'en allait
pas de même de l'histoire. Comme il avait dès lors
le sentiment de la grandeur — ce qui est le signe
d'une belle âme, — à travers la prose morne des
manuels de classe, il s'évoquait les maîtres des
peuples : « Des figures comme celles de César, de
Charlemagne, de Napoléon me parlaient, me frap-
paient d'admiration, me secouaient de longs fris-
sons héroïques... »

Napoléon surtout faisait tressaillir l'enfant épris
d'images sublimes et de songes grandioses. Car
Napoléon est, avant tout, un poète. Taine l'a très
bien vu et aussi M. Léon Bloy qui l'a dit en termes
définitifs : « On ne peut rien comprendre à Napoléon aussi longtemps qu'on ne voit pas en lui un
poète, un incomparable poète en action. Son poème,
c'est sa vie entière et il n'y en a pas qui l'égale. Il
pensa toujours en poète et ne put agir que comme

il pensait. le monde visible n'étant pour lui qu'un mirage. Ses proclamations étonnantes, sa correspondance infinie, ses visions de Sainte-Hélène le disent assez... Discernant mieux que personne les apparences matérielles à la guerre ou dans l'administration de son empire. il avait. en même temps, comme un pressentiment extatique de ce qui était exprimé par ces contingences périssables et c'est précisément ce qui constituait en lui le poète » (1).

Dans le même temps où il s'enthousiasmait pour Napoléon, Lœwengard fut initié à la poésie lyrique par la lecture de Musset. « De onze à quinze ans, Musset fut mon maitre. mon directeur. mon plus intime ami. Maitre séduisant, directeur peu sûr, ami très dangereux. »

En effet. — Les poèmes de Musset forment une mixture hétéroclite d'aspirations vers l'infini, d'appels à la débauche et de larmoyantes invectives contre cette insupportable Sand dont le principal titre. auprès de la postérité, consiste en ceci qu'elle préféra au poète un apothicaire vénitien. Ces cris, ces sanglots. ces apostrophes parfois un peu niaises peuvent émouvoir un adolescent dont les nerfs vibrent douloureusement sous l'archet du lyrisme ; mais. ils lui emplissent le cœur d'une volupté trouble, ils lui faussent le jugement car ils lui inculquent cette idée romantique que magnifier les passions c'est faire preuve de supériorité.

L'influence de Musset était d'autant plus dange-

1 Léon Bloy : l'Ame de Napoléon (1 vol. Mercure de France): très beau livre d'un excitateur de pensées hautes, malheureusement gâté d'orgueil maladif et de rancunes — trop humaines,

reuse sur Lœwengard, que celui-ci souffrait déjà
d'une sensibilité excessive qui devait bientôt se
manifester par des engouements maladifs et des
antipathies impulsives où sa précoce intoxication
littéraire joua le rôle essentiel.

A ce propos, je ferai une remarque capitale pour
l'intelligence de ces études. La voici : un écrivain
de valeur, par le seul fait que le développement des-
potique de certaines de ses facultés rompt en lui
l'équilibre des fonctions intellectuelles et morales,
devient le jouet de ses impressions et de ses ap-
pétits tant qu'une loi plus haute que toutes les
règles humaines n'intervient pas pour le ramener à
l'ordre.

Par ordre, je n'entends point le trottinement docile sous le harnais d'une médiocrité résignée
comme le conçoivent divers politiciens. Je n'entends pas non plus la discipline sous une religion
ravalée au rôle de gendarme supplémentaire
comme le formulent les empiriques du positivisme.
J'entends l'ordre intégral qui implique le sentiment raisonné de l'existence de Dieu et la soumission à sa toute-puissance.

L'action bienfaisante de cette cause première se
révèle en ceci que, du jour où la Grâce pénètre
dans une âme malade, elle y éveille le désir de se
réformer, de contraindre ses passions. Dès lors,
les bouillonnements de cette âme s'apaisent ; les
convoitises qui l'aiguillonnaient sans relâche
s'émoussent ; son entendement se clarifie : elle
comprend la nécessité du joug qu'une voix intérieure lui propose. Dès lors, loin de s'énerver et

de vagabonder follement au contact du divin —
comme se le figure le rationalisme — elle éprouve
du bien-être, elle se rassied, elle coordonne ses
idées, qu'elle dissociait naguère au gré de ses caprices, elle se « rafraîchit » au souffle du Paraclet,
elle est en voie de guérison.

Et, pacifié de la sorte, le néophyte cesse d'être
le « libre-individualiste » du jargon révolutionnaire, c'est-à-dire l'esclave de son orgueil et de
ses penchants sensuels. Il devient un être social
parce qu'il a expérimenté que la crainte de Dieu
est le commencement de la sagesse. L'amour de
Dieu s'ensuivra, mais l'amour brûlant dans l'Eglise
et qui ne veut monter à Dieu que par l'Eglise (1).
Il ne sera pas un Saint ; mais il saura que l'obéissance aux commandements est la flèche qui indique la route de la Sainteté. Et si, pareil à ses
frères dans la foi, il demeure enclin à de multiples
faiblesses, comme eux il gardera la volonté de
rester dans l'ordre. Alors des grâces nouvelles
viendront en aide à son libre arbitre. Telle est la
loi. Pour l'avoir admise, nous avons vu que
Huysmans s'amenda peu à peu ; que, pour l'avoir
enfreinte, le pauvre Verlaine souffrit de terribles
abaissements. Nous verrons Lœwengard — et
d'autres encore — vérifier, par la douleur, que
cette règle ne comporte pas d'exceptions.

1) Parce que seule l'Église a reçu du Sauveur la mission
d'instruire les hommes, de les avertir, de les réprimander et, au
besoin, de les châtier et de les retrancher du corps des fidèles.

III

Lœwengard, à la poursuite d'un idéal, croyait l'avoir trouvé dans le lyrisme morbide de Musset ; mais il n'avait réussi qu'à s'enfiévrer en des rêveries chatoyantes et délétères. Sur ces entrefaites — il avait douze ans — la Grâce le sollicita.

Il était à la campagne, aux environs de Lyon, et il y fit la connaissance d'un jeune homme, de quatorze ans environ, élève des frères des écoles chrétiennes qui lui témoigna de la sympathie.

« Un dimanche il me questionna :

— Tu ne vas donc pas à la messe ?

— Non, je ne suis pas catholique.

— Tu es protestant peut-être ?

— Non.

— Alors, serais-tu israélite ?

— Non plus.

— Mais qu'est-ce qu'il est donc ton père ?

— Il est libre-penseur.

Il me regarda, étonné : — Libre-penseur ? Qu'est-ce ?

Alors moi d'un ton doctoral : — Un libre-penseur, eh bien, c'est un homme qui pense librement. Mon père, ma mère, mes sœurs, toute ma famille, nous pensons ce qui nous plaît. Nous n'obéissons ni à un prêtre, ni à un pasteur, ni à un rabbin 1)... »

Le jeune catholique n'insista pas, mais il eut sur le visage une expression de tristesse et de pitié qui frappa Lœwengard. Il en demeura songeur, se demandant, avec inquiétude, pourquoi ce garçon, dont il estimait l'intelligence, paraissait le plaindre.

« Le dimanche suivant, ce fut moi qui l'interrogeai. Il revenait de la messe. Je lui dis : — Ecoute, veux-tu m'apprendre quelque chose ?

— Volontiers, si je peux.

— Je voudrais savoir pourquoi les catholiques vont à la messe et ce que c'est qu'une messe. »

Tout joyeux de cette requête, le jeune chrétien prit l'engagement de lui expliquer les bases de notre croyance et lui donna rendez-vous, pour l'après-midi, dans un fenil où l'on grimpait par une échelle branlante.

« C'est là, assis dans le foin, que, chaque après-midi, pendant une huitaine, il m'apprit les éléments de la religion catholique. J'avais acheté un cahier et un crayon, j'écrivais sous sa dictée les premières notions du catéchisme. »

Qu'ils sont touchants ces colloques de deux enfants dont l'un brûle de zèle pour propager la Vérité rédemptrice, dont l'autre, ému, charmé, recueille avec avidité les enseignements de la foi ! Comme la tendre sollicitude de Dieu pour les âmes

(1) Bouffonnerie de certaines locutions : un homme déclarerait : — Je suis un penseur, à peu près tout le monde lui rirait au nez. Mais s'il déclare : — Je suis un libre-penseur, les sots le regardent avec considération.

qui s'ignorent se marque en cet épisode ! Quelle
puissance que celle du Surnaturel qui, sans autre
interprète qu'un écolier dont l'éloquence était
faite uniquement de sincérité, éclairait un pauvre
petit ignorant déjà contaminé par une dangereuse
littérature ! Car Lœwengard fut touché à fond,
« remué à ce point, dit-il, qu'au bout de huit
jours, j'étais transformé en apôtre, voulant, après
s'être converti lui-même, convertir les siens et les
sauver de la damnation éternelle. Droit au cœur
avaient porté les coups de la doctrine chrétienne ».

Son ami, forcé de partir, l'engagea vivement à
demander à sa famille l'autorisation de voir un
prêtre qui l'instruirait complètement et lui donnerait le baptême.

Il y pensa le reste des vacances et, entre temps,
il alla prier souvent dans l'église du village où
les siens villégiaturaient. Parfois il assista aux
cérémonies du culte et aux processions. Il en emporta de la douceur et de la paix. Mais pourquoi
n'osa-t-il pas suivre le conseil donné par son ami ?
Voici :

« J'avais beau prendre mon courage à deux
mains et m'exhorter quotidiennement à tomber
aux genoux de mon père en le suppliant : —
Papa, permets que je devienne catholique, laisse-
moi te sauver, sauver maman et mes sœurs.
Aussitôt en sa présence, l'appréhension de ses sar-
casmes et de sa colère probable me terrifiait... »

Déjà il y avait eu, entre eux, des scènes violentes à d'autres sujets, et il en était sorti brisé,
l'âme et le corps malades pour plusieurs jours.

« Le souvenir de ces scènes fut la cause de ma faiblesse : par crainte je résistai aux pressantes sollicitations de la Grâce ! Je ne dis rien à mon père... »

Satan dut en frétiller d'allégresse car l'enfant allait bientôt tomber tout à fait sous sa griffe.

Ici, une question se pose. Comment, diront quelques-uns, la Grâce ne fut-elle pas assez puissante pour donner à Lœwengard le courage d'affronter le ressentiment de son père ? Or rappelons-nous qu'il se peint comme étant, à cette époque, « orgueilleux, autoritaire, implacablement entêté » et comme « ne se possédant plus dans la détente furieuse de ses nerfs ». Cette superbe et cette véhémence montrent que s'il avait été touché par l'Esprit, il ne s'était pas rendu à la Grâce. Qu'on n'oublie pas non plus qu'il s'agissait d'un enfant de douze ans, abandonné à lui-même et plongé dans un milieu déplorable.

Mais il y a un autre point de vue à envisager : pourquoi Dieu, l'ayant visité, retarda-t-il sa conversion définitive jusqu'à l'âge de vingt-neuf ans ?

Je n'aurai pas l'outrecuidance de prononcer quels furent les desseins de Dieu en cette occasion, d'autant qu'il existe toujours dans l'évolution d'une âme de l'incrédulité à la foi une part d'indicible dont nulle analyse ne rendra compte. Toutefois, je crois qu'on peut risquer une hypothèse.

Relevons d'abord que les conversions totales, en coup de foudre, sont, en somme, très rares. Il y faut, en général, des circonstances telles que l'apparition de Notre-Seigneur à saint Paul ou celle de la Sainte Vierge à Ratisbonne. Plus souvent, la Grâce frappe l'âme d'un premier coup comme cela se produisit dans la rencontre du petit Juif et du jeune Catholique. Surnaturellement docile, l'âme s'ouvre alors et laisse la Grâce s'insinuer en elle. La Grâce s'installe en ses profondeurs les plus secrètes. Puis commence un travail obscur et à longue portée dont le prédestiné à la conversion ne peut encore saisir les effets. Des années se passent jusqu'à ce que l'heure vienne, marquée par Dieu, où la Grâce, affleurant de la région mystérieuse où nos idées, nos sentiments, nos sensations s'enracinent et s'influencent, inonde toute l'âme de telle sorte que le néophyte en prend conscience et cède à la force lentement irrésistible qui l'entraîne devant le trône de Dieu.

C'est donc quelque chose comme une source jaillie dans le sous-sol d'un terrain jusqu'alors aride : elle en imbibe peu à peu toutes les couches et ne parvient que progressivement à la surface pour y refléter le ciel. Et alors elle rejette sur la rive les limons et les détritus qui gênaient son échappée au grand jour.

Ensuite, il est peut-être à supposer que lorsqu'Il touche un écrivain dont le talent est appelé à servir de témoignage aux vérités dont l'Eglise a reçu le dépôt, Dieu permet que cet « homme de douleur » expérimente cent systèmes philosophiques et religieux pour acquérir la certitude qu'en dehors de la Révélation, il n'y a que vaines conjectures, mélancolies rongeuses et contradictions perpétuelles. Il

faut également que la vie le comble de déboires
et d'amertumes pour qu'il apprenne que rien de ce
qui vient des hommes ne pourra satisfaire cette
soif d'un Idéal sans taches dont toute âme un peu
noble est tourmentée.

Cela demande du temps et des souffrances réitérées. Mais quand la Grâce triomphe enfin avec
éclat dans le cœur du converti, voici qu'il en reçoit
des armes qui lui assureront des avantages sérieux
dans ses combats à venir contre la Malice éternelle. Il démasquera plus aisément ses pièges, ses
ruses, son éloquence captieuse. Il pourra lui crier :
— Je te connais, Circé, tu ne me feras plus boire
le philtre qui change tes victimes en pourceaux !...

IV

Écarté de la foi, éprouvant l'irrésistible besoin
de se créer une atmosphère d'illusions où il
échapperait au matérialisme suffoquant du milieu
que les circonstances lui imposaient, le pauvre enfant Loewengard se précipita vers la littérature.
Il absorba pêle-mêle toutes sortes de livres.

« C'est ainsi, dit-il, que, très jeune, j'ai pu satisfaire mon insatiable curiosité de savoir. A quinze
ans j'avais lu, outre les auteurs du XVII° siècle,
Hugo, Byron, Michelet et la plupart des littéra-

teurs contemporains en vogue : Zola, Loti, Mau-
passant, Renan, Anatole France, les premiers romans de Paul Bourget, etc... »

A quinze ans ! On devine quelle incohérence
d'esprit résulta de cette salade. Il ne vécut plus que
par l'imagination. Et cette imagination dévorante
lui fit déguster, avec volupté, surtout les ouvrages
des romantiques c'est-à-dire des recueils de décla-
mation d'autant plus pernicieux qu'ils enluminent
de couleurs vives les rêveries de Rousseau, codifiées
et dispersées en ouragan à travers le monde par
la Révolution.

Car il importe de le souligner chaque fois que
l'occasion s'en présente : — la Révolution, qui nie
les droits de Dieu pour affirmer les prétendus droits
de l'homme, qui sape toute autorité, toute hiérar-
chie, au nom d'une soi-disant liberté propice au
développement des instincts les plus vils, la Révolution, satanique en son essence, est une maladie sociale qui a sa forme politique dans la dé-
mocratie et sa forme littéraire dans le romantisme.

Lœwengard s'imprégna de cette rhétorique éner-
vante ; il passa du violoniste exacerbé Alfred de
Musset à l'homme-orchestre : Victor Hugo.

Au point de vue philosophique, l'œuvre de Hugo
est une Californie de sottises où l'on découvre tous
les jours de nouveaux filons. Mais ses sophismes
bêtas se revêtent d'images éblouissantes, reten-
tissent en des rythmes d'une sonorité prodigieuse.
Il se croit un penseur, il n'est qu'un songeur. Et
ses songes les plus hallucinés, il les présente, avec

un orgueil formidable, comme des révélations d'En-
Haut.

Rien d'extraordinaire à ce qu'un adolescent,
livré à son exubérance, sans croyances préventives,
sans direction, enclin, de plus, à la révolte contre
tout ce qui serait susceptible d'entraver les sursauts de sa sensibilité avide d'émotions violentes,
ait subi le prestige du tonitruant rhéteur qui prétendait traiter d'égal à égal avec Dieu.

Il s'ensuivit chez Lœwengard une perversion du
goût qui le préparait à ne considérer l'univers que
comme un trésor de rêves, où il puiserait à loisir des
sensations d'art sans s'inquiéter de leur valeur
morale.

Toutefois, ainsi qu'il le dit très exactement,
« l'amour des lettres et des arts, fussent-ils corrompus, porte en lui une part de sincérité, de générosité, de désintéressement, d'enthousiasme qui peut
nous préserver des chutes définitives et nous
rendre capables de volte-face héroïques ».

Or il possédait ces qualités et il avait, dès cette
époque, l'obscure intuition d'une vérité admirablement formulée par Lamennais : « Le Beau, tel
que l'homme peut le reproduire dans son œuvre, a
une nécessaire relation avec Dieu » [1]. C'est ce
qui explique que maints poètes et maints artistes,
qui ne se souillèrent ni par le désir du lucre ni par
la recherche d'une basse popularité, soient ramenés
à Dieu par l'amour du Beau.

[1] Sainte Hildegarde a dit mieux encore que : « l'art est un
souvenir du Paradis perdu ». Parole magnifique et combien
féconde à méditer !

Lœwengard, gratifié de ce noble penchant, pouvait donc être sauvé. Il le sera, mais d'abord Dieu
même fut, pour lui, mis en question. Il allait subir
ce qu'il appelle *l'angoisse du doute.*

V

Malgré les négations et les blasphèmes de ses
auteurs favoris, Lœwengard conserva jusque vers
sa seizième année « une foi déiste qui, malgré son
insuffisance, soutenait, consolait, fortifiait et mo-
ralisait son âme ». Mais alors, coïncidant sans doute
avec la crise de la puberté, ses lectures commen-
cèrent à détruire en lui la croyance en un Dieu
personnel, en l'immortalité de l'âme, en une règle
morale : il abandonna la prière. Le mal s'aggrava
en lui sous l'influence des quotidiens que recevait
son père. « C'est, dit-il, par une feuille de journal que j'appris qu'il y avait des hommes nombreux s'unissant pour la propagation de l'athéisme.
Une pareille aberration me parut d'abord inconce-
vable. » Mais, peu à peu, il en arriva à considérer
l'incrédulité comme admissible. Toutefois, comme
le sentiment et la raison ne cessaient, malgré tout,
de protester en lui, comme il n'arrivait pas à concevoir un univers sans origine, sans but, régi par
le hasard et où la notion du divin ne serait qu'une
illusion des sens et de l'esprit, il tenta de se réfugier dans le panthéisme. Cette folle doctrine qui

n'est en somme, si l'on peut dire, qu'un matérialisme spiritualisé, ne le contenta point. Il s'écria,
citant ce piètre Sully-Prudhomme que sa confiance
obtuse dans la raison humaine empêcha de dépasser un idéalisme blafard :

> Etrange vérité, pénible à concevoir,
> Gênante pour le cœur comme pour la cervelle,
> Que l'Univers, le Tout soit Dieu sans le savoir !...

Et il chercha ailleurs. Mais le doute le poursuivait, le torturait, jetant bas les théories fragiles
qu'il s'efforçait d'édifier. Alors il souffrit d'une
façon atroce.

C'était l'angoisse métaphysique. — M. Jules
Lemaitre — assagi depuis — tenait à cette époque,
et à l'exemple de la sémillante sorcière des sabbats
de la pensée qui a nom Renan, la recherche de la
certitude pour une « horrible manie ». Il ne croyait,
disait-il, « que difficilement à la douleur métaphysique ».

Lœwengard proteste contre ce scepticisme de
dilettante chez qui les idées sont des bulles de sa-
von qu'on souffle pour s'amuser de leurs nuances
changeantes, et dont on se moque dès qu'elles
crèvent. Il a bien raison. D'autres ont connu des
souffrances analogues, sont tombés dans une tristesse mortelle quand, ne voulant absolument pas
se soumettre à Dieu, ils voyaient les systèmes
bâtis à grand renfort d'hypothèses sans consistance, s'effondrer, les uns après les autres, sous
les coups d'une analyse destructrice. Au milieu de
ces ruines, tout adolescent que le problème de

la destinée tourmente et que l'apothéose du muscle par les sports, — idéal de notre siècle de brutes — n'a pas rendu tout à fait stupide, se trouve infiniment malheureux.

Tel fut le cas du jeune Israélite. Il écrit : « J'ai arraché mes croyances avec larmes, dans l'angoisse et le désespoir, après d'affreuses luttes... Ces larmes, mon père lui-même devait s'en apercevoir. Un dimanche, comme il se promenait avec ma sœur et moi dans la campagne et qu'il nous développait des théories matérialistes, je lui demandai : — Papa, tu ne crois donc pas à l'âme immortelle ?

— L'âme ? L'âme, c'est mon corps, me répondit-il, quand le corps est sous la terre, tout est fini.

Alors je poussai un cri déchirant, je me laissai tomber sur la route et je sanglotai comme frappé par un soudain et effroyable malheur.

Mon père, étonné devant ce subit désespoir, ne savait que dire ni que faire... »

Cette tragédie fait frissonner ! Le voyez-vous, ce Juif pétrifié d'orgueil, figé dans la matière, qui semble prendre une sorte de plaisir satanique à tuer l'âme de son enfant ? Puis constatant l'effet produit par son imbécillité négatrice — il s'étonne !

Il devrait s'épouvanter et hurler de remords. Mais non : Satan, qui le possède, supprime en lui les dons d'observation les plus élémentaires, jette sa conscience dans les ténèbres opaques d'où elle ne sortira jamais plus.

Combien ressemblent à cet assassin de sa propre chair ! Nous avons tous connu des familles dont le chef est perverti par l'amour du lucre, enlisé dans

les plus basses négations parce que s'il croyait, il
n'oserait peut-être pas donner l'exemple d'une intelligence vouée uniquement à la poursuite sans
scrupules de la richesse. Si, par surcroît, la mère,
d'âme tiède et molle, ne réagit pas contre l'ignoble
« leçon de choses » inculquée par le père, que de-
viendront les enfants ?

Qu'on songe que, parmi ces enfants, il peut s'en
trouver au moins un d'une sensibilité très fine,
d'une imagination vive et d'aspirations élevées qui
ne se satisfait point de vivre comme un petit animal. Il écoute les propos tenus par son père ; il
s'étonne, il le juge — il l'évite le plus possible.
Comme la mère, nonchalante ou persuadée qu'elle
ne doit à sa progéniture que des enseignements
de convenances mondaines, laisse cette âme ardente vagabonder dans toutes sortes de rêveries,
lire à peu près tous les livres qui l'attirent, on sent
à quels périls l'enfant est exposé — surtout au
temps de l'adolescence, et à quel point le malheur
le menace.

C'est là un cas fort commun à notre époque de
matérialisme débraillé. Et pourtant, les gens superficiels s'ébahissent que la jeunesse ait le cœur
sec, le jugement faux et qu'elle se montre réfractaire à toute contrainte morale !

Vous avez semé des orties et vous êtes déroutés
parce qu'elles ne produisent point de froment. Vous
avez volontairement abandonné à elle-même l'âme
de votre enfant et vous vous lamentez, mais surtout
vous vous récriez, si un jour, touché par la grâce de
Dieu, il vous reproche, sans haine, certes, mais

avec quel chagrin, d'avoir tout fait pour le vouer
au Diable...

Les parents, qui ont agi de la sorte, peuvent s'attendre, s'ils ne se repentent et ne pleurent la faute
incommensurable qu'ils ont commise, à une mort
désespérée et à un lendemain de mort tellement
terrible qu'on a peur rien que d'y penser !...

VI

Or à la suite de cette crise, qui pouvait le mener
aux pires aberrations, Lœwengard reçut une nouvelle visite de la Grâce : Dieu, voyant l'extrême
danger où il se débattait, lui fit sentir sa sollicitude.

Il lui restait une curiosité persistante des choses
de l'Eglise. Il ne cessait de tendre vers elle, attiré
par une force mystérieuse dont il ne parvenait pas
à définir la nature. C'est que, selon cette précocité
qui marque, comme nous l'avons vu, sa formation
intellectuelle, il pressentait qu'un homme est incomplet tant qu'il se dérobe à la Vérité unique. Et
puis il souffrait : « Je me souviens de ce soir tra-
gique où je renonçai à communiquer avec Dieu.
Vaincue par ma pauvre raison — « raison imbécile » comme dit Pascal — mon âme ne s'agenouilla
plus devant le Père céleste. Des heures elle résista,
elle se débattit contre ce rationalisme qui la meur-
trissait, la déchirait. Elle avait besoin de Dieu, be-

soin de son intimité, de son affection : violemment,
elle se sépara de l'Aimé, mais à quel prix ! Sanglo-
tante, blessée, désespérée, elle gisait sans force et
sans consolation... Désormais elle était seule dans
le vaste monde. Elle trembla. Cependant l'orgueilleuse raison approuvait et « l'Esprit qui toujours nie » la poussait aux suprêmes destructions».

C'est alors que Dieu lui vint en aide encore une
fois. Un de ses camarades de lycée, un jeune catholique très fervent, à qui, pour se soulager, il
confia ses angoisses, le mit en relation avec un
prêtre, professeur à l'école Ozanam dont la conversation lui plut. Son père en fut informé. Chose
tout à fait singulière, au lieu d'entrer en fureur,
comme on pouvait s'y attendre, il ne blâma point
son fils et souffrit même qu'on présentât celui-ci
au directeur de l'école. Était-ce qu'il restait troublé,
remué de vagues remords, à la suite de l'accès
de désespoir rapporté plus haut ? C'est probable.
Sans doute aussi voulait-il, comme le suppose
Loewengard, faire parade de sa tolérance libre-
penseuse. Mais on peut admettre, par surcroît,
qu'il fut, en la circonstance, l'instrument aveugle
des desseins de Dieu sur son enfant.

Que de fois, assistant à des conversions, j'ai eu
lieu de constater les moyens étranges dont l'Es-
prit-Saint use souvent pour investir une âme ! Que
de fois j'ai vu des impies servir, sans en avoir le
moindre soupçon, l'action du Surnaturel !..

Le prêtre qui dirigeait l'école Ozanam accueillit,
comme on le pense, avec douceur et charité, le
pauvre égaré.

« Son air de gravité, de sérénité, de joie m'impressionna. Le calme de sa parole et de ses gestes révélait cette paix que donnent la confiance, la foi assurée. Quel contraste entre cet homme et moi, entre cet homme et mes maîtres laïques ! Ceux-ci, en dépit de leurs bonnes intentions, malgré leur science et leurs vertus, détruisaient. La logique de l'enseignement *neutre*, sans principe religieux supérieur, aboutit nécessairement au scepticisme et à la négation... L'abbé G. m'écoutait patiemment, avec intérêt, avec espoir. Il me parla du Christ. Il me prêta des livres... »

Ces entretiens pacifièrent un peu l'âme tourmentée du jeune Juif. Mais, sur ces entrefaites, il tomba gravement malade et fut envoyé en Suisse pour sa convalescence. Dieu, en lui octroyant la grâce de la souffrance physique après celle de la souffrance morale, le comblait. Car, comme je l'ai dit si souvent, comme je le répéterai encore, la maladie en brisant notre orgueil, en affaiblissant la nature, nous donne des forces pour accueillir humblement le Surnaturel.

Un peu remis, Lœwengard écrivit à l'abbé G. qui lui répondit par des lettres admirables dont je citerai deux fragments, mais que j'engage à lire en entier car elles débordent de sagesse et de lumière (1).

« Allez toujours de l'avant avec simplicité, le
« cœur prêt à tous les sacrifices pour trouver et
« vous assimiler la Vérité. Vous ne pouvez manquer

(1) Voir *la Splendeur catholique*, pages 62 à 65.

« de la rencontrer et d'en vivre : Dieu, dans sa
« providence, la donne à tous ceux qui la cher-
« chent ainsi...

« Notre Seigneur Jésus fait la joie et la consola-
« tion de ma vie : je vous souhaite de l'aimer bien-
« tôt et plus que moi. Avez-vous trouvé dans saint
« Jean ces paroles de vie : *Celui qui m'aime observe*
« *mes commandements. Si quelqu'un m'aime, mon*
« *Père et moi viendrons en lui et nous ferons en*
« *lui notre demeure.* Voyez-vous, pour nous autres
« chrétiens, Jésus spirituel n'est pas loin de nous
« de dix-neuf siècles. Il est là, il vit en nous, il est
« l'ami du jour et de la nuit. Votre âme est son
« épouse. Il est pour elle clarté, force, amour. Il est
« seul capable de satisfaire les besoins de votre
« âme et d'y mettre la paix qui est le bonheur. »

Certes, enseigné de la sorte, Lœwengard aurait
pu dès lors se convertir, d'autant qu'il avait devant
lui un splendide paysage de montagnes fait pour
élever au Créateur de la Beauté son âme éprise
d'absolu. En outre, la maladie venait d'empreindre
en lui le sentiment de sa misère. Mais si vous
avez lu et médité quelque récit de conversion, vous
aurez remarqué qu'à plusieurs reprises, au moment
où le néophyte va céder pleinement à la Grâce,
le Mauvais intervient avec fureur pour le ressaisir.

La voie qui tend à Dieu n'est pas un sentier
plane, tapissé de velours. C'est « un chemin mon-
tant, sablonneux, malaisé » où se succèdent des
bifurcations qui mènent à des fondrières cachées
sous des fleurs aux parfums dangereux. Ce n'est
qu'après s'y être maintes fois laissé attirer que

le pécheur retrouve la route du salut. Dieu permet qu'il en soit ainsi pour que l'âme apprenne, par des expériences douloureuses, qu'en dehors de Lui, en dehors de la Croix qui rayonne au sommet de la montée, il n'y a que joies inquiètes suivies d'indicibles souffrances. Pour aller à Dieu, que ce soit comme converti, ou comme croyant avide de pénétrer toujours plus avant dans le Cœur de Jésus, il faut gravir le Calvaire. — Malheur à qui ne le comprend pas !...

Or Lœwengard, à mesure que la santé lui revenait, répugnait, de plus en plus, à se conformer aux avis du saint prêtre G. « Déjà, à ses avances, je ne répondais plus que nonchalamment. L'heure de Dieu n'avait pas sonné encore. L'orgueil de l'intellectuel naissant et les passions de la puberté se révoltaient contre cette humiliation et cette continence qu'est la Foi. *Croire* c'est humilier sa raison et contenir sa chair. Tant que cet orgueil et cette chair ne sont pas matés, il nous est impossible d'entrer dans le royaume de Dieu. »

Il finit par ne plus répondre du tout et, rentré à Lyon, il se jeta dans l'Art éperdûment car il espérait que le culte de la Forme suffirait à étancher sa soif d'idéal. Puis se détournant de l'amour de Dieu, il alla, par une conséquence obligée, à l'idolâtrie, c'est-à-dire aux amours humaines. Car est-ce autre chose que de l'idolâtrie le fait d'adorer la créature au détriment du Créateur ? Le pauvre imaginatif, ne savait pas qu'en dehors de la virginité ou du mariage, sanctifiés par la foi, consacrés par l'Eglise, la femme est, après l'or, le plus sûr des véhicules vers la damnation.

Néanmoins le germe de Grâce projeté en lui n'était point tombé sur la pierre. Il lui fallut quatorze ans pour lever, mais enfin il leva pour la plus grande gloire de Dieu.

VII

Musset éprouvait le singulier besoin d'invoquer la Providence au cours de ses querelles d'alcôve, mais enfin il croyait. Hugo, comme il l'a dit lui-même, faisait « des restrictions » à Dieu, mais enfin il croyait. Lœwengard, éloigné de Dieu, les délaissa donc et prit pour directeurs de conscience un athée et un catholique perverti qui cherche à stimuler son âme infiniment lasse en la prostituant aux pieds du Démon : Leconte de l'Isle, le chantre marmoréen du néant et Charles Baudelaire, le subtil et puissant magicien dont les vers, d'un sombre éclat, pareil à celui de l'ébène, célèbrent la volupté de faire le mal sachant qu'on le fait. Le premier disait à Dieu : Je te nierai plutôt que de me courber sous ta loi. Le second : — Je n'ignore pas que je pèche en te désobéissant, mais j'aime mieux les piments de la révolte que le lait fade de la soumission. Et l'un magnifie « la divine Mort où tout rentre et s'efface ». Et l'autre s'écrie : « Saint Pierre a renié Jésus : il a bien fait !... » Tous deux ciselaient leurs blasphèmes dans une forme magnifique. Ah !

ce n'est pas sans raison qu'ils ont mis leur empreinte sur trois générations de poètes !

Lœwengard, comme bien d'autres, se laissa choir dans ce bourbier tendu de pourpre et d'or. « A dix-huit ans, dit-il, je n'ai plus d'autre religion que celle de l'Art. Comme pour Leconte de l'Isle et Baudelaire, l'art pour moi est Dieu. L'Absolu réside dans la forme et la forme, indépendamment du fond, suffit à la Beauté... L'Art est au-dessus des lois morales et sociales : il est *amoral*. Il est au-dessus même de l'idée car quelle idée est vraie, quelle idée est fausse ? La sensation esthétique est l'unique critérium du bien et du mal, de la vérité et de l'erreur. Cette théorie est celle de l'art pour l'art : j'en fus pendant dix ans le défenseur fanatique. »

Ce paganisme effréné, cette adoration furieuse de la Forme, non seulement pourrissent les âmes en y réveillant les instincts cruels qui sommeillent au fond de notre sale nature déchue, mais encore les vouent au désespoir. Car ne croyez pas qu'ils soient heureux ceux qui exaltent, avec une sorte de rage, les liesses incomparables de la sensation esthétique. Sectateurs d'Apollon, de Dyonisos et d'Aphrodite, ils déclarent qu'ils « vivent en beauté ». Ils peignent leur existence comme un festin où les coupes s'entrechoquent parmi des fards merveilleux, des parfums savamment artificiels et les raffinements les plus extrêmes de la débauche. Ils prétendent qu'ils ont atteint les sommets du sublime.

Mais la satiété vient et avec elle l'ennui. Ils regardent alors dans leur âme et elle leur apparaît comme un marécage au-dessus duquel flottent des

brumes couleur de plomb. Une immense mélancolie
monte de ces eaux putrides ; aussitôt, comme l'a
dit superbement ce même douloureux Baudelaire,
qui fut châtié d'une façon si rude et si équitable :
Dans la brute assouvie un ange se réveille. En
une minute de repentir, ils s'écrient, toujours avec
le poète des *Fleurs du Mal* :

> Ah ! Seigneur, donnez-moi la force et le courage
> De contempler mon cœur et mon corps sans dégoût !...

Mais le Seigneur s'est fait sourd. — Eux retour-
nent à leur vomissement. Le Diable, qui les attend,
leur tresse une couronne d'orgueil et les pousse
vers une philosophie qui leur affirmera qu'ils vont
dans le vrai sens de la vie — celle de Nietzsche par
exemple.

Tel fut le cas de Lœwengard : « Marcher, écrit-
il, sur les traces de ces maîtres qu'auréole une
gloire démoniaque, les dépasser encore, si possible,
telle sera, entre dix-huit et vingt-huit ans, ma plus
haute ambition ».

Cette fois, il semblait bien perdu car il allait
tomber sous l'emprise d'un sophiste allemand qui
distille des poisons auprès de quoi les strophes les
plus pernicieuses des poètes de l'art pour l'art ne
sont que d'innocentes panades.

VIII

Nietzsche est un fou, mais un fou de génie. —
Quand il le connut, Lœwengard l'écouta d'autant
plus avidement qu'il sortait de la philosophie uni-

versitaire, celle de Kant. Ce démolisseur de la
Raison pure, après avoir dissous, avec une obstination huguenote, tous les principes qui forment
la conscience, nous propose, pour les remplacer,
une vague idole qu'il baptise — selon quelle
opaque phraséologie — : *Impératif catégorique*.
Kant est le vrai père du modernisme, c'est tout
dire (1).

Nietzsche, lui, pousse l'individualisme jusqu'à
la fureur. A son avis, adopter la morale chrétienne, c'est se soumettre à une doctrine d'es-
claves. Il enseigne que l'homme supérieur doit
développer en lui l'orgueil, le goût de la volupté,
un égoïsme dur comme le granit. L'élite qui adop-
terait ses préceptes fournirait, affirme-t-il, *le
Surhomme*, c'est-à-dire un être autant au-dessus
de l'homme que l'homme est au-dessus du singe.
Comme on le voit, il accepte, comme certitude
l'hypothèse, aujourd'hui ruinée, de l'évolution et il
fonde sur elle son système. Il dit, en effet, dans
le prologue de son étrange poème, *Ainsi parlait
Zarathoustra :* « Tous les êtres, jusqu'à présent,
ont créé quelque chose au-dessus d'eux ; et vous
voulez être le reflux de ce grand flot, et plutôt retourner à la bête que de surmonter l'homme ?
Qu'est le singe pour l'homme ? Une dérision ou

(1) Tous ces Germains nébuleux sont, du reste, des destruc-
teurs : Hegel, pourléché par Renan, définit Dieu : « la Catégorie
de l'Idéal » et enseigne *l'identité des contraires*, c'est-à-dire
l'équivalence du vice et de la vertu. Schopenhauer tient le
monde pour une illusion que notre volonté doit nier. Et tous les
autres, et Nietzsche plus que tous...

une honte douloureuse. Et c'est ce que doit être l'homme pour le surhomme : une dérision ou une honte douloureuse (1)... »

Donc, créer des monstres d'orgueil, de luxure et de cruauté, méprisant et piétinant, sans remords, le bétail humain, tel est son idéal. Néron — si cher au doux Renan — voilà le modèle qu'il insinue d'imiter.

Or, le fait est que les vrais Surhommes, ce sont les Saints, c'est-à-dire des hommes surnaturalisés, prenant le contre-pied des enseignements de Nietzsche, cultivant en eux l'obéissance, l'humilité, la chasteté, la grande charité, bref, toutes les vertus qui s'opposent à cette doctrine de brute esthétique.

D'ailleurs, au simple point de vue moral, il est d'expérience que le culte effréné des passions dégrade l'homme au lieu de le hausser au-dessus de lui-même, comme le prétend Nietzsche. C'est ce que démontra naguère — en un moment de lucidité très rare chez lui — cet autre fou qui a nom Max Nordau : « Le constant réfrènement de soi-même est une nécessité vitale pour les plus forts comme pour les plus faibles. Il est l'activité des centres cérébraux les plus hauts, les plus humains. Si ceux-ci ne sont pas exercés, ils dépérissent, c'est-à-dire que l'homme cesse d'être homme : le soi-disant « surhomme » devient un

1 Toute la doctrine de Nietzsche est condensée dans les *Pages choisies*, publiées par M. Henri Albert *Mercure de France*. On y trouvera la conception du Retour Éternel qui couronne cette aberration. Je n'ai pas à m'en occuper ici.

« soushomme », c'est-à-dire une bête. L'organisme succombe sans retour à l'anarchie de ses parties constitutives et celle-ci conduit infailliblement à la ruine, à la maladie, à la mort... » (*Dégénérescence*, ch. ii, p. 334).

Nietzsche, lui-même, confirma l'exactitude de cette observation. En 1889, son logeur le rencontrant qui divaguait dans la rue, dut le ramener chez lui et parer à ses tentatives de suicide. Puis il fut frappé de mutisme. Pendant dix années, à la suite, il végéta comme un pauvre zoophyte, « honte douloureuse » pour sa famille. Puis il mourut dans l'inconscience.

Ainsi s'avère, dès ce bas-monde, la justice de Dieu sur les âmes perdues d'orgueil qui commettent le péché contre le Saint-Esprit...

Or, ainsi que bien d'autres, Lœwengard subit l'influence de cet insensé malfaisant. Cela s'explique : son tempérament d'artiste le portait à s'éprendre de Nietzsche dont la forme est réellement séduisante. En outre, il était préparé à s'en intoxiquer par sa vénération pour Leconte de l'Isle et Baudelaire. Depuis ces initiateurs, il avait progressé dans la voie de l'orgueil à outrance et Nietzsche lui sembla fait pour combler ses fringales de sensations excessives.

Il écrit : « Cet ultra-romantique chez qui le romantisme s'exaspère en mégalomanie, me séduisit comme il séduisit toute une partie de la jeunesse intellectuelle. Ce névropathe déchaîna en moi « la névrose juive ». Tous mes instincts malsains, ce philosophe les a légitimés, glorifiés, exaltés... Il

acheva en moi l'œuvre de pourriture commencée
par les romanciers et les poètes... Je devins, de
plus en plus, un enfant de volupté... »

A ce moment de son existence, Lœwengard
donne un exemple à l'appui d'une des lois psycho-
logiques qui régissent notre nature déchue dès
qu'elle se refuse à Dieu. On peut la formuler de la
sorte : Plus tu cultiveras ton orgueil, plus tu dé-
velopperas en toi les penchants sensuels.

IX

Cependant sa vocation littéraire s'affirmait. Il
avait dix-neuf ans. Il venait de terminer ses études
au lycée et il se sentait tout à fait inapte à suivre
la carrière commerciale car, nous l'avons vu, les
calculs d'intérêt et les trafics ne lui inspiraient que
de l'aversion. Comme on pouvait s'y attendre,
étant donné son admiration pour Baudelaire, Le-
comte de Lisle et Nietzsche — qui est un poète
plutôt qu'un philosophe — il ambitionna de versifier à l'imitation de ses maîtres.

Aussi, quand son père lui demanda la **profession** qu'il désirait choisir, il répondit : — Je veux
être homme de lettres.

Le père sursauta en se récriant : — Jamais je
ne te donnerai un sou pour devenir un poète, jamais, tant que je vivrai, quand même j'aurais la
fortune d'un Rothschild !

On s'explique très bien cette réprobation. Lorsque dans une famille bourgeoise il naît un enfant doué pour l'art, dès que son goût se manifeste, ses proches l'observent avec une stupéfaction douloureuse, comme s'il devenait soudain bossu ou bancal. Ou encore ils sont pareils à la poule qui couva des œufs de cane et qui s'affole en voyant les canetons, à peine sortis de la coquille, courir à la rivière prochaine.

Tout les déconcerte en leur progéniture : — Quoi donc, se disent-ils, cet enfant néglige les choses pratiques et positives ! Il méprise ce sens commun qui recommande de bien manger, de bien boire, de bien dormir et de penser le moins possible ! Il ne comprend pas le sublime de la spéculation consistant à dépouiller autrui à l'abri du Code et sous le couvert de cet axiome : « les affaires sont les affaires ! » Il rêve tout le jour aux fadaises de la poésie ; il vante des produits littéraires qui ne furent jamais cotés à la Bourse ; il s'enthousiasme pour des écrivains qui, de notoriété publique, moururent sans le sou. C'est épouvantable !...

Ah ! si du moins, il se montrait apte à produire une œuvre de rapport. S'il laissait percer le don de célébrer, comme de hautes vertus, les façons d'agir de sa classe. S'il peignait, à l'exemple de M. Georges Ohnet, de chevaleresques ingénieurs et des boulangères vengeresses et cossues. Ou s'il témoignait d'une adroite platitude d'idées comme ce Prévost des marchands de poisons sentimentaux dont la prose gélatineuse tremblote aux étalages d'innom-

brables périodiques. Alors le père pourrait risquer
quelque argent sur les fruits à venir de ce cerveau
lucratif.

Mais point : ce jeune homme chérit un idéal qui
n'a rien de commun avec celui des grands hommes
ci-dessus nommés ; il s'exalte pour des chefs-d'œuvre peu rémunérateurs. Et ce n'est point comme
un passe-temps, comme une distraction d'amateur aux minutes de loisir qu'il considère la
poésie, mais comme un labeur glorieux et désinté-
ressé... qui l'absorbera tout entier.

M. Lœwengard père, méditant sur cette catastrophe, ne pouvait qu'opposer un veto absolu au
désir de son fils.

« Je lui sus très mauvais gré de son refus, dit
Lœwengard. Des scènes pénibles eurent lieu entre
nous. Elles étaient dans la tradition... Au reste, la
contradiction trempe une véritable vocation : elle
en est l'épreuve ; si cette vocation survit, elle sera
la plus forte. »

Pour gagner du temps, il accepta de faire son
droit. Or, il n'était nullement porté à ce genre
d'études. Et tel que nous le connaissons maintenant, nous comprenons qu'avocasser n'était point
son fait. On ne le voit pas du tout mâchonnant
les Digestes indigestes, affligeant la veuve et
consternant l'orphelin, s'égayant ou s'indignant
sur commande, puis, sans doute, comme un bon
nombre des bavards brevetés qui s'égosillent au
Palais, briguant un mandat électif pour faire le
charançon à la Chambre ou ruminer au Sénat.

Non, l'amour du Beau le tenait trop fort. C'est

pourquoi il ajoute : « En dépit des conseils et des colères paternels, sous les lys et les roses de la Poésie, disparurent les chardons et les ronces de la Chicane ».

Or, épris plus que jamais de littérature, il lut, à cette époque, divers écrits de Maurice Barrès.

Il faut bien se rappeler que Lœwengard était devenu alors, comme dit Montaigne, une intelligence purement *livresque*. Il appartenait à cette famille d'esprits que la nature n'émeut plus d'une façon directe ; il ne la goûtait guère qu'interprétée par les arts. Or, sans aller jusqu'à l'austérité de ce moraliste, un peu touché de jansénisme, qui prétend que « l'art n'est qu'un péché magnifique », on doit admettre qu'une telle disposition poussée à l'excès mène à une paralysie des facultés affectives. C'est-à-dire que l'activité cérébrale développée outre-mesure étouffe, chez celui que possède cette étrange maladie de l'âme, tout élan du cœur, supprime presque les sentiments sociaux.

Exemple : un homme normal voit une maison brûler. Il est saisi par l'horreur du spectacle. Les cris et les appels des habitants, surpris par le feu et cherchant à s'échapper, l'emplissent d'angoisse et de pitié. Il suit, d'un cœur anxieux, les péripéties du sauvetage et il n'a de repos que quand l'élément destructeur est vaincu.

L'esthète, non. Au début, il aura peut-être une velléité de partager l'émotion générale. Mais, presque aussitôt, son sens hypertrophié de l'art ne lui fera plus que suivre, d'un regard charmé, les colorations changeantes de l'incendie ; son oreille n'enregistrera les clameurs des sinistrés que comme les accords d'une symphonie pathétique. Il ne s'intéressera pas au dévouement des sauveteurs mais à la qualité plastique de leurs gestes. Puis il se rappellera tel tableau représentant une catastrophe de ce genre et où il admira le savoir-faire du peintre, tel livre où il savoura une description d'embrasement relevée « d'épithètes rares ». Il établira une comparaison entre le souvenir de ces fictions et la réalité offerte à ses yeux. Ensuite, comme le zèle charitable et les propos apitoyés de la foule qui l'entoure l'importunent, il s'éloigne en concluant : — Cet incendie est très réussi, ou bien : — cet incendie, je le trouve manqué...

C'est à un dessèchement aussi affreux du cœur qu'aboutit le néronisme appris à l'école de Nietzsche : c'est à cette férocité dans l'amour de l'art pour l'art qu'aboutit le culte exclusif de la forme ; c'est à ce dédain pour les sentiments charitables exprimés par le grand nombre qu'aboutit la préoccupation de se distinguer de la plèbe.

L'infortuné s'est si follement grisé du vin de l'orgueil, il a tant aspiré à devenir « surhumain », que les plus beaux mouvements d'humanité lui semblent d'ordre inférieur. Il ne peut plus approcher ses lèvres de ce breuvage salutaire que Shakespeare appelle : *le lait de la tendresse humaine.*

Lœwengard en était donc là quand il découvrit l'œuvre de Barrès. Ce lui fut une révélation. Peut-être est-ce l'individualisme passablement maladif de *Sous l'œil des Barbares* et du *Jardin de Bérénice* qui le séduisit tout d'abord. Mais Barrès a vite renoncé à cette attitude de dilettante énervé. Les livres qui suivirent annoncent sa marche vers une conception plus saine de la vie. Il la réalisa enfin cette conception et, par là, il fournit au jeune dévoyé de l'art pour l'art, non seulement une méthode pour se connaître soi-même, mais encore les moyens de se rattacher à ses traditions et à sa race (1).

Par la lecture de Barrès, Lœwengard commença de pressentir le lieu stable où il pourrait se reposer un jour. Il étouffait dans une serre chaude ; l'auteur des *Déracinés* y fit entrer un peu de l'air du dehors. Aussi affirme-t-il : « En attendant que sur mon chemin de Damas, je rencontrasse le Maître unique, l'unique Religion, l'unique Prince des homme, je choisis pour « intercesseur » Maurice Barrès ». — Bien entendu, *intercesseur* n'est pas pris au sens religieux.

Plein de reconnaissance et n'étant point l'homme des demi-mesures, il partit aussitôt pour Paris afin de remercier celui qui venait de le tirer de l'artificiel.

Cette spontanéité dans la gratitude rend Lœ-

(1) On sait avec quelle logique merveilleuse, avec quel sens du réel, Barrès accomplit son évolution. Des livres comme les « romans de l'énergie nationale », comme cette *Colline inspirée*, dont les dernières pages opposent l'ordre éternel aux désordres du sens propre, sont en effet d'un grand secours aux âmes errantes qui souffrent de leurs vagabondages esthétiques et qui cherchent à s'enraciner. Barrès est, à l'heure actuelle, probablement, le plus français de nos écrivains ; puisse-t-il en outre acquérir la foi profonde dans les vérités promulguées par l'Eglise. Ce sera le couronnement *nécessaire* de son œuvre.

wengard fort sympathique. Ce n'est pas un esprit
ni un cœur médiocres qui auraient de ces élans. Dès
ce moment, on peut prévoir que le jour où la seule
Vérité lui deviendra évidente, il ira vers elle avec
le même généreux empressement.

Il est écrit que « le Royaume du Ciel souffre violence ». Violent dans le bien comme il fut violent
dans le mal, Lœwengard méritera bientôt de l'investir.

X

Mais il prit un détour. Barrès lui avait appris ce que
c'est que le nationalisme et l'avait délivré par là de
l'idolâtrie du Moi. Lœwengard crut d'abord, assez
naïvement, que cette initiation faisait de lui un
enfant de la terre de France. Or on ne s'improvise
pas français : un métèque peut aimer notre pays,
puiser dans notre culture nationale les éléments de
sa propre culture, il n'abolira point le fait brutal
qu'un sang étranger coule dans ses veines. Aussi,
quand éclata la crise qu'on appelle l'affaire Dreyfus,
il se sentit fils d'Israël ; il courut à la défense de sa
race. Ce ne fut point un raisonnement qui le détermina mais un instinct héréditaire. Il ne se rendit
point compte que, par l'affaire Dreyfus, la bar-
barie sémite tentait un assaut contre la civilisation
aryenne, que les Juifs, secondés par la franc-maçonnerie internationale, les révolutionnaires, et les
Protestants, voulaient réduire en esclavage la fille

aînée de l'Eglise. La voix de ses pères criait en lui que la Synagogue était menacée. Les Antisémites se formaient en colonne d'attaque. Cela lui suffit : il alla combattre pour sa nation.

« Jusqu'à l'Affaire, écrit-il, le nom d'Israël n'éveillait en moi nulle émotion. J'étais libre-penseur comme mon père, ma mère, mes sœurs. Le Judaïsme m'était indifférent. Jamais je n'avais assisté aux offices de la Synagogue et je connaissais à peine le grand-rabbin... Sous la poussée antisémite, le nationalisme Juif se réveilla... Une émotion inconnue et profonde monta de mon sang, enflamma mon âme d'héroïsme, l'illumina d'orgueil ; je me sentis Juif, je me voulus Juif et, interprétant, dans un sens judaïque, les merveilleux articles que publiait Maurice Barrès, je me résolus à « prendre conscience de ma formation, à accepter mon déterminisme », à me raciner, moi aussi, dans « ma terre et mes morts ». Des cris de mort retentissaient contre Israël ! Il était donc beau de s'affirmer Israélite, de batailler pour la gloire du peuple juif. »

Barrès, préconisant le nationalisme, pour réveiller l'âme française assoupie par les narcotiques humanitaires, ne s'attendait probablement pas à ressusciter chez un Juif l'amour de sa race. Le fait n'en est pas moins tout à l'éloge de la sûreté de sa méthode, puisqu'il démontre qu'elle se vérifie exacte dans beaucoup de cas.

Or, par une conséquence imprévue de Lœwengard lui-même, se retrouvant Juif, il redevint presque croyant ; il se mit à fréquenter la Syna-

gogue ; il entra en relations suivies avec le grand-
rabbin de Lyon. Aux cérémonies, il *priait* avec sincérité, avec emportement, avec la joie intime de
dissiper, en s'unissant à ses frères, en invoquant,
comme eux, avec eux, l'Éternel, l'atmosphère de
mort où l'avait confiné, si longtemps, le culte en-
ragé de l'Art pour l'Art.

Et alors il arriva que sa pensée s'arrêta sur le
Messie promis aux enfants d'Israël. Laissons-le
parler : « Je communiai avec l'âme israélite, cette
vieille âme indestructible qui, depuis quarante
siècles, répétait les mêmes paroles, glorifiait ses
patriarches, annonçait un Rédempteur, un Oint,
un fils de David qui relèverait sa patrie, qui rebâ-
tirait le Temple où pourraient s'offrir à nouveau les
holocaustes et les parfums... »

Cette idée d'un Sauveur le préoccupa si fort qu'il
voulut savoir quel était le sentiment *actuel* des rabbins à ce propos. Or ceux-ci, que son ardeur à
s'informer du fond même de sa religion, faisait
sans doute sourire, après quelques dérobades, lui
signifièrent que le Judaïsme libéral ne croit plus à
un Messie personnel, mais le considère comme une
expression symbolique du triomphe de la Révolution [1].

Lœwengard fut violemment déçu. Quoi donc,
c'est en cette minable interprétation que se résol-

---

[1] Ce sens messianique donné par les Juifs intellectuels à la
Révolution doit être pour nous un avertissement. Si la Révolution leur est bienfaisante elle ne peut nous être que nuisible. Et
de fait, pour qui réfléchit, les idées de la Révolution sont à l'âme
française ce que *l'oïdium* ou *le mildiou* sont à la vigne.

vaient les Prophéties éternelles ! Il avait soif d'une
direction, d'une espérance surnaturelles et l'on lui
servait *les Droits de l'Homme* !...

Or, il pressentait déjà qu'il n'y a pas de Droits
de l'homme, — qu'il y a *les Droits de Dieu et les
devoirs des hommes* et qu'en dehors de ce principe vital, on s'égare en de vaniteuses chimères,
en des rêveries sans consistance.

Il le pressentait, oui, mais d'une façon confuse,
car le travail de la Grâce au fond de son âme lui
demeurait encore insensible. Cependant comme la
notion du divin, récupérée par ses méditations sur le
Règne de la Loi, persistait en lui, l'exégèse rationaliste des rabbins lui fut odieuse : « L'âme juive qui
s'était éveillée en moi ne pouvait accepter ce plat
humanitarisme ». Il lui semblait que les Prophètes
se révoltaient en elle, lui criaient : « — Sors d'ici,
sors de ce temple qui a renié les gloires de ton
peuple, *de ta terre et de tes morts*. La communion
n'est pas possible entre ces faux Israélites et toi. Et
je m'éloignai de la Synagogue... »

En ce temps, commence pour lui une période
d'incohérence nouvelle et d'agitation sans résultats.
Il publie une plaquette de vers assez insignifiante ;
il fonde avec quelques « intellectuels » lyonnais
une revue éphémère. Il pérore dans les réunions
publiques contre « le sabre et le goupillon ». Puis
l'esprit de destruction, qui possède les socialistes
révolutionnaires, le dégoûte car il voit que la ruine
de la France en résulterait et il ne peut pas s'empêcher d'aimer la France. Alors il s'esquive du
dreyfusisme et pénètre dans une des provinces les

plus fuligineuses du royaume de Satan : il s'adonne à l'occultisme.

Comme nous allons le voir, Dieu, qui avait permis que, pour son bien à venir, il parcourût le cercle entier de la folie humaine, le prit faisant tourner des tables et le jeta tout souillé d'aberrations démoniaques, au pied de la Croix.

Telles sont les surprises de la Grâce.

XI

Huysmans l'a fait remarquer : il existe à Lyon de nombreuses sectes occultistes plus ou moins affiliées à la théosophie. Elles rôdent autour de l'Eglise pour lui ravir des âmes ou s'attachent à recruter des prosélytes parmi les esprits, sans croyances fixes, que les négations sommaires du matérialisme ne satisfont point. Lœwengard, déçu dans sa tentative vers la foi par le Judaïsme, rebuté par l'ineptie et le manque de culture des révolutionnaires, leur était une proie toute désignée. Il se laissa séduire et devint l'habitué d'un des salons où ces adorateurs du Diable s'empoisonnent l'un l'autre. Il étudia les sciences maudites ; il se passionna pour des rites sacrilèges où sa sensibilité pervertie goûtait une volupté nouvelle à professer un soi-disant spiritualisme sous lequel se dissimulent — il faut le dire tout crûment — de grosses ordures. Car, comme il le reconnut lui-même par

la suite, « les fruits du spiritisme sont l'orgueil, le
trouble de l'âme et du corps, l'exaltation de la sensualité jusqu'au sadisme ».

Dans ce milieu d'aberration extrême, il rencontra
une jeune fille qui, élevée au couvent, naguère
catholique pratiquante, s'était également laissée
prendre aux pièges de la Gnose. Elle était assez intelligente, lettrée, et, de plus, faisait tourner les
tables avec zèle. Elle aurait assurément mieux fait
de raccommoder les chaussettes de son papa, mais
enfin, il faut croire que sa famille lui avait octroyé
une dispense sur ce point.

Les deux pauvres égarés se plurent. Un penchant commun à réciter des poésies sensuelles
compléta leur bonne entente. Toujours approuvée
par les siens, la demoiselle reçut Lœwengard dans
une chambre ornée d'un vitrail « aux reflets d'éme-
raude et de rubis et où de l'encens fumait dans des
cassolettes hindoues ». Là, elle prenait des poses
hiératiques en déclamant du Samain. Le décor
baroque stimula Lœwengard. Il riposta par des vers
peuplés de mages et de sphynges, où il célébrait le
charme « ésotérique » de son amie. Puis ils lurent
ensemble les hermétistes, les cabbalistes et les
rose-croix, pratiquèrent plus assidûment qu'ils ne
l'avaient encore fait le spiritisme — bref ils réali-
sèrent à peu près tout ce qu'il faut pour encourir la
damnation éternelle. Ils furent même sur le point
de s'affilier à une Loge. « J'étais mûr, dit Lœwengard, pour la franc-maçonnerie où, certainement, Mlle S... et moi nous eussions rapidement
franchi les degrés inférieurs pour pénétrer dans

les cercles lucifériens dont l'idée me hantait. »

Heureusement pour lui qu'il s'en tint au projet.

— Du reste, à ce moment même où il semblait définitivement orienté vers la perdition totale de son âme, la Grâce se fit enfin sentir et ces deux enfants pourris de satanisme furent sauvés.

Terminant le chapitre où il expose ces errements sacrilèges, Lœwengard a donc bien raison de s'écrier : « Bénie soit à jamais la Trinité adorable et gloire à Vous, Vierge sainte, Marie Immaculée. Vous n'avez point permis que le père du mensonge achevât son œuvre. En grinçant des dents devant la Grâce lumineuse, il a lâché prise : sous les rayons de la Grâce divine, les ténèbres vont reculer... »

Avant de raconter comment le Saint-Esprit libéra Lœwengard de l'esclavage de Satan, récapitulons un peu les phases successives de ses états d'âme.

XII

Lœwengard, né à Lyon, de Juifs allemands, n'a pas la moindre idée de la religion catholique. Cependant il connaît Dieu par les prières du soir et du matin que sa mère lui apprend, quoi qu'elle soit elle-même fort peu croyante. Ce rudiment d'éducation religieuse est sapé par le matérialisme de son père, qui profite de toutes les occasions pour extirper la notion du Surnaturel de l'âme de son enfant.

Celui-ci en souffre parce qu'affamé de tendresse, il ne trouve de consolations que dans ses entretiens avec Dieu.

Peu à peu cet attrait diminue sous l'influence du milieu où il est confiné. Comme, en même temps, il se livre, sans direction ni contrôle, à toutes sortes de lectures délétères, plus particulièrement choisies dans les ouvrages des romantiques, son imagination s'enflamme, son jugement se fausse et il sent la foi s'affaiblir en lui.

A ce moment, d'une façon fort imprévue, la Grâce le sollicite par l'entremise d'un de ses jeunes camarades, catholique fervent, qui, sur sa demande, lui donne un aperçu du catéchisme. Lœwengard en est vivement frappé ; une douceur, une paix inconnues le pénètrent. L'impression est si vive qu'il forme d'arrache-pied le projet d'entrer dans l'Eglise. Mais la crainte que lui inspirent les fureurs athées de son père l'empêche d'obéir à cette velléité.

Néanmoins, on peut supposer que la Grâce entrée alors en lui agira, d'une façon latente, pendant les années qu'il gâchera loin de Dieu.

Jusqu'à l'âge de seize ans, son vague déisme persiste. Puis le doute et ensuite l'incrédulité l'envahissent. Ce lui est une occasion de souffrance telle qu'il en tombe malade. Frappé de la sorte, il fait de nouveau quelques pas vers la grande guérisseuse : l'Eglise ; il entre en relations avec un bon prêtre dont les conseils lui font du bien. Mais la guérison survient ; aussitôt il s'endurcit et ne songe plus qu'à jouir de la vie des sens. En apparence, la Grâce a échoué une seconde fois (1).

Eloigné de Dieu, il se déprave tout à fait. Il brûle de sensualité, il s'imbibe de doctrines blasphématoires — il se fait enfin l'adepte du sophiste frénétique Nietzsche qui achève de lui gâter le cœur et de lui frelater l'entendement. Toutes ses facultés sont en anarchie ; il n'est plus que le jouet de ses impulsions morbides, le névrosé qui cherche dans l'art et dans la débauche des ressources pour stimuler ses sens précocement engourdis. Le monde ne lui étant plus qu'un prétexte à excitations d'ordre imaginatif, il devient un égoïste féroce.

A ce moment, la lecture de Barrès fait un peu renaître en lui la notion que l'univers n'a pas pour objet exclusif de lui fournir la toile de fond du théâtre où gesticule et se pavane son Moi gonflé d'orgueil à éclater. Il rentre un peu dans le réel : il essaie de se rattacher aux croyances de sa race — voire de s'éprendre du Messie rédempteur. Mais le libéralisme obtus des rabbins l'en éloigne.

Alors, le Diable, qui lui a soigneusement travaillé l'âme pour y régner sans partage, le jette, un temps, parmi les agités de la Révolution sociale. Puis, après l'avoir rissolé dans cette cuve rouge sombre où bouillonnent force ingrédients malpro-

1) Je suis assez tenté de considérer comme les *préfigures* de sa conversion définitive ces deux appels de la Grâce. En effet, ainsi que nous allons le voir, de même que la parole d'un condisciple l'avait touché dans son enfance, la parole d'un prêtre d'origine juive le touche à fond quand l'heure de Dieu est venue. Et de même que la maladie avait brisé une première fois son orgueil, la maladie le mènera au désir irrésistible du salut par le baptême.

pres, il l'en tire pour le corroder des poisons effer-
vescents de l'occultisme.

Ainsi, nous pouvons noter, comme indices de
son évolution, trois faits principaux : 1° Il eut
toujours l'aspiration vers un Idéal ; 2° méconnaissant la Grâce qui lui désignait cet Idéal dans la
Vérité catholique, il cherche à l'atteindre par l'idolâtrie de la forme ; 3° tôt blasé, il traverse l'aberration révolutionnaire pour échouer enfin dans la
magie, c'est-à-dire dans le culte de Satan.

Là, il croit étreindre l'Idéal. Mais il n'est plus
qu'un débris d'homme plus purulent et plus fétide,
au moral, que ne le sont, au physique, les malades
ruisselant de sanies qu'on apporte à Lourdes.

Or de même que certains de ceux-ci recouvrent
la santé par miracle, de même il va guérir par un
bienfait tout gratuit de la Providence.

Le sol a été labouré, défoncé par toutes les expériences qu'il tenta pour acquérir une raison de
vivre. On peut ajouter que le fumier n'y manque
pas, car la partie inférieure de son âme est encom-
brée d'animalcules biscornus et gluants, de végé-
tations vénéneuse qui grouillent parmi des flaques
d'eau bourbeuse.

Or, dans la partie supérieure de cette âme, un
vol neigeux de colombes s'épanouira bientôt au
souffle du Paraclet. Ce souffle revivifiant assainira
le cloaque où croupissait son orgueil — et celle qui
se traînait, avec lui, dans l'obscurité puante sera
sauvée du même coup.

XIII

Lorsque s'esquissèrent dans son âme les préludes de la conversion, Lœwengard venait d'épouser Mlle S. Peu auparavant, il avait publié un second recueil de vers qu'il juge de la sorte : « Avec des hosannas de luxure et des cris de blasphème, j'y couronnais de roses Vénus Astarté, j'y maudissais le Christ-Jésus, j'y faisais l'apothéose de Babylone, de Sodome et Gomorrhe, de Messaline, Héliogabale et Néron ».

Ce petit répertoire de saletés lyriques ne se distinguait pas beaucoup de mille autres rhapsodies décadentes. A cette époque, il était à la mode, dans certains clans littéraires, de célébrer le vice comme étant l'expression superfine d'un art libéré du préjugé moral. Lœwengard suivit la mode. Ce pourquoi il fut gratifié des félicitations de quelques poétesses rastaquouères, dont le feint idéalisme se résout en des bacchanales débridées.

Mais simultanément il reçut d'un protestant, qui avait lu son livre, le bizarre avis qu'il y avait en lui « un catholique qui s'ignorait ».

« Je lui répondis, écrit-il, que, certes, les cérémonies du culte catholique m'émouvaient profondément, mais que, quant à la foi de l'Eglise, je ne l'aurais jamais. L'obéissance à un dogme révoltait mon individualisme. Ce dogme m'apparaissait enfantin et absurde... »

Il se croyait donc tout à fait ancré dans l'impiété, lorsque plusieurs circonstances, qui accompagnèrent et suivirent son mariage, lui remuèrent l'âme d'une façon fort imprévue.

Laissons-le parler.

« La bénédiction nuptiale nous fut donnée dans la sacristie, comme cela est prescrit pour les mariages judéo-catholiques. Pendant la cérémonie, une seule alliance avait été bénite : celle de la partie chrétienne. Mon exclusion, en un moment si solennel, provoqua au fond de moi-même une sorte d'inconsciente jalousie. A peine les prières terminées, je demandai au prêtre de bénir mon alliance. Il s'y refusa d'abord, alléguant la discipline ecclésiastique. Pourtant, sur l'insistance d'un de nos témoins, il consentit à la bénir comme on bénirait une médaille. »

Retenons cet incident très significatif : on y voit la Grâce commencer d'agir, d'une façon sensible, sur l'âme du pauvre réprouvé. C'est elle qui lui inspire le regret spontané d'être laissé à l'écart des pleins effets de la bénédiction. Il a comme un pressentiment de la vertu surnaturelle incluse dans le sacrement de mariage, et il s'attriste de n'avoir point reçu cette vertu qui fait de l'époux et de l'épouse une seule chair et une seule âme.

Sa femme également sentait ce qu'il y avait d'incomplet dans leur union. Tous deux souffraient. Il le constate : « Nos âmes et nos corps ne s'étaient point renouvelés dans le divin amour. C'est pourquoi notre félicité était inquiète et pleine de trouble... »

Des âmes vulgaires n'auraient point ressenti cette délicate impression. N'est-ce point un signe admirable de la sollicitude divine à leur égard : Dieu permet que ces deux affolés de pratiques démoniaques aient l'intuition que, n'étant point croyants, ils ne trouveront pas le bonheur dans le mariage ?

Quelques semaines après, ils assistèrent à un déjeuner offert par un de leurs cousins à l'occasion de la première communion de son fils. Un prêtre, oncle du jeune communiant, aumônier d'une communauté de religieuses, présidait le repas.

« Je fus ému, dit Lœwengard, par l'accueil cordial que me firent, à moi, israélite, ces bons chrétiens animés du véritable esprit de la foi qui est la charité... Durant le déjeuner, je questionnai l'aumônier sur différents points de théologie. Il me répondit aimablement et engagea notre cousin à me mettre en relation avec un israélite converti, l'abbé Augustin Lémann. Ce nom ne m'était pas inconnu. Aussi j'acquiesçai à la proposition de l'abbé, curieux que j'étais de connaître un de mes frères en Abraham devenu prêtre du Christ. »

Remarquez cette pression plus accentuée de la Grâce. Lœwengard est hanté par l'Eglise. Il a beau se figurer qu'il demeure incrédule, il subit une attraction à laquelle il ne peut résister : la charité catholique le touche au cœur ; il s'enquiert des dogmes auprès d'un théologien et il commence à concevoir que cette religion jugée par lui, hier encore, « enfantine et ridicule » pourrait bien détenir la solution de cette énigme de la vie qui le tour-

mente depuis son enfance. En même temps, le
prêtre lui est indiqué qui sera pour lui l'instrument
de Dieu et ce prêtre, c'est un juif converti. Quel
exemple et quelle marque évidente de l'action surnaturelle !

A partir de ce moment, ses cousins, l'aumônier,
les religieuses que celui-ci dirigeait formèrent, à
son insu, autour de lui — cela lui fut révélé plus
tard — un foyer de prières ardentes qui, à coup
sûr, contribua grandement à le ressusciter d'entre
les morts.

Car il faut le souligner : Au cours de toutes les
conversions, au moment voulu par Dieu, des âmes
sanctifiées viennent en aide — le plus souvent sans
qu'il le sache — au néophyte que la Grâce investit.
Et des exemples innombrables prouvent l'efficacité
de leur intervention.

Ah ! splendeur de ce dogme de la communion
des saints ! Il fait que toute âme en marche vers
Dieu rencontre des amoureux de Jésus qui, brûlés
des flammes du Sacré-Cœur, donneraient joyeusement leur vie, s'il était nécessaire, afin de hâter le
retour de la brebis égarée au bercail !... Je te demande pardon, lecteur, de cette digression et je
continue.

XIV

Quoi qu'il eut témoigné le désir d'entrer en relation avec l'abbé Lémann, Lœwengard ne se pressa
pas de se faire présenter à lui. Il demeurait dans

incertitude sur la façon dont sa vie allait s'orienter, quand il fit un rêve.

Comme il le dit fort bien, il savait que la plupart des rêves sont déterminés par des causes physiologiques. Mais celui-là l'impressionna si vivement qu'il crut y reconnaitre une intervention surnaturelle qui lui bouleversa l'âme.

Le voici : « Soutenu par un ange aux larges ailes d'un blanc lumineux, un ange dont la figure resplendissait de majesté et de sérénité, j'étais enlevé à travers les mondes, globes énormes, brillants, multipliés à l'infini, roulant dans l'espace. Et, à chaque instant, il me semblait que j'allais tomber, précipité, d'une chute vertigineuse dans le vide sans fond. Mais, chaque fois, d'une main vigoureuse, l'ange me ramenait en haut, me relançait vers de nouveaux astres et ainsi, croyant toujours m'abimer, je me relevais plus fort, calme et confiant. Soudain, j'aperçus une croix et sur cette croix agonisait Jésus-Christ. Et l'atrocité de ses souffrances, je la ressentis au même instant. Peu à peu, elle se changea en béatitude, en extase, en une joie ineffable... Je me réveillai. »

Peu de jours après, comme il était encore sous l'impression de ce songe, sa femme l'avisa qu'elle avait lu, sur le mur de l'église de l'Annonciation, une affiche mentionnant que l'abbé Lémann y prêcherait le 3 juin, jour de la Pentecôte, après Vêpres. Elle lui proposa d'assister à ce sermon.

Mû par la curiosité d'entendre ce prêtre, dont on lui avait si élogieusement parlé, — sans doute aussi poussé par la Grâce, — Lœwengard consentit. La première chose qui le frappa chez l'abbé Lémann ce fut le type sémitique très accusé de ce prédicateur. C'était un incontestable Juif qui allait parler — un Juif tenant un Crucifix à la main et s'en signant.

Mais dès l'exorde, Lœwengard cessa d'observer en simple curieux. Il était conquis.

Laissons-le raconter cette emprise :

« L'abbé Lémann parle, inspiré, illuminé. Son pâle visage rayonne. On oublie que ce prêtre a soixante-dix ans. Un souffle de jeunesse l'anime ; c'est un apôtre, un descendant, non pas des déicides, mais des prophètes, mais de saint Pierre et de saint Paul, qui s'adresse à moi, attire mon âme vers le feu de la sienne, l'émeut, l'échauffe, la charme et l'embrase... Je suis conquis, vaincu, possédé par cette éloquence ardente et enveloppante qui brûle comme une flamme et ravit comme une caresse... Quand le sermon est achevé, mes yeux sont mouillés de larmes et mon cœur bat d'enthousiasme. Ah ! comme les voies de la Providence sont admirables ! J'était un artiste avant tout et j'étais un israélite qui s'était glorifié de ne point renier « sa terre et ses morts ». Pour m'attirer à Lui, Dieu choisit un enfant de mon peuple, un orateur chrétien qui est un poète par la richesse d'une imagination et la vivacité d'une sensibilité que n'ont pu amoindrir ni l'expérience plus ou moins douloureuse de la vie, ni le poids si lourd des années !... »

La cérémonie terminée, tout transporté, baigné des effluves du Saint-Esprit qui s'irradiaient, dans

le sanctuaire, en ce jour de Pentecôte, il se précipita vers la sacristie, demandant à entretenir tout
de suite le prédicateur.

« Ce bon vieillard me fit un accueil paternel, me
posa quelques questions et me donna rendez-vous
chez lui. » Quand il s'y présenta, l'abbé Lémann
lui dit, tout d'abord, en lui montrant une statuette
de la Vierge : « Voilà celle qui vous envoie ; toutes
les grâces, nous en sommes redevables à l'intercession de Marie ».Puis il lui parla, comme un père
s'entretient avec son fils, simplement et tendrement. »

Lœwengard mentionne qu'il écoutait avec sympathie, mais avec scepticisme. Quant à la foi, son
orgueil s'y refusait encore ; il ne lui semblait pas
qu'il pût admettre la possibilité de se convertir.

Cela, c'est la manigance suprême du Mauvais :
pour différer sa défaite, il s'efforce d'épaissir les ténèbres autour du néophyte. Celui-ci se figure qu'il
continue à suivre sa route coutumière ; il fait encore
quelque temps ses gestes habituels ; sa bouche continue de proférer des opinions qui, en réalité, ont
cessé d'être les siennes. Il va en vertu de la vitesse acquise, mais le mobile propulseur ne fonctionne plus. Et la Grâce a déjà tellement transformé le fond de son âme, si bien miné le terrain
pour l'explosion finale, qu'il ne faudra plus qu'une
occasion propice pour que le « vieil homme »
tombe au pied de la Croix.

Cette occasion, ce fut la lecture de trois livres
sur les Juifs et leur rôle dans la société, publiés par
l'abbé Lémann, qui la fournit à Lœwengard. Le bon

prêtre les lui avait donnés en même temps que deux crucifix, l'un pour lui, l'autre pour sa femme, en les priant de les porter sur eux.

« Je plaçai le mien sur ma poitrine, il ne m'a pas quitté depuis », ajoute le converti.

Puis il se mit à lire attentivement et alors il reçut le coup de lumière décisif.

« Je m'intéressais infiniment, rapporte-il, à la question juive, ce qui semblera fort naturel de la part d'un Israélite. Et pourtant j'avais passé devant les livres de l'abbé Lémann sans même les ouvrir. Des livres de prêtre, cela ne pouvait rien valoir. Mes orgueilleux professeurs de l'Université m'avaient imbu de cette idée qu'un ecclésiastique, fût-il un génial écrivain comme Bossuet, était a priori dénué d'autorité en matière historique ou scientifique (1). »

Or d'après les citations que Lœwengard en donne, les livres de l'abbé Lémann sont, non seulement d'une extraordinaire puissance de pensée, mais aussi d'une grande beauté de forme. Ceci ne pouvait que ravir le poète épris de plastique.

Il dit : « La voix de l'orateur m'avait entraîné. La phrase de l'écrivain m'éblouit. Encore une fois, c'est l'art qui me charma d'abord, c'est la beauté qui m'introduisit dans le sanctuaire de la foi... A

(1) Remarque très exacte. Que de fois j'ai rencontré des gens curieux de s'informer des choses religieuses et qui, pourtant, refusaient de lire des volumes rédigés par des théologiens, sous prétexte que ceux-ci, étant imbus du Surnaturel, leurs opinions ne comptaient pas. C'est à cet endurcissement dans le parti-pris que mène la folie de rationalisme dont notre lamentable siècle est possédé.

mesure que j'avançais dans ma lecture, intéressé,
séduit, subjugué mais croyant toujours ne l'être que
par la Beauté, tout à coup, comme un éclair en-
tr'ouvrit les profondeurs de mon âme : avec une
étonnante lucidité, dans une intuition fulgurante
qui arrachait les voiles de l'erreur, les préjugés
millénaires, et retournait toutes mes idées, me se-
couant d'une indicible émotion, la Vérité m'apparut, la Vérité totale, absolue, indiscutable. La foi
illumina mon intelligence ; des horizons inconnus
se déployèrent, les visions grandioses de l'histoire
passèrent devant mon esprit, le déroulement des
temps, non plus dans une contemplation de nihiliste,
amère et sans explication, mais dans la joie du
pourquoi de la vie révélé, de la marche des mondes
et des événements enfin comprise, de la certitude
enfin possédée. Une voix intérieure m'affirmait :
— Oui, l'Eglise est l'unique port du salut, l'unique
dépositaire des vérités métaphysiques essentielles,
Fondée par Dieu, bâtie pour l'éternité sur le roc de
Pierre, les portes de l'enfer ne peuvent prévaloir
contre elle... »

Lœwengard développe cette vue dans une série
de pages qui sont, je crois, les plus pénétrantes
de son livre. J'engage fort à les lire (1). Ce qui l'a
convaincu, par-dessus tout, c'est la perpétuité de
l'Eglise malgré tant de vicissitudes, de trahisons,
d'hérésies, malgré aussi les faiblesses, les négligences, les crimes parfois du clergé et des fidèles.

_____

(1) *La Splendeur catholique*, ch. xviii ; *Magnificence de l'Eglise
éternelle*.

La raison en lui était satisfaite, conquise comme elle ne l'avait jamais été par les affirmations sans base de la science athée et les rêveries meurtrières des rhéteurs et des poètes.

Restait le cœur. Il fallait que celui-ci fût brisé par la souffrance. Car, je le redis une fois de plus, la loi générale, c'est que la souffrance seule parachève la conversion : pour monter vers Dieu, il faut suivre la Voie Douloureuse. Mais comme la Grâce et l'Amour divins vous y accompagnent !

Ainsi que tous les convertis, Lœwengard passa donc par ce creuset de la douleur où il est nécessaire que le cœur se liquéfie.

XV

« Avant de me régénérer dans l'eau du baptême, écrit le converti, Dieu voulut m'éprouver, me forcer à rentrer en moi-même, abattre mon orgueil, mon double orgueil judaïque et païen, m'humilier dans la douleur et le repentir... J'avais péché terriblement et de toutes façons. Il était juste que j'expiasse mon passé de débauche et de superbe... »

C'est pourquoi, à l'automne de 1906, il tomba gravement malade. Une anémie incoercible le rendait « plus faible qu'un vieillard de quatre-vingt-dix ans » ; il ruisselait de sueur au moindre effort physique ou mental ; il était incapable d'écrire, de lire et même d'entendre lire ; l'in-

somnie l'écrasait ; il souffrait d'une façon continuelle.

Et pourtant, à travers tous ces maux, « une
conscience parfaitement lucide, une intelligence
parfaitement raisonnable » lui conservaient la faculté de s'analyser, la force de se reconnaître justement puni de ses fautes, le pouvoir de suivre la
marche du Surnaturel dans son âme.

Cette lucidité, si à l'encontre des lois physiologiques, est un des signes les plus évidents de
l'action divine. En effet, ne constatons-nous pas
tous les jours que, chez un malade gravement
atteint, la dépression mentale suit le délabrement
corporel ? Cela se vérifie plus particulièrement
chez les anémiés tels que l'était alors Lœwengard.

Or, au contraire, chez ce malade qui aspire à
Dieu, qui est travaillé, vivifié par la Grâce divine,
les souffrances physiques ne font qu'aiguiser, pour
ainsi dire, ses fonctions intellectuelles. Il y a là un
fait précis qu'il est facile de relever au cours de
beaucoup de conversions. Les lecteurs de *Du
Diable à Dieu* se rappelleront peut-être que, moi
aussi, je connus un état analogue.

Autre remarque : si, comme le prétend le rationalisme, la conversion n'était que la résultante
d'une exaltation maladive, le produit d'une imagination blasée, avide d'émotions imprévues, où le
pécheur repentant trouverait-il l'énergie de persévérer ? La logique naturelle exigerait que, déçu
dans son espoir d'une félicité anormale par la foi,
gratifié, au contraire, de souffrances opiniâtres, il
se rebutât. Car il se rendrait compte qu'il fût le

jouet d'une illusion. Et, plein de rancune contre la chimère qui le leurra, il retournerait, avec une morne fureur, à ses égarements de naguère.

Chez le néophyte, rien de pareil : plus il souffre, plus la Grâce lui donne l'intuition que cette épreuve le purifie, plus son désir d'être à Dieu s'accroît. Et alors, non seulement il se résigne, mais encore il trouve une joie paisible à pâtir. C'est comme s'il goûtait d'un fruit dont la pulpe très amère à la bouche le remplit de suavité dès que, domptant la nature, il a pris sur lui de l'avaler.

Ainsi soutenu, Lœwengard put supporter les angoisses d'une période où l'esprit, amputé de ses habitudes néfastes, erre à la recherche des ailes qui le porteront au seuil étoilé du paradis. Il connut, pour la première fois, le bienfait de laprière, humble, confiante, imprégnée d'amour de Dieu, plus puissante pour atteindre le Ciel que toute spéculation de l'esprit. Il écrit :

« Devenu catholique *d'intelligence* par l'étude et la réflexion, la maladie me rendait semblable à ces simples, ces enfants, ces ignorants, la vaste foule malheureuse souffrant dans son âme et dans son corps ; et, comme le moins intellectuel de mes frères, je m'agenouillais, sanglotant : — Mon Dieu, ayez pitié de moi! Cœur Sacré de Jésus, secourez-moi! Cœur immaculé de Marie, priez pour moi !

« Et *toujours*, après ces élans de prière, la sérénité, la patience, la résignation et l'espoir entraient doucement dans mon âme dolente, la consolaient, l'apaisaient. Qu'elles étaient loin de moi, détachées de moi, les orgueilleuses philosophies subtiles et vaines. Raisonnements des sophistes, élégant scepticisme d'Anatole France, jongleur d'idées, surhumanisme de Nietzsche, pauvre homme perdu dix ans dans la démence, combien vous étiez incapables de me toucher, de me relever, de m'insuffler la vie !... »

La maladie s'aggravant, il se rendit, accompagné de sa femme, à Bandol, petit port de la Méditerranée. Le médecin, qui avait conseillé cette villégiature, en attendait une amélioration.

« Or, dit Lœwengard, ce séjour ne m'apporta que peu de soulagement ; j'avais repris meilleur aspect mais la dépression nerveuse restait la même... »

Par surcroît, sa femme qui le soignait avec beaucoup de dévouement mais qui, jusqu'alors, était demeurée incroyante, tomba malade également.

C'était, cette nouvelle tribulation, une grâce nouvelle car, frappée de la sorte auprès de son mari douloureux, la pauvre égarée comprit qu'elle expiait ses péchés de satanisme. « Elle revint, de toute son âme meurtrie, à la religion de son enfance : elle se confessa ; dans la rustique Église de Bandol, elle reçut le Sauveur qu'elle avait délaissé pendant tant d'années. »

La guérison s'ensuivit. Et Lœwengard, touché jusqu'au fond du cœur par la rédemption de sa femme, n'en désira que plus fort d'entrer dans l'Église.

Or, à peine revenu à Lyon, il fut atteint par

une épreuve d'un autre genre. Son père, dont le commerce périclitait sans qu'il le sût, fit une faillite où la fortune de la famille s'engloutit tout entière. Lœwengard passa, du jour au lendemain, d'une large aisance à la pauvreté totale.

Il était déjà tellement pénétré d'esprit chrétien qu'il accueillit cette catastrophe avec une résignation parfaite : « Votre justice est terrible, ô mon Dieu, mais elle est la justice. Telles furent les seules paroles que je prononçai ».

D'ailleurs, les obscurités de la nuit purificatrice se dissipaient en lui. Peu lui importaient désormais les revers matériels ; il n'avait plus qu'une idée, qu'un désir : le baptême, la communion. Cette soif de l'eau salvatrice, cette faim de l'Eucharistie, c'étaient les signes que l'œuvre de la conversion était accomplie : la Grâce illuminante, ayant rétabli l'ordre et la paix en lui, arrivait à son apogée ; il avait correspondu héroïquement à cette Grâce en acceptant la pauvreté avec la maladie sans plaintes ni murmures ; son âme loyale, tirée miraculeusement de l'orgueil, de la débauche et de la richesse, reçut sa récompense. Une aube d'azur et de blanches clartés se leva pour son baptême. Et ce fut le 8 décembre 1908, fête de l'Immaculée Conception.

On lira les pages où il dit son allégresse et sa reconnaissance. Elles expriment, avec la simplicité qu'il fallait, son émotion en ce jour-là...

Pour nous, chantons *Magnificat*.

Et prions pour sa persévérance. Car, comme tous ceux qui ont absorbé les poisons de la théosophie, il est guetté par le Mauvais qui fera tout pour le replonger dans le cloaque de la Gnose orgueilleuse.

NOTE I

Voici ce que saint Paul dit de la rédemption des Juifs dans l'Epître aux Romains :

« Par le péché des Juifs, le salut est venu aux Gentils qui devaient ainsi leur donner de l'émulation. Si leur péché est la richesse du monde et leur diminution la richesse des Gentils, combien plus encore leur plénitude ?... Car si leur perte est la réconciliation du monde, que sera leur rappel sinon une résurrection. Si les prémices sont saintes, la masse l'est aussi ; et si la racine est sainte, les rameaux le sont aussi.

« Si donc quelques-uns des rameaux ont été rompus et si toi, qui n'étais qu'un olivier sauvage, tu as été enté en eux et rendu participant de la racine et de la sève de l'olivier franc, ne te glorifie point aux dépens des rameaux...

« Tu diras sans doute : — Les rameaux ont été brisés pour que je fusse enté. Fort bien : c'est à cause de leur incrédulité qu'ils ont été rompus... Mais s'ils ne demeurent point dans leur incrédulité, ils seront entés car Dieu est puissant pour les enter de nouveau. En effet, si tu as été coupé de l'olivier sauvage, ta tige naturelle, et enté contre nature sur l'olivier franc, à combien plus forte raison ceux qui sont les rameaux naturels seront-ils entés sur leur propre olivier !...

« Il est vrai que, selon l'Evangile, ils sont ennemis à cause de vous ; mais, selon l'élection, ils sont aimés à cause de leurs pères. Parce que les dons et la vocation de Dieu sont sans repentir. Comme donc, autrefois, vous-mêmes, vous n'avez pas cru à Dieu et que, maintenant, vous avez obtenu miséricorde à cause de leur incrédulité, ainsi eux, maintenant, n'ont pas cru pour que miséricorde vous fût faite et qu'à leur tour ils obtiennent miséricorde. Car Dieu a tout renfermé dans l'incrédulité pour faire miséricorde à tous... »

Ce texte, si profond, sous sa forme imagée, montre la solidarité surnaturelle qui nous unit aux Juifs : ils ont préparé le salut des Gentils, ils ont enfanté l'Eglise ; au dernier jour, l'Eglise enfantera leur salut.

Si donc il est légitime de prendre des précautions contre la malfaisance actuelle des Juifs, n'oublions pas qu'au point de vue surnaturel, nous devons les respecter comme les témoins, malgré eux, de notre foi — comme prédestinés au Salut.

Note II

Les persécutions effroyables subies par les Juifs n'eurent point pour cause leur religion, comme le prétendent, sans preuve, les rationalistes, mais bien le fait que partout où ils prenaient pied, ils se rendaient insupportables par leur usure et par leur insolence. Renan, qui n'est pas suspect d'animosité contre Israël, puisque il se montra toujours fort respectueux à l'égard des plus riches de ce peuple, a dit, avec raison, dans son livre l'*Antechrist* : « Quand toutes les nations et tous les siècles vous ont persécuté, il faut bien qu'il y ait à cela quelque motif. Le Juif, jusqu'à notre temps, s'insinuait partout en réclamant le droit commun. Mais en réalité le Juif n'était pas dans le droit commun : il gardait son statut particulier. Il voulait avoir les garanties de tous et, par-dessus le marché, ses exceptions, ses lois à lui. Il voulait les avantages d'une nation sans participer aux charges des nations. » Oui, *sans participer aux charges des nations* mais au contraire en parasites qui sucent leur substance. C'est ce qui les fit chasser de Rome, maintes fois, sous les empereurs et notamment sous Claude. C'est plus tard ce qui déchaîna si souvent les peuples contre eux. Et alors qui les protégea ? — L'Eglise, les Papes qui les prenaient sous leur sauvegarde, comme mille textes le prouvent à tout homme de bonne foi.

Il faut donc le répéter : *l'antisémitisme n'est pas un fait d'ordre religieux ; c'est un fait d'ordre social.* Un catholique sera antisémite parce qu'il est patriote mais non parce qu'il va à la messe.

PAUL CLAUDEL

— *Elle est retrouvée !...*
— *Qui ?*
— *L'Éternité !*

ARTHUR RIMBAUD

PAUL CLAUDEL

Le chapitre précédent était presque terminé quand me tomba sous les yeux le récit que l'auteur de *l'Annonce faite à Marie* et de tant d'autres belles œuvres publia, de sa conversion, dans *la Revue de la Jeunesse*. — Claudel ayant eu la gracieuseté de m'autoriser à le reproduire, je le donne ici car il montre, avec une admirable clarté, le travail de la Grâce sur une âme loyale. Et il vient à l'appui de ma thèse que nulles circonstances d'ordre purement naturel ne suffisent à expliquer le miracle de la conversion.

Je n'y ajouterai aucun commentaire. Je ferai seulement remarquer combien il est impressionnant que Claudel ait retrouvé le sens du surnaturel par les écrits de cet Arthur Rimbaud dont je parle dans le chapitre sur Verlaine. Quelle étrange destinée que celle de cet aventurier qui, de quatorze à dix-sept ans, manifesta, en des poèmes et des proses d'une étourdissante beauté, un génie échappant à toute classification et qui, ensuite, laissa de côté la littérature pour se faire trafiquant en Abyssinie !

— C'est le cas de s'écrier : l'Esprit souffle où il veut !...

RELATION DE CLAUDEL

Je suis né le 6 août 1868. Ma conversion s'est produite le 25 décembre 1886. J'avais donc dix-huit ans. Mais le développement de mon caractère était déjà à ce moment très avancé.

Bien que rattachée des deux côtés à des lignées de croyants qui ont donné plusieurs prêtres à l'Eglise, ma famille était indifférente, et, après notre arrivée à Paris, devint nettement étrangère aux choses de la foi. Auparavant, j'avais fait une bonne première Communion, qui, comme pour la plupart des jeunes garçons, fut à la fois le couronnement et le terme de mes pratiques religieuses.

J'ai été élevé, ou plutôt instruit, d'abord par un professeur libre, puis dans des collèges (laïques) de province, puis enfin au lycée Louis-le-Grand. Dès mon entrée dans cet établissement j'avais perdu la foi, qui me semblait inconciliable avec la pluralité des mondes (!!!). La lecture de la *Vie de Jésus* de Renan fournit de nouveaux prétextes à ce changement de convictions que tout, d'ailleurs, autour de moi, facilitait ou encourageait.

Que l'on se rappelle ces tristes années quatre-vingts, l'époque du plein épanouissement de la littérature naturaliste. Jamais le joug de la matière ne parut mieux affermi. Tout ce qui avait un nom dans l'art, dans la science et dans la littérature était irréligieux. Tous les (soi-disants) grands

hommes de ce siècle finissant s'étaient surtout dis-
tingués par leur hostilité à l'Eglise. Renan régnait.
Il présida la dernière distribution de prix du lycée
Louis-le-Grand à laquelle j'assistai et il me semble
que je fus couronné de ses mains. Victor Hugo
venait de disparaître dans une apothéose.

A dix-huit ans, je croyais donc ce que croyaient
la plupart des gens dits cultivés de ce temps. La
forte idée de l'individuel et du concret était obs-
curcie en moi. J'acceptais l'hypothèse moniste et
mécaniste dans toute sa rigueur, je croyais que
tout était soumis aux « lois », et que ce monde
était un enchaînement dur d'effets et de causes que
la science allait arriver après-demain à débrouiller
parfaitement. Tout cela me semblait d'ailleurs fort
triste et fort ennuyeux. Quant à l'idée du devoir
kantien, que nous présentait mon professeur de philosophie, M. Burdeau, jamais il ne me fut possible
de la digérer.

Je vivais d'ailleurs dans l'immoralité et peu à
peu je tombai dans un état de désespoir. La mort
de mon grand-père que j'avais vu de longs mois
rongé par un cancer à l'estomac m'avait inspiré
une profonde terreur et la pensée de la mort ne me
quittait pas. J'avais complètement oublié la religion et j'étais à son égard dans une ignorance de
sauvage.

La première lueur de vérité me fut donnée par la
rencontre des livres d'un grand poète, à qui je
dois une éternelle reconnaissance, et qui a eu dans
la formation de ma pensée une part prépondé-
rante : Arthur Rimbaud. La lecture des *Illumina-*

tions, puis, quelques mois après, d'*Une saison en enfer*, fut pour moi un événement capital. Pour la première fois, ces livres ouvraient une fissure dans mon bagne matérialiste et me donnaient l'impression vivante et presque physique du surnaturel. Mais mon état habituel d'asphyxie et de désespoir restait le même.

Tel était le malheureux enfant qui, le 25 décembre 1886, se rendit à Notre-Dame de Paris pour y suivre les offices de Noël. Je commençais alors à écrire et il me semblait que dans les cérémonies catholiques, considérées avec un dilettantisme supérieur, je trouverais un excitant approprié et la matière de quelques exercices décadents. C'est dans ces dispositions que, coudoyé et bousculé par la foule, j'assistai, avec un plaisir médiocre, à la grand'messe. Puis, n'ayant rien de mieux à faire, je revins aux vêpres. Les enfants de la maîtrise en robes blanches et les élèves du Petit Séminaire de Saint-Nicolas-du-Chardonnet qui les assistaient étaient en train de chanter ce que je sus plus tard être le *Magnificat*. J'étais moi-même debout dans la foule, près du second pilier à l'entrée du chœur, à droite du côté de la sacristie.

Et c'est alors que se produisit l'événement qui domine toute ma vie. En un instant, mon cœur fut touché et *je crus*. Je crus, d'une telle force d'adhésion, d'un tel soulèvement de tout mon être, d'une conviction si puissante, d'une telle certitude ne laissant place à aucune espèce de doute, que, depuis, tous les livres, tous les raisonnements, tous les hasards d'une vie agitée n'ont pu ébranler ma

foi. ni, à vrai dire, la toucher. J'avais eu tout à
coup le sentiment déchirant de l'innocence, de
l'éternelle enfance de Dieu, une révélation ineffable. En essayant, comme je l'ai fait souvent,
de reconstituer les minutes qui suivirent cet
instant extraordinaire, je retrouve les éléments
suivants qui cependant ne formaient qu'un seul
éclair, une seule arme dont la Providence divine
se servait pour atteindre et s'ouvrir enfin le cœur
d'un pauvre enfant désespéré : « Que les gens qui
croient sont heureux ! — Si c'était vrai, pourtant ?
— *C'est vrai !* — Dieu existe, il est là. C'est quelqu'un, c'est un être aussi personnel que moi ! — Il
m'aime, il m'appelle ». Les larmes et les sanglots
étaient venus et le chant si tendre de l'*Adeste* ajoutait encore à mon émotion.

L'émotion bien douce où se mêlait cependant un
sentiment d'épouvante et presque d'horreur ! Car
mes convictions philosophiques étaient entières,
Dieu les avait laissées dédaigneusement où elles
étaient : je ne voyais rien à y changer, la religion
catholique me semblait toujours le même trésor
d'anecdotes absurdes, ses prêtres et les fidèles
m'inspiraient la même aversion qui allait jusqu'à la
haine et jusqu'au dégoût. L'édifice de mes opinions
et de mes connaissances restait debout et je n'y
voyais aucun défaut. Il était seulement arrivé que
j'en étais sorti. Un être nouveau et formidable,
avec de terribles exigences pour le jeune homme et
l'artiste que j'étais, s'était révélé que je ne savais
comment concilier avec rien de ce qui m'entourait.
L'état d'un homme qu'on arracherait d'un seul

coup de sa peau pour le planter dans un corps
étranger au milieu d'un monde inconnu est la seule
comparaison que je puisse trouver pour exprimer
cet état de désarroi complet. Ce qui était le plus
répugnant à mes opinions et à mes goûts, c'est cela
pourtant qui était vrai, c'est cela dont il fallait, bon
gré mal gré, que je m'accommodasse. Ah ! ce ne
serait pas du moins sans avoir essayé tout ce qu'il
m'était possible pour résister.

Cette résistance a duré quatre ans. J'ose dire que
je fis une belle défense et que la lutte fut loyale et
complète. Rien ne fut omis. J'usai de tous les
moyens de résistance et je dus abandonner l'une
après l'autre des armes qui ne me servaient à rien.
Ce fut la grande crise de mon existence, cette
agonie de la pensée dont Arthur Rimbaud a écrit :
« Le combat spirituel est aussi brutal que la bataille d'hommes. Dure nuit ! le sang séché fume
sur ma face ! » Les jeunes gens qui abandonnent
si facilement la foi ne savent pas ce qu'il en coûte
pour la recouvrer et de quelles tortures elle devient
le prix. La pensée de l'enfer, la pensée aussi de
toutes les beautés et de toutes les joies dont, à ce
qu'il me paraissait, mon retour à la vérité
devait m'imposer le sacrifice, étaient surtout
ce qui me retirait en arrière. Mais enfin, dès
le soir même de ce mémorable jour à Notre-
Dame, après que je fus rentré chez moi par
ces rues pluvieuses qui me semblaient maintenant
si étranges, j'avais pris une bible protestante qu'une
amie allemande avait donnée autrefois à ma sœur
Camille, et pour la première fois j'avais entendu

l'accent de cette voix si douce et si inflexible qui
n'a cessé de retentir dans mon cœur. Je ne connaissais que par Renan l'histoire de Jésus, et, sur la
foi de cet imposteur, j'ignorais même qu'il se fût
jamais dit le Fils de Dieu. Chaque mot, chaque
ligne démentait, avec une simplicité majestueuse,
les impudentes affirmations de l'apostat et me des-
sillait les yeux. C'était vrai, je l'avouais avec le Cen-
turion, oui, Jésus était le Fils de Dieu. C'est à moi,
Paul, entre tous, qu'il s'adressait, et il me pro-
mettait son amour. Mais en même temps, si je ne
le suivais pas, il ne me laissait d'autre alternative
que la damnation. Ah! je n'avais pas besoin qu'on
m'expliquât ce qu'était l'enfer : j'y avais fait ma
« saison ». Ces quelques heures m'avaient suffi
pour me montrer que l'enfer est partout où n'est
pas Jésus-Christ. Et que m'importait le reste du
monde auprès de cet être nouveau et prodigieux
qui venait de m'être révélé ?

C'était l'homme nouveau en moi qui parlait ainsi,
mais l'ancien résistait de toutes ses forces et ne
voulait rien abandonner de cette vie qui s'ouvrait à
lui. L'avouerai-je ? Au fond, le sentiment le plus
fort qui m'empêchait de déclarer mes convictions
était le respect humain. La pensée d'annoncer à
tous ma conversion, de dire à mes parents que je
voulais faire maigre le vendredi, de me proclamer
moi-même un de ces catholiques tant raillés, me
donnait des sueurs froides, et par moments la violence qui m'était faite me causait une véritable
indignation. Mais je sentais sur moi une main
ferme.

Je ne connaissais pas un prêtre. Je n'avais pas un ami catholique.

L'étude de la religion était devenue mon intérêt dominant. Chose curieuse ! l'éveil de l'âme et celui des facultés poétiques se faisait chez moi en même temps, démentant mes préjugés et mes terreurs enfantines. C'est à ce moment que j'écrivis les premières versions de mes drames *Tête d'or* et *la Ville.* Quoique étranger encore aux sacrements, déjà je participais à la vie de l'Eglise, je respirais enfin et la vie pénétrait en moi par tous les pores. Les livres qui m'ont le plus aidé à cette époque sont d'abord les *Pensées* de Pascal, ouvrage inestimable pour ceux qui cherchent la foi, bien que son influence ait souvent été funeste ; les *Elévations sur les mystères* et les *Méditations sur les Evangiles* de Bossuet, et ses autres traités philosophiques ; le poème de Dante et les admirables récits de la Sœur Emmerich. La *Métaphysique* d'Aristote m'avait nettoyé l'esprit et m'introduisait dans les domaines de la véritable raison. L'*Imitation* appartenait à une sphère trop élevée pour moi et ses deux premiers livres m'avaient paru d'une dureté terrible.

Mais le grand livre qui m'était ouvert et où je fis mes classes, c'était l'Eglise ! Louée soit à jamais cette grande Mère majestueuse aux genoux de qui j'ai tout appris ! Je passais tous mes dimanches à Notre-Dame et j'y allais le plus souvent possible en semaine. J'étais alors aussi ignorant de ma religion qu'on peut l'être du bouddhisme, et voilà que le drame sacré se déployait devant moi avec une magnificence qui surpassait toutes mes imaginations,

Ah ! ce n'était plus le pauvre langage des livres de
dévotion ! C'était la plus profonde et la plus grandiose poésie, les gestes les plus augustes qui aient
jamais été confiés à des êtres humains. Je ne pouvais me rassasier du spectacle de la messe et chaque
mouvement du prêtre s'inscrivait profondément
dans mon esprit et dans mon cœur. La lecture de
l'Office des morts, de celui de Noël, le spectacle
des jours de la Semaine Sainte, le sublime chant de
l'*Exultet*, auprès duquel les accents les plus eni-
vrés de Sophocle et de Pindare me paraissaient
fades, tout cela m'écrasait de respect, de joie, de
reconnaissance, de repentir et d'adoration. Peu à
peu, lentement et péniblement, se faisait jour dans
mon cœur cette idée que l'art et la poésie sont aussi
des choses divines, et que les plaisirs de la chair,
loin de leur être indispensables, leur sont au contraire un détriment. Combien j'enviais les heureux
chrétiens que je voyais communier ! Quant à moi,
j'osais à peine me glisser parmi ceux qui, à chaque
vendredi de Carême, venaient baiser la couronne
d'épines.

Cependant les années passaient et ma situation
devenait intolérable. Je priais Dieu avec larmes, en
secret et cependant je n'osais ouvrir la bouche.
Pourtant, chaque jour, mes objections devenaient
plus faibles et l'exigence de Dieu plus dure. Ah !
que je le connaissais bien à ce moment et que ses
touches sur mon âme étaient fortes ! Comment ai-je
trouvé le courage d'y résister ? La troisième année
je lus les *Écrits posthumes*, de Baudelaire, et je vis
qu'un poète, que je préférais à tous les poètes fran-

çais avait retrouvé la foi dans les dernières années de sa vie et s'était débattu dans les mêmes angoisses et les mêmes remords que moi. Je réunis mon courage et j'entrai un après-midi dans un confessionnal de Saint-Médard, ma paroisse. Les minutes où j'attendis le prêtre sont les plus amères de ma vie. Je trouvai un vieil homme qui parut fort peu ému d'une histoire qui à moi semblait si intéressante; il me parla des « souvenirs de ma première Communion » (à ma profonde vexation), et m'ordonna avant toute absolution de déclarer ma conversion à ma famille : en quoi aujourd'hui je ne puis lui donner tort. Je sortis de la boîte, humilié et courroucé, et n'y revins que l'année suivante, lorsque je fus décidément forcé, réduit et poussé à bout. Là, dans cette même église Saint-Médard, je trouvai un jeune prêtre miséricordieux et fraternel, M. l'abbé Ménard, qui me réconcilia, et plus tard le saint et vénérable ecclésiastique, l'abbé Villaume, qui fut mon directeur et mon père bien-aimé, et dont, du ciel où il est maintenant, je ne cesse de sentir sur moi la protection. Je fis ma seconde communion en ce même jour de Noël, le 25 décembre 1890, à Notre-Dame.

Note

Je n'ai qu'une remarque à faire touchant cette relation si précise et si émouvante. Claudel dit que, tandis que la Grâce opérait aux profondeurs de son âme, *à la surface*, il croyait se conformer encore à ses habitudes d'esprit antérieures. La lutte dura quatre ans ! — Je relève, une fois de plus, ce que j'ai déjà noté plus haut : quand la Grâce a touché un homme à fond, il suit parfois encore quelque temps sa route coutumière, en vertu de la vitesse acquise, mais les mobiles qui le poussaient n'ont plus de consistance. Et il se transforme peu, à peu, à travers de grandes souffrances. Or quel est l'homme qui, pouvant se dérober à ces épreuves, s'y soumettrait néanmoins si une force supérieure et indéfinissable ne l'y obligeait ?

Cette fois encore, ma thèse me semble confirmée à savoir que : des causes purement naturelles ne suffisent pas à expliquer le miracle d'une conversion.

C'est pourquoi j'ai tenu à ajouter à ce livre le récit de Claudel.

UN MERCREDI DES CENDRES
IL ARRIVA QUE...

*Seigneur, tu nous as faits pour toi, et notre
cœur est dans l'inquiétude jusqu'à ce qu'il
repose en toi.*

SAINT AUGUSTIN : *Confessions I.*

UN MERCREDI DES CENDRES
IL ARRIVA QUE...

Dans les chapitres précédents j'ai analysé des conversions dont le récit a été publié. Dans celui-ci et dans le suivant, j'expose le cas de deux convertis qui, parce que je leur ai représenté qu'une relation de leur marche vers Dieu pouvait inciter quelques âmes en peine à suivre leur exemple, m'autorisent à parler d'eux. Mais, comme ils sont très humbles l'un et l'autre, ils ont stipulé que je cacherais leur personnalité sous un pseudonyme et que je ne donnerais aucune indication de nature à mettre sur leur trace. Il va de soi que je me suis conformé à leur désir.

Nous appellerons donc simplement Robert — prénom qui n'est pas le sien — celui dont on va lire la confession.

Ainsi qu'il est arrivé plusieurs fois, Dieu a daigné se servir du très pauvre instrument que je suis pour aider Robert à se reconnaître dans ses crises de conscience. Dès qu'il fut à point pour le Sacrement de Pénitence, un bon prêtre prit la direction de son âme. Je n'eus plus à intervenir que pour l'encourager dans la voie étroite et surtout pour demander à des âmes ferventes de former autour de lui un brasier de prières.

Quand je reçus sa première lettre, j'étais en voyage pour le service de l'Eglise et je me déplaçais presque chaque jour. La missive me rejoignit dans une ville où je ne me trouvais que pour vingt-quatre heures. Elle était insuffisamment affranchie, surchargée d'adresses successives, la dernière à peu près illisible. Il y avait donc bien des chances pour qu'elle s'égarât ou fût mise au rebut par la poste. Je vis une circonstance providentielle dans le fait qu'elle me fût parvenue et je répondis aussitôt (1).

Une correspondance active s'ensuivit. — On trouvera ci-dessous les lettres de Robert. Je n'en ai supprimé que les phrases qui me concernent et quelques confidences n'ayant point rapport aux opérations de la Grâce sur cette âme, ou d'un ordre trop spécial pour prendre place dans un livre qui désire aller dans toutes les mains. Au surplus ces omissions — peu nombreuses — n'enlèvent rien à la clarté du récit. Enfin, j'ai fait le rebouteux pour quelques phrases bancales et j'ai indiqué brièvement le sens de mes réponses. Là s'arrête mon intervention. Tout le reste est de Robert.

(1) En d'autres occasions des lettres importantes pour le bien d'une ou de plusieurs âmes atteignirent de même fort à l'imprévu « le trimardeur de la Sainte Vierge ». Il fallait vraiment que le Bon Dieu n'eût personne sous la main pour requérir de la sorte une aussi mince balayure du monde !... .

PREMIÈRE LETTRE

Je me décide à vous écrire parce que je viens de lire deux de vos livres : *Du diable à Dieu* et *Sous l'Etoile du Matin*. Je les aperçus, l'autre jour, à l'étalage d'une librairie religieuse. Je ne sais pourquoi, ces titres m'intriguèrent : je ne vous connaissais pas du tout et je n'avais aucune idée de ce que pouvaient contenir ces volumes. J'entrai dans la boutique ; je les achetai et je les lus d'un seul trait...

Suivent deux phrases à moi personnelles que je supprime. Puis Robert reprend :

Je ne suis pas bien sûr d'être en voie de me convertir ; l'état de mon âme me reste obscur. Mais comme vous avez remué en moi des sentiments dont je me rends mal compte, j'ose espérer que vous consentirez à me donner votre avis...

Suivent des excuses superflues sur son importunité, puis il continue :

Pour vous faire saisir où j'en suis, il faut que je vous explique mon passé et que je vous raconte un fait récent qui m'a troublé au delà de toute mesure. Je ne puis m'empêcher d'y attacher tant d'importance que si je ne me sentais, d'autre part, totalement lucide, je me croirais en proie à une obsession maladive.

J'ai trente-deux ans, une fortune qui, sans être très considérable, me dispense du souci de me créer des ressources. Mon père et ma mère moururent à quelques jours de distance, d'une grippe infectieuse, lorsque j'avais quatre ans : c'est vous dire que je ne les ai guère connus. Il m'est resté une sœur de deux ans plus jeune que moi, qui est entrée au Carmel à vingt et un ans.

Nous eûmes pour tuteur un oncle du côté maternel, veuf, sans enfants, très mondain et qui ne s'occupait pas beaucoup de nous. Ma sœur fut mise en pension dans un couvent. Pour moi, je logeais chez mon oncle et je suivais les cours d'un lycée parisien. Mon éducation religieuse fut très sommaire. Une vieille bonne m'apprit mes prières. Je les répétais machinalement, matin et soir, sans y attacher beaucoup de signification : on m'avait dit que Dieu existait et qu'il était convenable de le prier. J'avais admis la chose sans discussion, car j'étais un enfant docile et j'obéissais à cette « convenance » de la même façon que je prenais soin de manger proprement et de montrer de la déférence aux personnes âgées.

A onze ans, je suivis le catéchisme à ma paroisse. Je ne sais si le vicaire qui nous instruisait manquait d'éloquence ou de zèle, mais le fait est que je ne ressentis aucune ferveur : je récitais correctement le chapitre prescrit, je répondais correctement aux interrogations, tout comme au lycée j'apprenais correctement la leçon du jour et j'assistais à la classe sans trop de dissipation.

La veille de ma première communion, ainsi qu'il m'avait été recommandé, je priai mon tuteur de me pardonner les peines que je lui avais causées. C'était le soir, après dîner ; il allait partir pour son

cercle et parut assez étonné de me voir m'agenouiller devant lui. Quand j'eus formulé ma requête en des termes appris par cœur, il se rappela
la cérémonie du lendemain et que même il avait
promis d'y assister. Il ne me laissa pas finir ; me
tapotant la joue il me dit : — Oui, oui, c'est entendu... Tu es un bon garçon, sage comme une
petite fille ; je n'ai rien à te reprocher...

Puis s'adressant au valet de chambre qui lui
tendait son chapeau et sa canne : — Demain matin,
vous me ferez souvenir qu'il faut que j'aille à la
première communion du petit.

Un point, c'est tout.

La nuit suivante, je dormis paisiblement, sans
être troublé par l'approche de cet acte dont personne ne m'avait fait concevoir la portée. Le lendemain, en communiant, je n'éprouvai aucune
émotion particulière : j'étais seulement préoccupé
de me tenir convenablement. J'avais conscience de
remplir un devoir et de le remplir avec correction
— rien de plus. Retourné à ma place, je récitai
mentalement mon action de grâces telle qu'on me
l'avait fait apprendre. Puis je n'y pensai plus.

Par la suite, je renouvelai, je reçus la confirma-
tion toujours dans les mêmes dispositions d'obéissance paisible. J'allais le dimanche à la grand'messe
de ma paroisse, je faisais mes Pâques — bref j'étais,
au point de vue religieux, un petit automate remonté une fois pour toutes et dont les rouages
fonctionnaient correctement.

Vous constaterez que j'insiste sur la « correction ».
C'est que ce mot représente, avec la plus grande

exactitude, la règle de vie qui m'avait été inculquée, que j'avais acceptée sans peine et qui régissait toutes mes manières d'être : ne se faire remarquer en rien.

Ainsi, au lycée, je ne me rangeais ni parmi les premiers ni parmi les cancres ; je restais dans la moyenne. Mes bulletins mensuels se résumaient par la note : *assez bien.* Aux distributions de prix, je recueillais deux ou trois accessits : latin, histoire, composition française. Je passai mon baccalauréat à dix-huit ans, toujours avec la note : *assez bien.*

Cette formalité accomplie, mon oncle me demanda pour quelle carrière je me sentais du goût. Cette question m'embarrassa car je n'y avais jamais réfléchi.

— Je ne sais pas, répondis-je.

Mon oncle me traita, en riant, de « jeune mollusque ». Puis comme je gardais le silence — non parce que je me trouvais offensé mais parce que l'expression me paraissait, en somme, assez exacte, — il ajouta : — Bah ! tu as le temps de te décider ; ta fortune est suffisante pour que tu ne sois pas obligé de courir tout de suite après quelque emploi. Attendons que tu fasses ton service militaire. Si le métier te plaît, tu pourras rester dans l'armée, gagner, en passant par Saumur ou Saint-Maixent, ton galon de sous-lieutenant et suivre ensuite la filière. Un officier muni de quelques rentes ne s'ennuie pas et peut se marier — correctement. D'ailleurs, nous avons un parent général, qui commande une division je ne sais plus trop où, dans le

Midi. Il a su se mettre bien avec les fripouilles du gouvernement. Je te recommanderai à lui et il te pistonnera... Cela te va-t-il ?

— Cela m'est égal, répliquai-je.

La période de temps qui s'écoula jusqu'à mon départ pour le service ne présenta rien de saillant. J'ai beau essayer d'y relever quelque incident notable, je la vois comme une plaine grise sous un ciel un peu couvert.

Je n'avais point d'amis — tout au plus des camarades avec qui je me tenais en des termes d'indifférence polie. Je n'étais pas un anachorète, mais la « noce » outrancière et persévérante m'ennuyait. Je faisais des visites dans nos relations très étendues ; j'étais invité à des bals et à des dîners ; j'allais assez souvent aux courses et au théâtre. Je menais une existence vide et — correcte, dont ma passivité s'accommodait : j'étais le bon jeune homme dont on ne dit rien.

Ma sœur, je la connaissais à peine. J'allais quelquefois la voir à son couvent ; je lui portais des pralines ou des marrons glacés ; je lui posais quelques questions sur sa santé puis je m'en allais.

Elle était beaucoup plus vivante que moi. Je me rappelle maintenant qu'elle avait parfois des élans de tendresse qui m'étonnaient. Déconcertée par ma froideur, elle les réprimait, de sorte que nul lien ne se noua entre nous. J'ajoute qu'elle passait toutes ses vacances à la campagne chez une vieille cousine dont je ne savais rien, sinon qu'elle était fort pieuse.

Au régiment, je fus — correct. Je m'y ennuyais

passablement mais je me pliai sans effort à la discipline et j'appris d'une façon suffisante le maniement d'arme et la théorie. Mon temps près de finir,
mon tuteur me demanda si je voulais persister. Or
je ne me sentais nullement la vocation militaire :
j'étais monté au grade de sergent, cela contentait
mon ambition. Je partis donc avec ma classe.

J'ajoute qu'au régiment, je perdis l'habitude
d'aller à la messe et de communier à Pâques
— non par incrédulité réelle, mais par nonchalance. J'avais loué une chambre en ville et j'y
passais les dimanches à dormir, à feuilleter des
illustrés ou à bâiller en fumant beaucoup de cigarettes.

Rentré dans la vie civile, la question se posa de
nouveau du choix d'une carrière. Mon oncle s'enquit de mes projets. Or j'avais passablement réfléchi là-dessus et je m'étais reconnu tout à fait
inapte à un labeur régulier. D'autre part, je n'avais
aucune ambition et je n'éprouvais nul besoin de
primer mes semblables en quoi que ce soit. Le seul
penchant un peu accusé que je me découvrisse allait
vers la littérature. Mais après avoir noirci pas mal
de papier, je m'aperçus que je ne possédais point
la marque personnelle qui dénote les écrivains su-
périeurs. J'aurais pu, comme tant d'autres, réussir
des pastiches de mes auteurs favoris mais cette fa-
cilité dans l'imitation ne me parut pas valoir la
peine de fournir du travail aux imprimeurs. Pour
mon plaisir particulier, je me mis à étudier l'histoire : je pris des notes sur mes lectures ; je formu-
lai des jugements. Et j'acquis, du moins, dans

cette occupation, une philosophie désenchantée qui se basa sur cette remarque qu'à toute époque, l'homme n'a cessé d'être un fort méchant animal.

Donc quand mon oncle m'interrogea, je lui répondis que je poursuivais des recherches historiques et que je désirais m'y adonner à l'exclusion de tout autre travail.

— Mais, m'objecta-t-il, c'est comme si tu ne faisais rien... Il faut faire quelque chose dans l'existence.

J'aurais pu lui répliquer que lui-même menait l'existence la plus vide du monde. Je ne voulus pas le désobliger et je me tus.

Il n'insista pas. C'était un de ces égoïstes affables qui, pourvu qu'on ne trouble pas leurs habitudes, s'abstiennent de tracasser leur entourage. Comme je ne lui causais point d'ennuis — pécuniaires ou autres — il ne jugea pas à propos de me presser davantage et me laissa vivre à ma guise.

Ne travaillant pas d'une façon suivie, je rentrai dans la routine des visites, des papotages salonniers, des courses, des bals, du cercle et du théâtre. Cette équipe de nigauds agités qu'on appelle le Tout-Paris — je ne sais pourquoi car on y rencontre surtout des rastaquouères — me connut. Je ne devins pas un arbitre des élégances comme ce Cazal dont M. Paul Bourget dénombra les cinquante-deux paires de bottines. Mais enfin mon nom fut cité, dans les feuilles chères au *snobisme*, entre ceux de la baronne Jéroboam et du prince Dédéagatch.

Du reste, je ne me donnais pas tout entier à ce mi-

lieu ; j'observais et je ne m'engageais pas. Et, par
exemple, je me gardais de ces liaisons si fréquentes,
sous une apparence de décorum, chez les gens qui
s'intitulent eux-mêmes « la bonne société ». Je n'y
avais guère de mérite car le fleuretage préalable
avec les minaudières à la mode m'assommait. Et
puis les mésaventures arrivées à quelques-uns de
ceux qui ramaient, comme moi, sur la galère du
« grand monde » justifiaient mon abstention. Les
confidences lamentables de certains d'entre eux
m'apprirent aussi à éviter les toiles tendues par les
araignées scintillantes du demi-monde.

Vraiment quand on considère les roueries de
toutes ces coquettes et de toutes ces aventurières,
on ne peut presque s'empêcher d'admettre qu'il y
a du bon dans la boutade de Schopenhauer : « Les
femmes sont de petits êtres charmants mais dangereux qu'il faudrait bien nourrir, battre et enfermer. »

Les mâles sont équivalents : sortez-les du bridge,
des écuries de courses et du récit de leurs soi-disant prouesses amoureuses, vous ne trouverez rien
dans ces pauvres cervelles...

J'eus encore à esquiver plusieurs pièges matri-
moniaux. Quelques maîtresses de maison voulurent
jouer les Macettes, pour le bon motif, en ma faveur,
Je les décourageai sans retard. Mais alors des
dames mûres et inquisitoriales, affligées de deux ou
trois filles, se mirent à tourner autour de moi, flai-
rant le gendre possible et me dardant des regards
de commissaire-priseur. On s'arrangea pour me
faire bostonner souvent avec de jeunes oies manié-

riées dont le babil faussement ingénu m'agaçait
au delà de toute expression. Pour mettre fin à ces
entreprises contre mon indépendance, j'eus recours
à un subterfuge : un de mes amis, stylé par moi,
consentit à faire courir, à la sourdine, le bruit que
j'avais dévoré à peu près toute ma fortune en de
secrètes extravagances. Comme la plupart des gens
du monde sont toujours très disposés à mal penser
du prochain, cette bienfaisante calomnie fut acceptée sans contrôle. Les dames mûres et leurs jacas-
santes demoiselles s'écartèrent avec empressement
de ma personne : j'eus la paix... Vous demanderez
pourquoi, jugeant de la sorte le monde des salons,
j'ai continué de le fréquenter.

Sincèrement, je n'en sais trop rien. Vous vous
rappelez ce personnage des *Joyeuses épouses de
Windsor* dans la bouche duquel Shakespeare met
cette définition : « Le monde est une huître ». Il
faut croire que j'avais des affinités avec ce bivalve
puisque je ne le fuyais point. En outre, je pense
qu'il y avait beaucoup de désœuvrement dans mon
cas...

Du désœuvrement et aussi, par crises, une
affreuse sensation de vide qui me faisait redouter la
solitude. Je connaissais des jours d'ennui morne
où je me sentais si abandonné, si incapable de me
suffire à moi-même ! Mon enfance sans affection,
ma jeunesse sans amour gémissaient au fond de
mon cœur. Je me raisonnais ; je me disais qu'il ne
tenait qu'à moi de me créer un foyer, que le Tout-
Paris n'était pas l'univers et qu'en dehors de ce
Guignol luxueux, je trouverais certainement, si je

voulais m'en donner la peine, une compagne intelligente et tendre qui m'aiderait à supporter la vie. Et j'éprouvais des velléités de me mettre à la recherche de cet oiseau rare.

Mais alors — et ceci est déjà passablement étrange — je fus arrêté net par je ne sais quel pressentiment que là n'était point ma voie et qu'un événement surgirait bientôt qui m'orienterait dans un sens dont je n'avais aucune idée. De sorte que je renonçai à toute démarche et que je demeurai dans un état d'attente assez anxieux.

J'étais dans cette disposition, depuis trois mois environ, quand se produisit l'incident dont je vous parle au commencement de ma lettre.

Une « belle madame » quelconque donna un bal costumé, le soir du mardi gras. Déguisé en Pierrot, je me tenais accoté à la tapisserie et je regardais les couples multicolores tourbillonner devant moi au son d'un orchestre épileptique. Plus assombri que de coutume, j'avais énergiquement refusé d'entrer dans la sarabande. Je roulais des pensées moroses où revenait ce refrain : — Je m'ennuie à périr... C'est bien de ma faute car qu'est-ce qui me forçait de venir ici ?... Mais alors, je n'ai qu'à m'en aller... Ma foi, non, je n'ai pas sommeil et ailleurs, je m'ennuierais tout autant... N'importe, il est idiot de rester...

Néanmoins je restais, étouffant mes bâillements, errant parfois d'une salle à l'autre pour revenir ronchonner dans mon coin. Personne ne s'occupait de moi car je me suis établi une solide réputation d'ours insociable.

La nuit passa sans que je réussisse à me distraire en observant les gambades des pantins qui se trémoussaient sous mes yeux. Enfin, après un *tango* plus obscène, si possible, que les danses précédentes, on annonça le souper. On mangeait par petites tables de deux ou quatre. Je m'attendais bien à n'être d'aucune, quand une jeune femme — nous l'appellerons Aline — mariée depuis deux ans et que son imbécile de mari s'était empressé de lancer dans la fête perpétuelle dès le voyage de noce terminé, vint à moi et me dit en me prenant le bras : — Nous soupons ensemble.

Ébahi de cette invitation à brûle-pourpoint, je lui demandai : — Quelle mouche vous pique ? Ils sont au moins quarante qui ambitionnent la faveur que vous me faites et qui la méritent mieux que moi, car je suis ennuyeux et ennuyé.

— Ennuyé, reprit-elle, cela se voit. Ennuyeux, non. Allons, venez...

J'obéis. Tout en la conduisant, je me souvins qu'ayant été plusieurs fois à son jour, j'avais eu l'occasion de remarquer qu'elle était moins superficielle et moins artificielle que la plupart de ses émules en frétillements mondains. On lui prêtait des aventures. Je ne sais si l'on avait raison, mais toujours est-il qu'à deux ou trois reprises, la trouvant seule, nous causâmes d'une façon intelligente, sans ombre de coquetterie de sa part. Encouragé par cette si rare ouverture d'esprit, je laissai voir quelques idées qu'elle apprécia. Il y eut dès lors, entre nous, une sorte d'entente tacite dont je ne profitai point pour lui faire la cour. Il me parut qu'elle m'en savait gré. Mais ce soir, la voyant aussi enragée que les autres à la danse, je m'étais abstenu de lui parler et je crois même de la saluer.

Quand nous fûmes attablés, je lui fis compliment sur son costume : c'était celui de la Finette, le délicieux Watteau de la salle Lacaze au Louvre.

— Et vous, dit-elle, au lieu de vous affubler de ce pierrot fantômal, vous auriez dû prendre le costume du pendant de la Finette, vous savez : l'Indifférent au pourpoint bleu ciel.

— Cela ne m'eut pas convenu, répliquai-je, car l'Indifférent se moque gaîment de toutes choses tandis que moi, je suis funèbre comme un maître des cérémonies présidant aux obsèques de ses propres illusions.

— En vérité? dit Aline. Mais alors je ne comprends pas ce que vous faites ici.

— Il est certain que je ne m'y amuse pas autant que vous.

— Et qui vous dit que je m'amuse?

Elle prononça cette phrase très vivement et je vis une expression de lassitude désenchantée passer sur son fin profil dont des mois de surmenage mondain n'avaient pas encore réussi à friper la délicate beauté.

Je répondis : — Dame, comme vous avez dansé toute la nuit, on peut en conclure que vous y preniez beaucoup de plaisir.

— C'est ce qui vous trompe... Je m'ennuie peut-être plus que vous.

— J'ai de la peine à l'admettre : vous êtes si jeune, si adulée, si gâtée par l'existence!... Et

moi, je suis pareil à un vieux Pharaon momifié
de *spleen* dans le sable d'un désert sans oasis.

Cette image baroque la fit sourire : — Quelles
comparaisons sépulcrales, s'écria-t-elle. A vous entendre, il semblerait que vous soyez un vieillard
édenté qui se dépite de ne plus pouvoir cueillir de
noisettes.

— La cueillette me laisse froid ; mais ne parlons
pas de moi. Dites-moi plutôt pourquoi vous avez
l'air de protester quand je suppose que ce bal
vous amuse.

— Il ne m'amuse pas du tout, je vous l'affirme.
Je danse pour m'étourdir, pour ne pas penser à
l'existence absurde que je mène... Tout cela est si
vide !

Je gardai le silence une minute. Cet aveu faisait
vibrer en moi une corde tellement sympathique !
Quoi donc, elle aussi souffrait du vide atroce qui
me tenait l'âme en détresse ?...

Enfin je repris : — Et dire que nous continue-
rons à la mener cette existence jusqu'à ce que
nous nous en allions en poussière dans notre
cercueil !

— Eh bien, vous l'êtes macabre, s'exclama-t-elle,
avec un rire qui sonnait faux, moi qui espérais que
vous me tireriez de l'ennui où me plongèrent les
madrigaux fadasses de mes danseurs.

— Si je vous ennuie comme eux, je me tairai.

— Non, ne vous taisez pas... Mais vous con-
viendrez que nous avons une singulière conversation pour un souper de carnaval... Il est vrai que,
ce matin, c'est le mercredi des Cendres et qu'il

est à propos d'évoquer la poussière que nous serons.

— Comment, dis-je, le mercredi des Cendres ! Vous êtes sûre ?

— Très sûre, impie que vous êtes !

Et tirant de la trousse en or qu'elle portait à la ceinture une boîte à poudre et une houpette, elle secoua sur nous un petit nuage parfumé. Puis elle ajouta d'un ton qui voulait être plaisant : — Souviens-toi que tu es poussière !...

Memento quia pulvis es, traduisis-je machinalement.

Et soudain, je me sentis tout contrarié, fâché contre Aline et contre moi-même. D'une façon très nette j'avais l'impression que nous venions de profaner, par légèreté, une chose grave et religieuse. Naguère j'aurais sans doute ri de cette médiocre facétie. Pourquoi, en ce moment, me déplaisait-elle si fort ?

Je crois bien qu'Aline éprouvait un sentiment analogue, car elle remit la boîte en place avec un geste maussade, baissa la tête et se mordit la lèvre en fronçant le sourcil.

Il y eut un silence pénible entre nous. Pour faire diversion, je lui offris du champagne et je me mis à railler la sottise prétentieuse de la plupart des déguisements choisis par les autres invités. Aline me donna la réplique, mais sans verve. Nous étions tous deux comme gênés par un remords. Ce fut avec soulagement que, le souper terminé, je vis un freluquet, qui avait jugé spirituel de se travestir et de se grimer en gorille, s'approcher

d'Aline pour lui rappeler qu'elle lui avait promis
le cotillon. Elle se leva vivement et, se compo-
sant une mine insouciante, elle me tendit la main :

— Au revoir, croque-mort, me dit-elle.

Tandis qu'elle s'éloignait au bras de ce singe, je
demeurai pensif.

Accroissant mon malaise, le *Memento* funèbre
se répétait en moi, comme proféré par une voix
secrète dont l'insistance me troublait d'une façon
plus qu'étrange. En même temps, il me semblait
qu'un mur de ténèbres se fendillait par places
pour me laisser entrevoir je ne sais quelle lueur
très lointaine. Je tâche de vous faire saisir, par
approximation, l'état d'âme si insolite où je me
trouvais, mais ce n'est pas facile car je ne savais
où me référer, n'ayant jamais rien éprouvé de semblable... Enfin, comme vous avez l'expérience de
ces sortes de choses, j'espère que vous me com-
prendrez.

L'idée me fut ensuite imposée que le caprice qui
m'avait fait choisir, comme vis-à-vis de table, par
cette jeune femme, d'apparence si évaporée et, au
fond, si mélancolique, n'était point l'effet d'un hasard non plus que le caractère, si peu en accord
avec les circonstances, des propos échangés entre
nous.

N'étant pas superstitieux, je m'efforçai d'abord
de ne point admettre qu'il y eut en ce fait quoi que
ce soit d'anormal. Mais j'avais beau me raidir, la
conviction grandissait en moi que j'avais été mené
par une force étrangère à ma personne et qui continuait de m'influencer.

Mené ? Mais comment et pourquoi ?

Je crus à ce moment que je divaguais et je me demandai si le champagne me portait à la tête. A la réflexion, je dus me répondre négativement car j'en avais avalé à peine une demi-coupe au dessert et pendant le reste du repas, je n'avais bu que de l'eau.

Je restai assez longtemps dans ces pensées, les yeux à terre. Quand je relevai la tête, ce que je vis me fis frissonner. Le bal avait pris un aspect terrible : il me sembla que la lumière électrique s'était affaiblie et ne répandait plus qu'un éclat livide sur les danseurs. Les faces de ceux-ci, verdâtres, blafardes ou terreuses, offraient une poignante expression d'égarement et de désespoir qui me fit peur. Et cependant, ils tournoyaient enlacés sans pouvoir s'arrêter ni se déprendre. On aurait dit qu'un aiguillon inexorable les forçait de tressauter douloureusement — pour l'éternité... Si l'on danse en enfer, ce doit être ainsi.

Je fus saisi de panique : — Oh ! me dis-je, ce n'est pas possible, je suis malade ; il faut aller prendre l'air...

Je gagnai la sortie. Dans l'antichambre, j'enfilai ma fourrure, je coiffai mon chapeau. Un moment après, je fus dehors.

Pensant que la marche me ferait du bien, je renvoyai ma voiture et, quittant l'avenue où se donnait le bal, je débouchai dans les Champs-Elysées que je descendis d'un pas rapide. L'horloge d'un kiosque de contrôle, à une station de fiacres, m'indiqua qu'il était six heures du matin.

Arrivé à la Concorde, au lieu de prendre le pont pour rentrer chez moi — j'habite derrière la Chambre — je continuai par la rue de Rivoli, puis je tournai à gauche et je me trouvai presque tout de suite dans la rue Saint-Honoré.

J'avais suivi ce chemin d'une façon toute machinale, occupé que j'étais à écarter la vision macabre que je venais de subir et aussi à entendre le *Memento quia pulvis es* résonner de nouveau en moi, mais alors avec une si triste douceur que les larmes m'en montaient aux yeux.

Un commencement de petit jour faisait une tache pâle à l'orient. Une brume jaunâtre mais pas trop épaisse couvrait la ville ; j'y distinguai, çà et là, des silhouettes de balayeurs et d'agents de police, déambulant, deux par deux, le long des maisons endormies. Parfois une carriole de laitier passait au grand trot, avec un tapage de ferraille remuée.

Qu'elles sont lugubres ces aubes d'hiver sur Paris, quand on s'en retourne, las et morne, après une nuit de creuse agitation ! Jamais je n'en avais ressenti l'affreuse désolation comme ce mercredi des Cendres.

Tout à coup je m'arrêtai : j'étais devant l'église Saint-Roch et je voyais des ombres de femmes gravir les marches et se glisser à l'intérieur. Par une impulsion à laquelle j'obéis sans hésiter, je les suivis... Qu'il y avait longtemps que je n'étais entré dans une église, sauf pour un mariage ou un enterrement mondains !

Je fis, par réflexe, un geste pourtant bien oublié : je pris de l'eau bénite et je me signai. Ensuite je m'avançai vers le maître-autel où un prêtre disait les oraisons préparatoires à l'imposition des Cendres. Je m'appuyai à une colonne et je tâchai de démêler ce qui se passait en moi.

Il y avait peu de lumières de sorte que, dans la demi-obscurité, je voyais les fidèles agenouillés près de moi comme une masse confuse. Cette pénombre, le recueillement de tous, la paix tiède du sanctuaire me pénétraient et dissipaient mon désarroi. Une sensation de plénitude comblait le vide intérieur dont j'avais tant souffert. Je ne songeais pas à formuler de prière, mais il me semblait que mon cœur si sec, et si contracté depuis des mois, se dilatait et tendait vers le tabernacle. Cela se fit sans que ma volonté intervînt. Je me sentis alors comme dédoublé ; une partie de mon âme s'humiliait devant le mystère de la Présence Réelle et y goûtait un plaisir sans violence. L'autre partie essayait brutalement d'échapper à cette impression car elle en souffrait comme d'une brûlure.

Cependant les assistants quittaient leur place et se rendaient à la barre de communion pour recevoir les Cendres. J'étais sur le point de les imiter quand une grande honte vint m'en empêcher : ma vie lâche, fainéante, souillée, se dressa devant moi pour m'interdire de me mêler à ces âmes pieuses, que je n'étais pas digne d'effleurer.

Je restai donc immobile et je me contentai de m'appliquer mentalement le *Memento*... Ah! certes oui, je sentais à quel point j'étais une vile poussière.

La cérémonie terminée, la messe commença. Je
ne pus la suivre : une rêverie douloureuse tenait
mon esprit fixé sur mes misères. La sensation de
bien-être éprouvée tout à l'heure s'était évanouie.
Je me sentais comme accablé sous un fardeau que,
par moments. je voulais rejeter car il me paraissait
intolérable. Mais une minute après, je sentais une
allégresse mystérieuse à en supporter le poids
énorme.

Cependant j'avais quitté ma place, sans m'en
apercevoir, et je me trouvai dans le bas-côté, près
de l'Epître. Ainsi, tout proche de l'Officiant, je
l'entendis articuler ces paroles en offrant l'hostie :
— *Suscipe, sancte Pater, omnipotens æterne Deus,
hanc immaculatam hostiam quam ego, indignus
famulus tuus, offero tibi Deo meo vivo et vero, pro
innumerabilibus peccatis et offensionibus et negli-
gentiis meis...* (1)

Ces mots si simples et si humbles me boulever-
sèrent. Un flot de larmes me jaillit des yeux et,
avec un grand soupir, je les répétai presque à
voix haute. J'étais si transporté que je craignis
d'éclater en sanglots et de troubler l'office...

Je sortis précipitamment et j'arpentai, comme
en rêve, les rues jusqu'à mon domicile. Je ne
puis me rappeler à quoi je pensais durant cette
course...

---

1 C'est l'admirable première oraison de l'Offertoire : « Re-
çois, ô Père saint, Dieu tout-puissant et éternel, cette victime
sans tache que moi, ton serviteur indigne, je t'offre, ô Dieu vivant et véritable, pour mes péchés, mes offenses et mes négligences qui sont sans nombre ». (N. de l'A.)

Rentré, je me mis au lit. J'étais brisé de fatigue et je dormis dix heures, d'une seule traite.

Voici maintenant douze jours passés depuis que tout cela m'arriva et je ne sais à quoi me résoudre. Parfois, il me semble que j'ai reçu de Dieu un avertissement d'avoir à changer de vie et je suis sur le point d'aller me confesser.

Plus souvent, à la seule pensée de mener désormais une existence chrétienne, il s'élève en moi un ouragan de doutes, de répugnances et de blasphèmes... En tout cas, j'ai la conscience très nette d'être profondément travaillé par des forces adverses dont je ne suis pas le maître. Comment vous dire cela ? C'est comme si mon âme faisait une maladie de croissance d'où je pressens qu'il résultera un grand bien — ou un grand mal. Ce qui m'étonne aussi c'est la lucidité extraordinaire qui m'est venue pour m'analyser : je la vois, mon âme, comme une pièce anatomique dont on injecta les moindres nerfs et les moindres artérioles d'une substance colorante pour en faciliter l'étude à un myope. Je saisis tous les détails du conflit dont je suis l'objet mais la signification de l'ensemble m'échappe.

J'ai pourtant reçu quelque lumière par la lecture de vos livres. Ils sont... etc., etc... et ils me font soupçonner que peut-être Dieu me dispose à me convertir. Et pourtant ce n'est guère probable, car pourquoi une âme aussi médiocre que la mienne serait-elle choisie ? Ma médiocrité vous l'aurez reconnue en lisant ce récit. Toutefois, si vous jugez, malgré tout, qu'il peut y avoir dans mon cas du

surnaturel et que la crise dont je souffre n'est pas
tout simplement le fruit des songeries moroses
d'une intelligence désœuvrée, veuillez me venir en
aide. Agréez etc...

RÉPONSE

Non. à coup sûr, il n'était pas un médiocre celui
qui m'écrivait ces lignes : le propre de la médiocrité c'est d'être très contente d'elle-même. Les petits esprits ne se déplaisent pas dans le monde ; ils
s'y trouvent à leur place car ils jouissent du développement de leur vanité chez cette gent salonnière
où ils rencontrent tant de leurs semblables ! Quiconque prétend, comme eux, y réussir doit se
prouver banal sous des dehors brillants. Manifester. même sans le vouloir, qu'on fait peu de cas
des règles que les mondains promulguent, c'est les
blesser au vif de leur amour-propre en ne se con-
formant pas à leurs préjugés. C'est manquer à cette
fameuse « correction » dont Robert, aveugle quant
à sa supériorité sur ces cryptogames, se croyait si
ingénûment l'adepte.

Le ton de franchise de sa lettre me ravit. Je
notai aussi que son pessimisme n'avait point fait de
lui un de ces arrogants pontifes de la négation universelle qui, jugeant le monde à sa très mince valeur, ne trouvent là qu'un prétexte à se figer dans
la vénération d'eux-mêmes.

Je fus également très heureux que sa culture et
ses dons littéraires — remarquables comme on a pu
voir — ne l'eussent point transformé en un profes-

sionnel de la plume. Car s'il s'était laissé aller à
publier, il aurait couru le risque de devenir, comme
les neuf-dixièmes des écrivains d'aujourd'hui, un
venimeux concierge, un négociant rusé, un imperméable goujat ou un dindon se pavanant au milieu
d'une basse-cour plus ou moins académique.

Méditant sa lettre, je crus reconnaître en Robert
une de ces âmes prédestinées dont Dieu laisse
dormir les puissances jusqu'à l'heure marquée par
son infinie sagesse pour les éveiller à la vie spirituelle et les épanouir dans l'atmosphère brûlante
de Son Amour.

Ah ! quel gage il avait reçu de cet amour lorsque,
dans l'église où la Grâce le conduisit, il avait senti
la Croix salutaire peser sur ses épaules ! Il avait
souffert, il souffrait et il souffrirait sûrement encore davantage pour entrer dans la voie étroite.
C'est pourquoi je me pris à l'aimer d'un cœur tout
fraternel.

Après avoir consulté l'un des saints prêtres qui
me consentent leurs lumières en ces occasions, je
lui répondis qu'il me paraissait bien avoir été favorisé d'un appel de Dieu et que, puisque malgré
tant de circonstances défavorables, il avait conservé la foi implicite, son devoir était de se tenir,
par la prière et le recueillement, en état de docilité
vis-à-vis de la Grâce. « Car, ajoutai-je, quand Dieu
frappe à la porte d'une âme, il ne suffit pas de lui
tenir le battant entre-bâillé : il faut ouvrir tout au
large. »

Enfin je lui conseillai la lecture de l'*Imitation*,
sachant que dans ce merveilleux petit livre, il trou-

verait de quoi s'instruire et se guider jusqu'à ce
qu'un directeur expert prît le gouvernement de sa
conscience... Naturellement, je ne donne ici que
l'essentiel de ma réponse. Mais on doit croire que
j'y exprimai en outre tout ce que je pus d'encoura-
gements affectueux et de sympathie.

Six jours après, nouvelle lettre de Robert.

DEUXIÈME LETTRE

... Oui, je crois que, malgré les années vécues
sans aucune pratique religieuse, j'ai conservé la
foi implicite. En effet, spontanément, depuis ce
mercredi des Cendres, je suis allé tous les matins
à la messe. Et le miracle sans cesse renouvelé qui
constitue l'essence du sacrifice ne choque en rien
ma raison. Je note encore ceci : j'ai découvert, dans
un coin de ma bibliothèque, le catéchisme de ma
première communion et une concordance des Évan-
giles et je me suis mis à les relire. A mesure que
je les étudiais, le souvenir se réveillait très net en
moi de ce que j'y avais appris jadis. Bien plus,
ayant entamé le commencement du Discours sur
la Montagne, j'en retrouvai la suite et jusqu'aux
termes exacts dans ma mémoire. On aurait dit que
l'ensemble des dogmes, les explications et les préceptes du catéchisme, les paroles du Christ étaient
restés, depuis vingt ans, au fond de mon âme
comme des graines engourdies par un long hiver.
Maintenant, elles germaient sous l'action d'un soleil printanier dont les effluves m'imprégnaient
d'une joie lumineuse.

Il m'est difficile de ne pas voir là une preuve que Dieu m'incline à me convertir.

Pourtant, malgré ce signe, je me sens plein de contradictions. D'une part, je ne suis plus seul avec moi-même. La sensation de plénitude succédant à un vide désolé persiste. Elle s'accompagne de la notion, presque indéfinissable mais très accusée, d'une présence surnaturelle autour de moi comme en moi. Je me sens protégé, poussé doucement à la prière. Je ne puis me faire d'illusion à cet égard, demeurant très lucide et ayant conscience que mon Moi se distingue de cette présence et garde tout entier son libre arbitre.

Vous allez en conclure que je suis disposé à prendre le seul parti logique : me confesser, communier, puis vivre désormais en chrétien.

Eh bien non, et voilà où commencent les contradictions. A cette seule pensée de faire le pas décisif et de modifier mes habitudes, des arguments qui plaident pour que je ne bouge pas se lèvent en foule dans mon esprit et je ne parviens pas à les réfuter. Ce qu'il y a de fort singulier, c'est qu'ils insistent sur ce point que si je changeais de vie, je susciterais les commérages et les railleries des gens du monde. A cette idée, je suis pris de panique et je refuse d'agir.

Or ma crainte est d'autant plus déraisonnable que, comme vous avez pu le constater, depuis pas mal de temps, les jugements du monde ne m'importaient guère. Alors pourquoi prennent-ils soudain pour moi une autorité si grande ? Je juge cette préoccupation puérile et voici qu'elle me domine !..

Tenez, par exemple, je me représente allant à la communion et vu par des personnes de ma connaissance. A cette seule pensé, je ressens un malaise extraordinaire et je me dis : — Non, non, il est impossible que je me donne ce ridicule....

J'ai honte de vous écrire ces choses car cela signifie que, courageux pour affronter les ragots des salons quand il ne s'agissait que de ma réputation mondaine, je deviens un pleutre quand il faudrait affirmer ma foi.

Chaque fois que je me dérobe de la sorte, j'entends en moi comme une voix pateline qui m'approuve et qui me confirme dans mon inertie. Ah ! je l'entends me dire très distinctement : — Dieu n'en demande pas tant. A quoi bon imiter les vieilles dévotes et les marguilliers vermoulus qui se croiraient damnés s'ils n'étaient sans cesse collés à la barre de communion ? C'est déjà beaucoup et peut-être trop que tu t'absorbes si fort dans des idées religieuses. Fais comme d'autres : accepte le catholicisme en tant qu'une doctrine sociale qu'il est convenable de protéger mais ne te crois pas obligé pour cela de pratiquer. A la rigueur, afin de donner le bon exemple aux subalternes, tu peux aller à la messe le dimanche ; tu en seras quitte pour penser à autre chose tout en gardant une attitude déférente. Mais ne va pas t'exalter davantage sur des rêveries mystiques qui proviennent de ton désœuvrement. Occupe-toi, reprends tes études d'histoire. Tu avais commencé une analyse du règne de Louis XIII. Pourquoi ne pas t'y remettre?.. Alors tu redeviendras normal.

— Mais oui, répondis-je, c'est le sens commun
qui me parle. Je vais essayer…

Vaine tentative : non seulement je n'ai pu fixer
mon attention sur les travaux où je prenais naguère
quelque plaisir mais encore, loin d'être apaisé par
la voix du — sens commun, je me suis senti de
plus en plus troublé, inquiet, malheureux. Enfin,
par une pente irrésistible, mes pensées sont reve-
nues à Dieu et, en corollaire, à la conviction que
je ne trouverais la paix qu'au confessionnal.

— Allez-y donc, me direz-vous.

Je ne puis : une nouvelle difficulté me cloue sur
place. Me confier à un prêtre, lui exposer l'état de
ma conscience me cause une répulsion violente. Je
me persuade qu'il ne me comprendra pas ou qu'il
me rebutera en traitant comme des vétilles les
faits de vie intérieure dont je suis le théâtre. Or je
le sens très bien : si l'on rabroue, comme de puériles imaginations, mes incertitudes et mes combats, si l'on n'attache point l'importance, que je
crois qu'il mérite, à l'avertissement reçu dans la
nuit du mardi-gras, mon âme qui, me semble-t-il,
voudrait s'ouvrir, se refermera peut-être à jamais…
Voilà donc où j'en suis : je me sens attiré vers la
vie chrétienne. Mais quoique je sache que pour
vivre en bon catholique, il me faut d'abord me purifier et me fortifier par la confession et la communion, deux obstacles m'arrêtent : la peur absurde,
mais jusqu'à présent incoercible, des commentaires
mondains ; la presque conviction qu'aucun prêtre
ne donnera l'attention nécessaire au conflit qui me
torture.

En effet, je souffre beaucoup. Je n'ai un peu de répit qu'à la messe quotidienne et c'est sans doute pourquoi je persiste à m'y rendre. Tant qu'elle dure, des élans d'amour, où ma volonté n'a point de part, projettent mon âme vers l'autel. Il en résulte quelques minutes de délivrance où j'éprouve une paix délicieuse. Puis, à peine sorti, je retombe dans la tristesse. C'est comme si j'errais dans une nuit profonde dont les ténèbres m'accablent et où se lamentent des voix désespérées. Et en même temps — accommodez tout cela — je me sens soutenu par cette présence amicale dont je vous parle plus haut.

Telle est ma vie actuelle : me disputer avec moi-même, tâtonner dans l'obscurité, soupirer : — Seigneur, ayez pitié de moi !...

Si vous le pouvez, venez à mon aide et veuillez agréer, etc...

RÉPONSE

En méditant cette lettre, je reconnus tout de suite que, selon sa tactique coutumière, le Malin triturait l'imagination de Robert en lui faisant des monstres de l'opinion du monde et de l'incapacité du clergé à le comprendre. Au fond, ces artifices démoniaques sont fort misérables. Mais voilà : quand il s'agit d'autrui, pourvu qu'on ait quelque habitude de la vie intérieure, on en saisit très vite le peu de consistance. Quand il s'agit de soi-même, et surtout lorsqu'on est un néophyte, on perd pied.

Il n'y a que le directeur qui ait grâce d'état pour mettre les choses au point.

D'un autre côté, j'admirai en Robert les merveilles de la Grâce : Dieu ne cessait de lui faire sentir sa présence ; c'était une indicible faveur car d'habitude, dans cette nuit obscure par laquelle il faut qu'on passe pour y apprendre l'impuissance où nous sommes de nous sauver tout seuls, il nous semble, faussement d'ailleurs, que tout secours surnaturel nous fasse défaut.

L'œuvre de son salut me parut donc en bonne voie et ce fut également l'avis de l'excellent prêtre à qui je communiquai sa lettre, comme j'avais fait de la précédente. Il avait accepté de diriger Robert quand le moment serait venu. En attendant, nous tombâmes d'accord sur ce point que je continuerais à tenir le rôle du chien de berger qui rabat la brebis errante vers le bercail.

Dans ma réponse, j'avertis Robert de la manigance diabolique dont il était le jouet. J'ajoutai qu'étant donné son expérience du monde, il devait bien s'attendre à de la malveillance quoiqu'il fît, et je me montrai persuadé que s'il mettait une bonne fois en balance le désir de plaire à Dieu avec le scrupule de ne pas déplaire aux mondains, ce dernier mobile lui paraîtrait bientôt tellement inepte qu'il n'aurait plus de peine à l'écarter.

En outre, je lui citai, en le priant de le méditer, un passage de l'*Introduction à la vie dévote* que certains ne seront peut-être pas fâchés de retrouver ici :

« Tout aussitôt que les mondains s'apercevront

que vous voulez suivre la vie dévote, ils décoche-
ront sur vous mille traits de leur cajolerie et médi-
sance : les plus malins taxeront votre changement
d'hypocrisie, bigoterie et artifices ; ils diront que le
monde vous a fait mauvais visage et qu'à son refus,
vous recourez à Dieu. Vos amis s'empresseront de
vous faire une foule de remontrances fort prudentes
et charitables à leur avis : « Vous perdrez crédit
auprès du monde, vous vous rendrez insupportable, vous vieillirez avant le temps ; vos affaires do-
mestiques en pâtiront : il faut vivre comme le
monde avec le monde ; on peut bien faire son salut
sans tant d'embarras », et mille autres bagatelles.

« Tout cela n'est qu'un vain et sot babil ; ces
gens-là n'ont nul souci de votre santé ni de vos affaires. *Si vous étiez du monde, dit le Sauveur, le
monde vous aimerait parce que vous êtes sien. Mais
parce que vous n'êtes pas du monde, partant, il vous
hait.* Nous avons vu des gentilshommes et des
dames passer la nuit entière à jouer aux cartes. Y-
a-t-il une occupation plus chagrine, plus mélancolique et plus sombre que celle-là ? Les mondains néanmoins ne disaient mot ; les amis ne se
mettaient point en peine. Et pour la méditation
d'une heure ou pour nous voir lever le matin un
peu plus tôt qu'à l'ordinaire pour nous préparer à
la communion, chacun court au médecin pour nous
faire guérir de l'humeur hypocondriaque et de la jau-
nisse. On passera trente nuits à danser : nul ne
s'en plaint ; et pour la seule veille de la nuit de
Noël, chacun tousse et crie au mal de ventre le
jour suivant.

« Qui ne voit que le monde est un juge inique,
gracieux et favorable pour ses enfants, mais âpre
et rigoureux aux enfants de Dieu?

« Nous ne saurions être bien avec le monde
qu'en nous perdant avec lui. Il n'est pas possible
que nous le contentions car il est trop bizarre.
*Jean est venu, dit le Sauveur, ne mangeant ni
ne buvant et vous dites qu'il est possédé ; le Fils de
l'homme est venu, en mangeant et en buvant, et
vous dites qu'il est Samaritain.* Si nous nous re-
lâchons par condescendance à rire, jouer, danser
avec le monde, il s'en scandalisera. Si nous ne le
faisons pas, il nous accusera d'hypocrisie ou de bi-
zarrerie. Si nous nous parons, il l'interprétera à
quelque dessein. Si nous nous négligeons, ce sera
pour lui vile rusticité. Nos gaîtés seront par lui
nommées dissolutions et nos mortifications, tristesses. Comme il nous regarde toujours de mauvais
œil, jamais nous ne pourrons lui être agréables. Il
agrandit nos imperfections et publie que ce sont
des péchés ; de nos péchés véniels il en fait des
mortels ; et nos péchés d'infirmité, il les convertit
en péchés de malice.

« Au lieu que, comme dit saint Paul, *la charité
est bénigne,* au contraire le monde est malin ; au
lieu que la charité *ne pense point de mal,* au contraire le monde pense toujours le mal. Et quand il
ne peut accuser nos actions, il accuse nos intentions. Soit que les moutons aient des cornes ou
qu'ils soient noirs, le loup ne laissera pas de les
manger s'il peut... Nous sommes crucifiés par
le monde et le monde nous doit être crucifié. Il

nous tient pour fols, tenons-le pour insensé (1). »

J'engageai donc Robert à méditer ces lignes du profond psychologue que fut saint François de Sales. Je lui fis remarquer qu'il les goûterait, sans doute, d'autant plus que ses études historiques et ses propres observations lui avaient appris à quel degré le monde *fut, est, sera* toujours le même, à savoir malveillant et corrompu. C'est là un fait immuable, n'en déplaise aux adorateurs du fétiche-progrès qui, malgré les leçons cinglantes de l'expérience, s'entêtent à croire que l'homme va se perfectionnant. Le Diable, ajoutai-je, vous a mis sur le nez une paire de lunettes grossissantes qui vous font voir un tas d'asticots grouillants — je veux dire les gens du monde — comme des serpents boas prêts à vous dévorer. Je vous enlève ces fâcheuses bésicles en vous apportant le témoignage d'un très grand Saint. Suivez son enseignement et allez de l'avant. Le commencement de la sagesse, dit le Psalmiste, c'est la crainte du Seigneur. Or la crainte du Seigneur implique le mépris des jugements du monde. Telle doit être, je crois, votre pierre de touche pour le moment.

Pour sa prévention quant à l'inintelligence possible du prêtre auquel il s'adresserait, il devait bien s'apercevoir qu'il donnait également dans un piège diabolique, car il ne pouvait pas ignorer que n'importe quel prêtre, fut-il médiocre, avait pouvoir pour l'entendre en confession et l'absoudre. En ce qui concerne la direction, c'était autre chose. Mais

---

1) Saint François de Sales : *Introduction à la vie dévote,* quatrième partie, ch. I.

n'ayant pas la mentalité d'un instituteur primaire du régime, il n'en était pas à se figurer que tous les ecclésiastiques sont des imbéciles ou des fourbes. Puisqu'il avait confiance en moi, je me chargeais de lui procurer un directeur expert. Pour achever de le rassurer, je lui rapportai le cas d'un jeune homme qui, comme lui, s'était buté à cette niaiserie que personne n'était à même de lui nettoyer l'âme ; or je le jetai à l'eau pour le faire nager (1). Cependant, ajoutai-je, je n'entends pas du tout vous inviter à une confession immédiate et faite à contre-cœur. C'est de *vous seul* que doit venir le désir de vous confesser. Si vous restez homme de bonne volonté, je suis sûr que ce désir naîtra en vous et que, sous l'influence de la Grâce, il deviendra très vite un besoin irrésistible.

Considérez maintenant, je vous prie, ceci : tandis que Notre-Seigneur souffrait une épouvantable agonie, pour vos péchés, au jardin des Olives, vous dormiez parmi les disciples. Il vous a fait la grâce insigne de vous réveiller. Notre pauvre nature est si lâche que vous essayez à présent de vous rendormir. Mais vous n'y parvenez pas : des cauchemars et des remords ont traversés votre somnolence et vous ont obligé de vous lever, de prier avec Jésus et de prendre part à ses angoisses dans la nuit sans étoiles. Continuez cette veille, malgré les chuchotements et les ricanements du Démon, et bientôt, vous suivrez le Bon Maître, avec abné-

(1) L'anecdote ferait longueur à cette place. Je la donne à la fin du chapitre. Voir note I.

gation, jusqu'à sa montée au Calvaire. Quand vous
serez au pied de la Croix, avec la Sainte Vierge,
saint Jean et sainte Madeleine, votre cœur sera
transpercé comme le fut le Sacré-Cœur et l'Amour
vous brûlera de ses flammes adorables... Je l'engageai aussi à tenir un journal de ses impressions
quotidiennes, sachant, par expérience, qu'une telle
analyse nous aide beaucoup à voir clair en nous-
mêmes...

Enfin je lui promis de faire prier pour lui. C'est
un moyen qui m'a toujours réussi. Que de fois je
l'ai employé ; que de fois j'ai vérifié qu'en allu-
mant autour d'une âme en peine un foyer d'oraisons,
j'attirais sur elle les grâces d'énergie et de persévérance dont elle avait besoin pour se transfigurer.
Il y a, de par le monde, une communauté de moniales qui me fut, à cet égard, particulièrement
auxiliatrice. Que ces saintes filles trouvent une
fois de plus ici l'expression de ma reconnaissance.
Qu'aurait pu faire le déplorable Retté si des âmes
infiniment supérieures à la sienne ne lui avaient apporté leur secours ?...

TROISIÈME LETTRE

Votre lettre m'a fait beaucoup de bien. Je me
rends compte à présent que je m'enlisais dans un
marécage sans issue, quand je me tourmentais à
propos de l'opinion du monde et de l'incapacité
des prêtres. Quel orgueil outrecuidant j'ai montré !
Il me faut l'avouer : j'avais donné en plein dans le
traquenard démoniaque que vous me démasquez.

Néanmoins, je ne suis pas encore décidé à faire le nécessaire et je prie Dieu pour qu'il me donne la force de prendre enfin une résolution ferme... Ce qui m'a le plus touché, c'est votre comparaison de mon état d'âme au sommeil des disciples à Gethsémani. Oh ! oui, je suis lâche !... Mais je ne veux absolument pas retomber dans mon assoupissement. Suivant votre conseil, j'ai commencé de tenir un journal de ma vie intérieure ; j'y trouve du soulagement à mes peines et je vous l'enverrai. Continuez, je vous en supplie, de faire prier pour moi : j'en ai bien besoin car voici que cette présence mystérieuse qui me soutenait s'est retirée : j'erre, le cœur sec, dans de lourdes ténèbres. Que le Seigneur ait pitié de moi !...

Agréez, avec mes remerciements les plus chauds, etc., etc...

P.-S. — Je lis tous les jours un peu de l'*Imitation* : quel voyant que l'auteur de ce livre ! Je vous sais grand gré de me l'avoir fait connaître.

JOURNAL DE ROBERT

9 mars. — Je suis triste et tout déconcerté de ne plus sentir en moi cette force indéfinissable qui me consolait et m'aidait à me reconnaître. Pour essayer de la reconquérir, je vais d'église en église. Je sais que mon Dieu repose dans le tabernacle et je lui demande de dissiper l'obscurité. M'appelle-t-il encore ? M'a-t-il abandonné ?... Je l'implore : — Vous voyez, lui dis-je, je ne dors plus ; j'attends votre lumière. Pourquoi me laissez-vous dans la nuit ?...

Rien ne répond. Et mon cœur aride n'est plus capable de ces élans d'amour qui le portaient vers le Saint-Sacrement. Je souffre et pourtant je ne voudrais pas rebrousser chemin. Mais il y a des heures de doute où je me demande, une fois de plus, si je ne me suis pas illusionné lorsque j'ai cru que Dieu me sollicitait. N'est-ce pas une crise de *spleen* que je subis et ne serait-il pas très facile de la vaincre ?

Tout un jour j'y ai pensé. Le travail ne m'a pas réussi. Peut-être qu'un voyage ?...

J'ai tâché de me persuader de faire un tour en Espagne. J'ai même pris des informations, tracé un itinéraire, compulsé des indicateurs et des guides. J'ai fait acheter une malle et divers ustensiles de voyage. Mais comme j'allais donner des ordres pour mon départ, je me suis senti soudain une grande répugnance pour ce subterfuge. Il m'a semblé qu'un mur se dressait devant moi qui m'interdisait de poursuivre et que, si je prenais un détour, j'encourrais une responsabilité grave.

Je me suis soumis et alors j'ai éprouvé un mouvement de joie intérieure et un soulagement qui me dilatait la poitrine : ce fut comme si l'on enlevait le poids qui m'écrase pour me permettre de respirer. Cela ne dura qu'une minute, puis le fardeau pesa de nouveau sur mes épaules et je retombai dans mes incertitudes...

Je suis allé à la messe, ainsi que chaque jour. Ne m'en félicitez pas : j'accomplis cet acte sans goût, la plupart du temps avec ennui. Néanmoins

j'ai l'impression confuse qu'il m'est bienfaisant.
C'est comme un remède amer que je me serais prescrit, que je prendrais tous les matins et qui me for-
tifie peut-être sans que j'en aie conscience.

Jamais je ne fus distrait comme aujourd'hui. Je
restais debout devant mon prie-Dieu et mon esprit
vagabondait parmi toutes sortes de vétilles. Quand
l'officiant eut dit le dernier Evangile, je m'aperçus
que je n'avais pas du tout prié. J'en ressentis d'abord
de l'irritation contre moi-même et tout de suite
après, une envie de murmurer contre Dieu qui,
voyant ma bonne volonté, me retirait la faculté de
le prier alors que cela m'eut fait tant de bien.

Peut-être que si je me confessais, je me déten-
drais enfin ?... Ah ! non : plus tard !... Plus
tard !...

12 mars. — Il est quatre heures du matin : je
rentre chez moi et je me hâte de noter la chose singulière et un peu effrayante qui vient de m'arriver...

Depuis avant-hier, je continuais à nourrir une
sorte de sourde rancune contre la Divinité qui paraissait me délaisser. Puis je m'examinais avec
complaisance et je me disais : — Je fais pourtant
tout mon possible pour Lui obéir ; il n'y a peut-
être pas beaucoup de gens qui montreraient autant
de persévérance que moi... Bref je m'admirais
presque et je me prélassais dans un orgueilleux et
ridicule sentiment de mon mérite.

Hier matin, comme j'allais partir pour la messe,
je vins à me dire que je n'y prierais probablement
pas mieux que de coutume. L'idée d'y assister,

cette fois encore, comme un morceau de bois, me causa un tel ennui que je résolus de rester à la maison. Je m'affirmai que j'en avais assez fait pour le moment et qu'étant sûr de ma constance, je pouvais prendre un peu de loisir.

J'éprouvai bien un certain remords de ce manquement à une habitude qui, malgré tout, m'était devenue chère — mais je l'écartai aussitôt. Et je me mis à réfléchir aux distractions que je pourrais me donner.

Toutes, d'abord, me parurent insipides. Mais peu à peu s'insinua en moi l'idée que j'avais besoin d'une diversion violente. — Tout de suite un tableau d'orgie débraillée, parmi des cris, des rires, des musiques « chahutantes », s'esquissa en moi. Tandis que je le considérais, vaguement séduit, et qu'il croissait d'autant en relief et en couleur, je m'entendis fredonner un des motifs les plus endiablés de la *Veuve Joyeuse*.

Je trouvai un charme inattendu dans cette image de débauche ; je m'y attachai ; je me plus à en détailler les nuances. Et alors le désir me vint de réaliser quelque chose de ce genre... Oh ! ce ne fut d'abord presque rien : à peine une velléité.. Comme je vous l'ai dit, je crois, je ne fus jamais ce qu'on appelle un « viveur ». J'ai quelquefois suivi, par nonchalance, mes camarades mondains dans leurs noctambulismes arrosés d'alcool mais je n'y prenais guère de plaisir. De même, depuis pas mal de temps, mes infractions aux 6e et 9e commandements avaient été fort rares. Depuis le mercredi des Cendres, je m'étais tout à fait abstenu...

J'écartai donc cette tentation que je devinais périlleuse. Je fis quelques pas dans la chambre et je m'efforçai de penser à autre chose. L'*Imitation* était ouverte sur la table. Je la feuilletai et je tombai sur ce passage du chapitre des tentations : « D'abord il ne se présente à l'esprit qu'une simple pensée ; elle passe ensuite dans l'imagination ; puis vient le plaisir et le mouvement déréglé, et enfin le consentement de la volonté... »

J'aurais bien dû lire la suite qui m'aurait peut-être mis en garde. Mais, tout infatué de confiance en moi-même, je fermai le volume. — Je n'en suis pas là, me dis-je, j'ai peut-être mis quelque complaisance en des souvenirs malpropres mais je ne céderai pas...

Je me répétais cela et, cependant, les images voluptueuses se multipliaient, se faisaient plus attirantes : la tentation grandissait, grandissait ; et je n'étais presque plus maître de moi car une langueur extraordinaire dissolvait ma résistance.

En cette extrémité, l'idée me passa de courir me réfugier dans une église mais elle ne m'inspira qu'une répulsion violente : — Non, m'écriai-je, si je vais à l'église, j'y resterai glacé comme tous ces jours-ci ; cela ne servira qu'à me rendre plus morose... Marchons plutôt.

Pendant des heures j'errai à travers la ville. La nuit vint, cette nuit de Paris qui semble étoilée de cantharides phosphorescentes. La tentation déferlait autour de moi, s'installait, triomphante, en moi. Je n'essayais plus de lui résister : je me disais que j'allais faire le mal, nuire à mon âme d'une

façon redoutable, et en même temps, par une perversité bizarre, j'éprouvais une sorte de plaisir
trouble à me le dire...

J'étais sur le boulevard de Clichy, à peu près désert à cette heure. Un banc était là; je m'y assis.

A ce moment, une idée nouvelle se leva dans
mon esprit : — Mais tout ce qui m'arrive, ce n'est
pas naturel. Je suis en proie à une force mauvaise
dont l'action s'accroît à mesure que je me détourne
de Dieu. Car qu'ai-je fait depuis deux jours? Je
me suis plaint de mon délaissement ; j'ai récriminé
comme si Dieu me devait quelque chose; je me
suis sottement loué pour ma ferveur sans récompense. Plein de vanité, j'ai rebuté la pratique, la
jugeant superflue. Et aussitôt des pensées de débauche m'ont envahi. Serait-il donc vrai que, comme
je l'ai lu, dès qu'on cède à la tentation d'orgueil, la
tentation de sensualité suit presque toujours?

D'autre part, pourquoi ces basses ripailles qui,
d'ordinaire, ne m'attirent nullement, m'appa-
raissent-elles si désirables? Pourquoi se peignent-
elles dans mon imagination sous des couleurs si
chatoyantes ?

Cet examen me calma un peu. Mais voici que,
me reprenant de la sorte, le souvenir me revint de
toutes mes inquiétudes et de mes souffrances depuis le mercredi des Cendres. Ce fut si douloureux
que, comparant mes angoisses présentes à ma tran-
quillité de naguère, je m'écriai: — Non, je ne veux
plus demeurer dans cet état... J'en ai assez de
m'énerver en des conflits d'âme dont je ne puis me
rendre compte. Tout ce que j'ai cru éprouver de

divin n'était que rêveries dues au désœuvrement.
Eh bien, je vais prendre un bain de boue, me gor-
ger d'ordures pour rompre le prestige. Après, je
me dégoûterai sans doute, mais les phantasmes qui
m'obsèdent seront emportés du même coup... Et je
redeviendrai l'homme insignifiant mais paisible que
j'étais, avant que cette crise incompréhensible bou-
leversât mon existence.

Sitôt cette décision formulée, ma sensualité tres-
saillit d'allégresse. Toute hésitation fut balayée
comme par un grand vent. Je me levai ; je filai, à
grandes enjambées, vers la Place Blanche...

Vous connaissez Montmartre ; vous savez qu'il y
a dans ces parages plusieurs cafés de nuit où la
luxure et l'ivrognerie hennissent, braillent, dansent
et se vautrent jusque passé l'aube.

Tout impatient de me mêler à l'une de ces fêtes
porcines, j'allais ouvrir la porte d'un cloaque où
des violons miaulaient comme des chattes en folie,
où roulait une tempête de rires rauques et suraigus
parmi des hoquets, des grognements et des cliquetis
de vaisselle cassée.

Une seconde encore et j'étais dans la fournaise...

Tout à coup, je ne sais quelle main souveraine s'appesantit sur moi et me cloua sur place.
En même temps, j'entendis une voix mélancolique, très basse, mais très distincte, murmurer
tout au fond de mon cœur : — *Mon ami, que
fais-tu ?...*

Dieu !... C'était la parole de Notre-Seigneur à
Judas quand le traître le désigna aux soldats chargés de l'arrêter !...

Ébloui, tout frémissant, je chancelai. Mes jambes se dérobaient sous moi ; je dus m'appuyer à la devanture.

Cependant une bande de frénétiques, hommes et femmes ivres, puant le musc, l'éther et les alcools, se ruait vers l'entrée. Ils me heurtèrent au passage, et me crièrent quelques injures. Mais je ne répondis pas. Déjà, je fuyais...

Tournant le dos au *pandemonium*, je dégringolai une rue en pente vers l'église de la Trinité. Des larmes me ruisselaient sur la figure et je me disais : — Oh ! puisque Jésus daigne enfin me manifester sa présence, je ne le livrerai pas à ses bourreaux !... Quelle horreur que tout cela et quel crime j'ai failli commettre !

Des actions de grâces me montaient aux lèvres — pas de longues oraisons mais cette effusion cent fois répétée : — Merci, Seigneur, je ne voulais plus combattre, j'étais le lâche qui vous trahit et vous m'avez sauvé !... Merci Seigneur !...

De fait, la tentation s'était dissipée comme de la brume au soleil. Je ne pouvais plus douter maintenant que la protection divine me fût acquise, et je me sentais déborder de bonnes résolutions.

Rentré, je rouvris l'*Imitation*, je lus la suite du chapitre et je compris quel traquenard le diable m'avait tendu (1)...

1. N. de l'A. — Voici le passage, en effet décisif : « C'est ainsi que l'Ennemi s'empare pied à pied de notre cœur si nous ne lui résistons pas dès le commencement. Plus nous négligeons de le faire, plus nos forces diminuent et plus les tentations deviennent violentes... Et ainsi, il ne faut pas perdre courage dans

13 mars. — J'ai dormi assez tard et j'ai fait un rêve dont le souvenir m'est resté tout à fait présent au réveil.

Par un sentier tortueux, coupé d'angles brusques, très raide, où des fouines m'avaient mordu, où des cailloux m'avaient meurtri les pieds, je venais de gravir la partie inférieure d'une colline dont le sommet demeurait invisible, les frondaisons épaisses d'une forêt aux arbres très serrés le couvrant et formant, tout autour, comme un bloc d'ombre.

J'étais arrivé à mi-hauteur, sur une plate-forme gazonnée où des marguerites brillaient, comme des étoiles, parmi les herbes d'un vert-tendre ; au milieu de la clairière, une croix de pierre fruste s'élevait — toute nue. Comme j'étais haletant et couvert de sueur, après la rude montée, je m'assis au pied de la croix. Malgré ma fatigue, je me sentais heureux d'être parvenu jusque-là. Je savais, d'intuition certaine, qu'il me faudrait continuer, mais je puisais du réconfort dans la contemplation de cette croix et je remerciais Jésus de m'avoir préservé des chutes dans les gouffres pleins de vipères et de ténèbres fuligineuses qui bordaient le sentier.

Pendant que je priais, j'entendis une musique aérienne qui planait au-dessus de moi et m'imprégnait l'âme d'une douceur mystérieuse. Il semblait

es tentations, mais demander avec plus d'ardeur que jamais le secours de Dieu afin qu'il nous soutienne dans nos misères, et selon la parole de l'Apôtre qu'il nous fasse tirer profit même de nos tentations. Humilions-nous donc sous la main de Dieu parce qu'il sauve et soutient les cœurs humbles ». (Livre I, ch. XIII).

que ce fût la montagne tout entière qui chantait ;
toutes sortes de mélodies se fondaient dans son cantique : des voix d'enfants d'une pureté inouïe, les
carillons délicats de cloches cristallines, des chuchotements de feuillages légers, les accords graves
d'orgues rêveuses, des palpitations d'ailes angéliques. Je tendis l'oreille pour saisir les paroles.
Mais cela demeurait si lointain, si délié, si vague...
J'entendis pourtant ceci : *O Crux, ave, spes
unica !*...

Il me sembla aussi que cette musique était une
lumière, blanche d'abord, qui, filtrant à travers
les ramures, prenait peu à peu les nuances d'un
arc-en-ciel atténué dont l'orbe vint encercler la
croix.

Je ne puis exprimer à quel point cette harmonie
radieuse m'emplissait d'amour de Dieu et de zèle
pour reprendre la montée.

Mais comment pénétrer sous les arbres ? Nul
chemin ne s'ouvrait. Une brousse rébarbative faite
de ronces griffues, d'orties revêches et de buissons
entrelacés barrait la lisière.

Indécis, je priai Jésus — que je sentais, invisible, près de moi — de me dire ce qu'il fallait
faire. Aussitôt, un mince rayon se détacha de
l'auréole qui nimbait la croix, glissa vers la forêt
et vint se poser à l'endroit où il y avait le plus
d'épines.

Sans hésiter — cette musique me donnait tant
de courage ! — j'allai au maquis, j'empoignai les
branches hostiles pour les écarter ; elles me déchi-
raient les mains : mon sang coulait, tout chaud, le

long de mes doigts. Mais la musique, de plus en plus vaporeuse, si je puis dire, allait s'élevant vers le sommet et les paroles saintes s'affaiblissaient comme un écho qui s'éloigne, s'entrecoupe et va mourir : *O Crux... ave... spes... unica...*

J'avais franchi l'obstacle, je m'avançais sous les arbres quand tout disparut et j'ouvris les yeux.

J'ai cru comprendre que, par ce rêve, Dieu m'octroyait des forces pour persévérer à travers de nouvelles souffrances...

Je suis allé à la messe. Pour la première fois, depuis longtemps, j'ai pu prier avec une pleine ouverture de cœur. C'est que la musique céleste résonnait toujours — lointaine, lointaine, au plus lointain de mon âme.

Mais que m'arrivera-t-il demain ?

17 mars. — Maintenant, il m'est devenu impossible de douter que Dieu ait quelque dessein sur moi. La joie intense que j'éprouve à prier, le sens nouveau et de plus en plus profond que prend pour moi l'Evangile — médité tous les jours, — le détachement où je suis de tout ce qui n'est pas la religion me prouvent que le vrai sens de la vie m'est enfin révélé. Mon ancien Moi gît en pièces éparses qui tendent, du reste, parfois à se rejoindre pour reconstituer, vaille que vaille, ma personnalité d'hier. Mais elles n'y parviennent pas : un être nouveau s'est formé dans ma conscience ; il ne veut rien savoir que de Dieu, réfrène ses velléités trop humaines, et impose silence aux réclamations de ma paresse et de ma sensualité.

Ce n'est pas tout : non seulement je pense

presque sans cesse à Dieu, mais je ressens le besoin presque irrésistible de parler de Lui.

L'autre soir, je passais devant la maison où se trouve le cercle dont je fais partie. Je ne sais comment, je fus poussé à y monter.

Il n'y avait pas grand monde. Quelques vieilles gens jouaient au whist ou au bridge. Quelques hommes de cheval discutaient des courses du jour dans un coin. J'allais sortir, sans avoir abordé personne, lorsque, traversant le petit salon qui vient tout de suite après l'antichambre, j'aperçus, assis dans un fauteuil près du feu, et fumant un cigare, un garçon de mon âge, Gérard de X... Il fut au lycée avec moi et nous sommes en relations assez suivies.

Quoique très mondain, Gérard est beaucoup moins superficiel et moins vide que les *snobs* et les fêtards parmi lesquels il circule. Plusieurs fois, nous avons causé ensemble d'art et d'histoire. J'ai constaté qu'il avait une culture, des opinions à lui, du goût, des jugements originaux. Bref, contraire-ment à la plupart des gens de notre monde, il ne se borne pas à répéter, en perroquet docile, les niaiseries dont les entretiennent leurs feuilles favo-rites. Pour cela, et pour certaines façons incisives qu'il a d'apprécier la vie, il m'est passablement sympathique.

— Tiens, me dit-il, la main tendue, par quel ha-sard ?... Il y a des siècles qu'on ne vous a vu ici.

— Je ne sais pas, répondis-je en m'asseyant à côté de lui, je passais... je suis monté, voilà tout...

— Et déjà, reprit-il, comme vous vous fichez des cartes, que vous bâillez aux potins et que vous ne vous souciez guère des performances de *Tartelette II* ou de *Kirsch-léger*, vous preniez la fuite.

— Ma foi oui... Mais, d'ailleurs, est-ce que vous aussi, vous ne trouvez pas le cercle tout à fait insipide ?

— Si, si, certainement, c'est un endroit où l'on ne peut se plaire que si l'on n'a rien dans la cervelle. On y bétifie en troupe ; et voilà probablement pourquoi les sots s'y plaisent tant. Car, n'est-ce pas, le propre du sot c'est de s'ennuyer dans la solitude. Il lui faut le contact de ses semblables pour s'apercevoir qu'il existe.

— Très vrai... Mais vous qui n'êtes pas un sot — il s'inclina avec une expression de reconnaissance bouffonne — pourquoi fréquentez-vous le cercle ?

— Ce soir, répondit Gérard, comme il pleut, c'est pour me mettre à l'abri en attendant minuit où j'ai un rendez-vous avec... quelqu'un. Cependant je dois avouer que j'y passe souvent des nuits au baccarat. C'est stupide, mais cela aide à tuer le temps... N'est-ce pas votre avis que le temps a la vie très dure ?...

— Plus à présent.

— Veinard !... Vous auriez trouvé une occupation assez absorbante pour vous faire oublier le néant de vivre ?

— Oui, dis-je.

— Et laquelle, s'il n'y a pas d'indiscrétion ?

— Aucune : je vais à la messe tous les jours et j'apprends à aimer le Bon Dieu.

Gérard leva les sourcils en signe d'étonnement. Puis il me regarda bien en face pour vérifier si je ne me moquais pas de lui. Voyant que j'étais très sérieux, il reprit : — Eh bien ! cela ne me surprend pas trop de vous. Vous m'avez toujours produit l'impression d'un mondain malgré lui, d'un monsieur tombé de la lune, qui se trouve mal à l'aise sur la terre et qui regrette sa patrie.

— Vous savez ce que les Anglais entendent par lunatique ? repris-je en riant. Dites-moi tout de suite que vous me tenez pour un toqué.

— Pas le moins du monde : les toqués, ce sont peut-être ceux qui n'agissent pas comme vous.

Nous nous tûmes un bon moment. Gérard avait laissé son cigare s'éteindre et il regardait le feu d'un air pensif. Moi, je l'observais et je me demandais quel pouvait être l'objet de ses réflexions.

— Gérard, dis-je tout à coup, voulez-vous me promettre de répondre avec franchise à la question que je vais vous poser ?

— Je vous le promets.

— Croyez-vous ?

— Oui, Robert, je crois, répondit-il avec gravité.

— Mais alors, excusez-moi, pourquoi menez-vous une existence aussi...

— Aussi absurde, dites-le mot, c'est celui qui convient... Eh bien, mon cher, c'est par pure lâcheté... Jusqu'à dix-neuf ans, formé par un admirable prêtre, et peu entamé par les sophismes

qu'on nous apprend au lycée, je fus très sincèrement pieux et très pratiquant. A cet âge, je fis
une première chute dans le ruisseau. Je n'avais pas
l'excuse d'être un ignorant des préceptes de l'Eglise,
car j'avais été merveilleusement mis en garde
contre le péril. Je me relevai, je me nettoyai, j'eus
des remords et je pris de bonnes résolutions. Mais,
et c'est là le point, je ne m'écartai pas du milieu
oisif, veule et noceur où nous pataugeons. Il faut
dire aussi que mon directeur était mort et que je
ne trouvai pas à le remplacer. Je dois avouer, du
reste, que je ne fis guère d'efforts pour cela. J'abandonnai peu à peu la pratique : de nouvelles culbutes s'ensuivirent, elles se multiplièrent : une
mauvaise honte me déconseilla de lutter. Et peu à
peu aussi, cette mollesse énervée, qui s'empare de
nous quand nous abusons de nos sens, m'empêcha
de remonter le courant... Cependant, je n'ai pas
perdu la foi. Si je ne croyais pas... Enfin je veux
dire qu'il y a des heures où j'ai envie de me
brûler gentiment la cervelle tant je me dégoûte
moi-même.

— Je comprends cela, répondis-je.

— Evidemment vous le comprenez ; et vous
valez mieux que moi puisque, constatant comme
les ressorts de notre âme se rouillent quand nous
nous éloignons de Dieu, vous avez eu le courage
de réagir.

— Oh ! protestai-je, ne vous hâtez pas de me
complimenter. S'il n'y avait eu que moi pour me
tirer de l'ornière, j'y barboterais encore... Ecoutez
ce qui m'est arrivé.

Je lui racontai alors toutes les péripéties par où j'avais passé depuis le bal du mardi-gras.

Il m'écouta très attentivement. Quand j'eus terminé, il reprit d'un ton rêveur : — Voilà qui me confirme ce que j'ai toujours soupçonné : nous baignons dans le surnaturel. Et si nous savions nous recueillir, nous apprendrions tous les jours que notre seule raison d'être c'est de nous préparer à la vie future. Sinon, pourquoi serions-nous mis au monde ? Quel sens aurait la vie ? On s'y ennuie à périr ou l'on y souffre sans résignation dès que l'on en élimine la signification donnée par l'Église... J'irai plus loin : le sentiment de l'au-delà que Dieu mit au cœur de tous les hommes, je crois qu'il ne s'abolit jamais ; il dévie, il se fausse, il se frelate : on s'adore soi-même, ou l'on adore les femmes, ou l'or, ou la science, ou l'art ; on s'illusionne à leur propos, on les idéalise et l'on est déçu mais, à moins d'être une brute totale, on n'arrive pas à tuer tout à fait cette aspiration vers quelque chose de plus beau que ces mornes réalités qui nous entourent...

— J'imagine même, lis-je remarquer, qu'à certaines minutes de repliement sur soi-même, il y a peu d'hommes qui ne pensent pas à la mort avec la crainte de ce qu'on trouve — de l'autre côté.

— Il n'y en a peut-être pas un seul, approuva Gérard, et j'ajouterai que c'est sans doute pour échapper à cette pensée terrible que la plupart de nos illustres contemporains se démènent, comme des mannequins électrisés, en se frottant le plus possible entre eux. Oh ! ce n'est pas l'intérêt qu'ils

portent au voisin qui les rend sociables, car ils se
détestent profondément les uns les autres. Non :
ils cherchent à s'étourdir.

— Ah ! que je voudrais sonder toutes ces âmes
afin de leur arracher leur secret, m'écriai-je, quels
drames poignants doivent se jouer même chez les
plus corrompus !..

— L'âme d'autrui, c'est une forêt obscure, a dit
Tourguéneff... Mais je crois que vous avez mieux
à faire.

— Et quoi donc ?

— Vouer votre avenir à prier pour eux, par
exemple.

— J'ai déjà bien de la peine à prier pour
moi,

— Bah ! vous vous développerez... quand vous
serez au monastère.

— Comment, comment, au monastère, m'excla-
mai-je tout ébahi, est-ce que vous vous figurez que
je veux me faire moine ?

— Mon cher, un imbécile de ce cercle disait
l'autre soir : « Les moines sont des fous qui ont
pris la précaution de s'enfermer eux-mêmes ». Moi,
je pense que les moines sont à peu près les seuls
sages de ce monde : ils le jugent à sa valeur parce
qu'ils aiment Dieu. Vous aussi, vous tâchez de l'aimer. Pourquoi n'iriez-vous pas jusqu'au bout de
votre vocation en endossant le froc ?

— J'avoue que je n'y ai pas songé !

— Eh bien, songez-y, reprit Gérard en se levant...
Mais voilà qu'il est minuit moins le quart... Je ne
veux pas faire attendre... Bonsoir, Robert, je suis

content que nous ayons parlé de tout cela : j'en ai
l'âme un peu décrassée et...

— Et ?...

— Rien... Ou plutôt si : peut-être bien que je
ferai comme vous, un jour ou l'autre.

— Mais pourquoi pas tout de suite ?

— Il haussa les épaules : — Trop lâche, dit-
il.

Il était déjà dans l'antichambre quand il revint
sur ses pas : — Robert, ajouta-t-il, priez donc un
peu pour moi.

— Je le ferai, mais...

— Chut ! pas un mot de plus... Merci, j'y
compte.

Il s'éclipsa et je ne m'attardai pas après lui. Quelques secondes plus tard, j'étais dans la rue. Je ne
saurais dire à quel point je me sentais heureux de
m'être confié à un homme capable de comprendre
ce qui se passait en moi. Mais surtout j'avais l'intuition de m'être fortifié dans le bien en attestant
ma foi. Récapitulant notre conversation, je me
rappelai l'avis de Gérard. Me faire moine, je n'y
éprouvais aucun penchant ; mais qui sait s'il n'avait
pas raison ?

Je n'en suis pas là, conclus-je ; il faudrait d'abord
commencer par le commencement : aller à confesse.
Comme chaque fois qu'elle me venait, cette pensée
me mit un pinçon au cœur... Hélas ! je n'ai pu me
décider ; comme chaque fois aussi je me suis dit :
— Plus tard, plus tard !... J'ai beau me répéter que
si Gérard m'a très bien compris, le prêtre intelligent dont vous m'avez parlé me comprendra en-

core mieux, je demeure inerte. Que le Seigneur ait pitié de moi !...

Ici quelques phrases qui me sont personnelles, puis Robert ajoute :

Vous trouverez probablement qu'un cercle est un endroit fort peu indiqué pour un entretien du genre de celui que je viens de vous rapporter. Si je vous ai scandalisé, excusez-moi... (1)

21 mars, Vendredi saint. — Quelle journée et quelle date dans ma vie que celle-ci ! Je suis encore si ému que j'ai peine à rassembler mes idées. Je veux pourtant essayer de vous décrire ce qui m'est arrivé depuis ce matin.

J'ai assisté, comme de juste, à l'adoration de la Croix. A la lecture de la Passion selon saint Jean, les larmes me vinrent aux yeux. Je le connaissais presque par cœur ce récit d'un témoin oculaire : je l'avais si souvent relu et médité ! Mais me redisant que le Sauveur était mort, ce jour-là, pour mon salut, je souffrais, d'une façon indicible, au souvenir de mes péchés. Je me reprochais ma tiédeur, mes hésitations, mes délais. La comparaison entre l'amour infini que Jésus nous manifesta et le peu que je faisais pour me rendre digne de sa sollicitude m'emplit d'angoisse. La cérémonie terminée, quand je considérai le tabernacle ouvert et vide, je crus que j'allais défaillir, car le vide, je le sentais également en moi. Il me semblait que Dieu s'était retiré très loin et qu'il ne me visiterait jamais

---

(1) Voilà un singulier scrupule ! Je ne fus pas scandalisé du tout. Voir Note II à la fin de cette étude (*N. de l'A*).

plus. Quand les cierges s'éteignirent et que les
ténèbres régnèrent dans l'église, elles envahirent
aussi mon âme. Qu'elles étaient épaisses ces ténèbres intérieures ! Je n'arrivais pas à me persuader
qu'une aube consolatrice renaîtrait qui fût capable
de les dissiper.

Je me traînai dehors. Ce poids énorme, dont je
vous ai déjà parlé, opprimait si fort mes épaules
que j'étais obligé de garder la tête inclinée sur la
poitrine. J'allais sans rien voir autour de moi. Toute
oraison mentale m'était impossible. Je ne pouvais
que balbutier : — Mon Dieu, pourquoi m'avez-vous
abandonné ?...

Rentré, le repas sommaire que mon domestique
m'avait préparé me répugna. Je mangeai seulement
quelques bouchées de pain, je bus un demi-verre
de vin et je ressortis aussitôt.

Il faisait un de ces temps gris et rêches qui portent avec eux la tristesse et qui s'accommodait à
l'état de mon âme. J'errais au hasard quand, dé-
bouchant sur l'esplanade des Invalides, je rencon-
trai une parente éloignée que je fréquentais peu
mais dont je savais qu'elle était une des plus trépi-
dantes parmi les mondaines à la mode.

— C'est vous, Robert, s'écria-t-elle, mais que
vous êtes donc pâle !... Seriez-vous malade ?

— Non, répondis-je, je suis triste, simplement.

— Triste ? Pourquoi ? Peines d'amour ?

Le sourire affriandé qui soulignait cette question
me fut insupportable. Néanmoins je répliquai : —
C'est cela même : peines d'amour.

— Oh ! dites-moi vite de quoi il s'agit. Un *flirt*
qui ne rend pas, je parie...

— Je souffre, dis-je en la regardant fixement, de
ne pas assez aimer le Bon Dieu.

Pour quelle raison, lui parlai-je ainsi ? Je n'en
sais absolument rien. La phrase jaillit de ma bouche
spontanément.

Elle en fut un moment tout interloquée. Comme
je restais impassible, elle reprit : — Ah ! ce Robert,
toujours original !...

Puis sans insister : — Moi je vais me confesser.
C'est un peu ennuyeux mais enfin, il faut bien faire
ses Pâques, ne fut-ce que pour les gens... Et puis
hier, j'ai entendu le sermon d'un délicieux prédicateur, je ne me rappelle pas son nom... Oh ! il est si
élégant, 'si plein d'esprit, il a eu des mots charmants, très parisiens, pour nous parler du chemin
de la croix ; tout le monde était ravi, car, vous
savez, il n'est pas comme vos vieux curés bourrus
qui insistent sur la pénitence et qui vous fourrent
des idées lugubres dans la tête... Et maintenant je
vais donc me confesser, il faut que je vous quitte,
le Père X est très couru et je ne veux pas attendre
trop longtemps ; du reste ce sera vite expédié,
d'abord je n'ai pas du tout la contrition, oh ! pas du
tout : je le lui dirai tout de suite et je pense qu'il
ne me grondera pas trop il est si indulgent, si
commode...

Tout cela fut débité d'une haleine, — *prestissimo.*

L'attitude morne que je gardais durant ce babil
parut la déconcerter un peu :

— Allons, je me sauve, reprit-elle... Venez donc

à mon jour, on ne vous voit jamais, ours que vous êtes, c'est affreux ; tous les mercredi à cinq heures ; au revoir, mon cher...

Elle s'envola par la rue de Grenelle. Et je demeurai encore plus triste.

Voilà, me dis-je, la religion des gens du monde. Est-ce celle-là qu'il me faudrait ?

Tout mon être répondit énergiquement : — Non !

Ensuite je pensai à la destinée que se préparent de tels insconscients qui, croyant rendre son dû à Notre-Seigneur, affilent en réalité la pointe des clous qui lui percent les pieds et les mains.

Alors une grande pitié ne vint pour ces infortunés. Je sentis clairement que je devrais réparer le mal qu'ils font — à eux-mêmes et aux autres. La phrase de Gérard s'articulait en moi : — Il faut prier, souffrir pour eux. Puis, par une association d'idées fort naturelle, je me rappelai le conseil qu'il me donna d'entrer au monastère. Ce qui est assez bizarre — mais je vous dis les choses comme elles furent — cela prit la forme d'une réminiscence littéraire, l'exclamation d'Hamlet : *Go into a nunnery, Ophelia !...* (1) Vous vous souvenez ?...

Gérard, je pense au pauvre Gérard, faux sceptique, âme désolée, et aussi à cette Aline, si gaie en apparence, si mélancolique au fond, dont je vous parle dans ma première lettre. Oui, me sacrifier, pâtir pour eux, aimer Dieu pour eux, et aussi pour cette folle oiselle qui sautillait tout à l'heure devant moi, et pour tous les autres : ceux qui cra-

(1) Allez dans un couvent, Ophélie !

chent sur le Crucifix, ceux qui s'en détournent
comme d'un témoin gênant, ceux qui ne le voient
plus parce que la clarté des lampes de leurs fêtes
perpétuelles les aveugle !... Oui, me donner tout
entier comme Notre-Seigneur s'est donné...

Un peu de douceur me vint tandis que je formu-
lais ce vœu. Je vis une petite étoile luire au fond
de mes ténèbres et je me sentis moins accablé.

Le reste du jour, j'ai visité les églises, me mêlant
volontiers à la foule recueillie qui venait adorer
Notre-Seigneur au tombeau. Vers le crépuscule, je
suis entré à Notre-Dame des Victoires. Quelle paix
en ce sanctuaire ; comme on s'y imprègne des
effluves d'oraison qui flottent sous cette voûte en-
fumée par des milliers de cierges !

Je m'agenouillai près de l'autel ; je demandai à
Marie qu'elle m'obtînt la grâce d'en finir avec mes
incertitudes et mes répulsions pour la pénitence.
Alors, comme je la priais de mon mieux, plein
d'une grande confiance dans son intercession, je
sentis le poids qui m'écrasait depuis tant de jours
s'enlever de dessus mes épaules ; je relevai la tête,
je respirai largement. Et je vis —, non des yeux du
corps, mais par un regard d'âme que je ne puis
expliquer, — Jésus mort en croix au sommet du
Calvaire. Madeleine, les cheveux épars, gisait
prosternée, la face collée au sol ; des sanglots
agitaient son échine. Saint Jean était assis, les
coudes sur les genoux, la figure dans les mains,
à côté d'elle. A quelques pas, la Sainte Vierge se
tenait debout, les yeux fixés sur la plaie béante
qui trouait le côté de son Fils. Ah ! quelle expres-

sion de douleur résignée où se mêlait, cependant, une sorte de joie sublime, dans ce regard !... Elle le reporta sur moi et il me sembla qu'elle me disait : — *Courage, meurs au monde !...* A ce moment, une douleur aiguë, comme d'un coup de lance, me perça le cœur et en même temps je me sentis inondé d'une chaude lumière. Toutes mes froideurs fondirent : toutes mes lâchetés tombèrent en poudre... Je ruisselais de larmes et je brûlais d'amour pour mon Rédempteur...

Ici, une phrase rappelant la prédiction que je lui avais faite, puis il termine :

Longtemps je suis demeuré en prière, en adoration, en contrition devant la plaie radieuse du Sacré-Cœur.

A présent, vous comprenez, mon ami, que je n'hésite plus. Mettez-moi bien vite en rapport avec le prêtre dont vous m'avez parlé...

DÉNOUEMENT

Ici s'arrète ce que je suis autorisé à citer de ce journal. On devine que j'envoyai tout de suite Robert au prêtre qui l'attendait. Il se confessa, il communia, il se prépara à la vie religieuse.

Je veux pourtant donner encore deux fragments de lettres subséquentes parce que je les crois propres à suggérer des réflexions salutaires.

On se souvient que sa sœur était entrée au Carmel. Après son retour à l'Eglise, il alla la voir. Il m'écrivit au sujet de cette visite :

« Lorsque j'eus fini de raconter ma conversion à ma chère sœur, la bonne fille pleurait de joie. Elle me dit qu'une des raisons principales de sa vocation, ç'avait été le désir que Dieu lui inspira de m'arracher au monde. Elle avait offert une grande partie de ses prières et de ses mortifications pour mon salut, surtout pendant le dernier Carême. Enfin, le Vendredi Saint, à l'heure même où je fus foudroyé à Notre-Dame des Victoires, comme elle me mettait au pied de la Croix, elle avait senti un mouvement d'allégresse soudaine et la conviction entra en elle que j'étais sauvé. Aussi, quand je la fis demander au parloir, elle y vint avec la certitude que j'allais lui annoncer la bonne nouvelle... »

Cette preuve de la puissance des prières d'une âme sacrifiée à Dieu ne m'étonna pas du tout. D'ailleurs les moniales que je mentionne plus haut s'étaient aussi vaillamment employées pour Robert. Or Jésus ne serait pas Jésus s'il restait sourd aux suppliques de ses épouses...

Le second fragment a rapport à une crise de révolte que Robert subit au moment de se rendre postulant dans la communauté religieuse qu'il a choisie. Il m'écrivait :

« ... Je suis en proie à une véritable tempête de doutes sur ma vocation, de scrupules sur mon indignité et même de tentations d'une bassesse affreuse ; si mon directeur ne m'assurait que je dois persévérer, je crois que je m'enfuirais jusqu'au bout du monde plutôt que d'entrer au monastère... »

Je lui rappelai sainte Térèse qui nous confie qu'elle ne souffrit jamais autant que le jour où elle quitta sa famille pour le couvent d'Avila. « Recommandez-vous à cette Sainte, ajoutai-je, et foulez aux pieds ces imaginations. »

D'ailleurs j'ai eu souvent lieu de remarquer que chaque fois qu'on fait un pas en avant dans la vie spirituelle, le Malin emploie toutes les ruses possibles pour vous tirer en arrière.

Qu'on me permette de reproduire, en exemple, un passage d'une lettre que m'écrivait une protestante convertie quelques jours avant son abjuration. Je l'ai déjà donné ailleurs (1), mais il a également sa place ici :

«... Peu d'heures me séparent encore de l'acte solennel. Je devrais être pénétrée de joie et de reconnaissance et il n'en est rien. Je me sens triste à la mort, pleine d'épouvante. Je lutte corps à corps, avec des tentations affreuses. Je suis brisée, anéantie, j'ai les yeux pleins de larmes et le cœur lourd d'angoisse. Dieu se cache. Il n'entend plus les cris de mon âme. Et la douce lumière à laquelle je m'étais habituée a disparu. Je ne comprends rien moi-même à mon état. On a beau m'encourager, je n'entends pas les paroles qu'on me dit. Toute ma nature se révolte contre le sacrifice de mon âme à Dieu et dans mon cœur il y a un désordre affreux. Pourtant, il me semble aussi que c'est là une tentation des plus perfides et des plus astucieuses. Dans mes courts instants de lucidité, je me dis qu'il faut la vaincre. Mais si toutes les

_____

(1) *Notes sur la psychologie de la conversion*, p. 44.

dispositions n'étaient pas prises pour la cérémonie, je la remettrais je ne sais à quand... »

Admirablement exhortée par son confesseur, entourée de prières, pleine elle-même de bonne volonté, elle triompha comme je l'ai rapporté.

Robert aussi vint à bout du Démon ; tous les prestiges s'évanouirent dès qu'il eût franchi le seuil du noviciat.

Il n'est pas besoin, je pense, que je commente sa conversion : les faits parlent tout seuls. Il fut longtemps comme une pierre d'attente entre les mains de Dieu. Mais à partir du moment où l'action surnaturelle se manifesta, elle le conduisit au port avec une extraordinaire rapidité : quarante-cinq jours entre la première touche de la Grâce et la conquête définitive du néophyte par la Vierge et le Sacré-Cœur !

A présent Robert poursuit, d'un cœur paisible, sa probation : et, quoique je n'aie pas été pour grand'chose dans sa conversion, il veut bien prier pour moi. J'avoue que cette pensée m'est douce car le pauvre trimardeur de la Sainte Vierge a terriblement besoin de prières !...

NOTE I

Voici l'histoire du jeune homme qui ne voulait pas se confesser, sous prétexte que nul prêtre ne serait assez intelligent pour l'entendre.

Il avait commencé un noviciat dans une communauté en

exil et avait dû se retirer par défaut de santé. Son ancien supérieur, de passage à Paris où j'habitais à cette époque, me le présenta en me demandant de m'intéresser à lui.

Je le voyais assez souvent et, quoi qu'il m'eût dit que sa foi restait intacte, je remarquai bientôt qu'il détournait la conversation dès qu'elle touchait à des sujets religieux. Il y avait en lui quelque chose de gêné, de fuyant et, avec cela, une tristesse perpétuelle. Je pressentais que tout n'allait pas pour le mieux du côté de sa conscience mais comme il éludait l'occasion d'en parler, je ne pouvais qu'attendre qu'il se mît en confiance avec moi.

Une après-midi, nous nous promenions au jardin du Luxembourg quand, spontanément et sans nulle précaution oratoire, il me dit qu'il avait commis un péché grave, quelques mois auparavant et qu'il n'avait pu se résoudre à s'en confesser ; en outre, il avait abandonné la pratique et n'allait même plus à la messe dominicale. Du reste, il avouait souffrir beaucoup et de l'état de son âme et de sa désertion.

— Mais lui dis-je, c'est bien simple, il me semble : puisque vous n'avez pas cessé de croire, allez vous confesser et rentrez dans la règle.

Alors il me dit que son péché était d'un ordre si particulier qu'il lui faudrait un prêtre d'intelligence supérieure pour le comprendre.

Comme je témoignais de quelque étonnement, il me confia soudain de quoi il s'agissait... C'était grave certainement, mais enfin cela n'avait rien de si extraordinaire qu'il fallût un théologien d'une rare transcendance pour l'entendre et l'absoudre.

Je le lui dis. Or il s'était buté à cette idée qu'il était hors la loi commune. Eh bien, repris-je, je connais pas mal de prêtres intelligents ; je vais vous mettre en rapport avec l'un d'eux car vous ne pouvez pas rester dans cet état.

Il hésita, il tergiversa, il chercha cent prétextes pour différer. Je réfutai toutes ses arguties, je le mis au pied du mur. — Supposez, conclus-je, qu'un autobus vous écrase quand vous sortirez de ce jardin, vous plairait-il de paraître devant Dieu avec ce poids sur la conscience ?

L'argument le toucha. Il finit par m'autoriser à faire le nécessaire.

Le soir même, j'allais me rendre chez le prêtre que j'avais en vue quand je reçus de mon jeune homme un télégramme où il me disait qu'il préférait attendre encore.

Or je l'avais passablement étudié depuis un mois qu'il venait me voir et j'avais reconnu en lui un de ces caractères indécis qui ont parfois besoin qu'on leur fasse un peu violence. Je lui répondis, par un pneu, que ma démarche était faite, que le prêtre l'attendait le lendemain matin, qu'il n'avait aucune raison pour se dérober davantage et que s'il reculait, mes sentiments à son égard en seraient grandement modifiés car je croirais qu'il n'était pas sincère en prétendant se repentir.

Je ne mentais là que pour une demi-heure car, la lettre mise à la boîte, j'allai en effet trouver le prêtre en question qui, comme j'en étais sûr d'avance, accepta de le voir le lendemain matin. Puis je priai, je fis prier et j'attendis le résultat.

Tout se passa très bien ; il fit la démarche, il se confessa. Je le revis dans le courant de la journée : c'était un autre homme, à la face joyeuse, au regard droit, aux propos nets.

— Ah ! s'écria-t-il, faut-il que j'aie été stupide pour me figurer que mon cas était presque insoluble. Mais j'étais comme aveuglé. Je n'ai vu clair que quand, avec une peine énorme, j'ai eu fait l'aveu.

— Tout cela, répliquai-je, c'est une manigance du diable : grossir jusqu'à l'aberration des difficultés qui ne sont telles que pour notre imagination, c'est une de ses tactiques favorites. Tenez-vous le pour dit.

Il se le tint si bien pour dit qu'il est redevenu un excellent chrétien. Et c'est la morale de cette histoire.

NOTE II

Touchant le baroque scrupule de Robert qui, on se le rappelle, craignait de m'avoir scandalisé en parlant de choses religieuses dans un cercle de joueurs, je tiens à dire ceci : ce serait le fait d'un Pharisien de prendre la mouche pour une raison de ce genre. On peut parler de Dieu partout, pourvu que ce soit avec les sentiments qui conviennent. Pour rassurer Robert, dans une lettre que je n'ai pas citée, je lui rapportai une anecdote personnelle : l'hiver passé, vers onze heures du soir, j'étais au casino de la jetée-promenade, à Nice, en compagnie d'un lieutenant de chasseurs-alpins et d'un autre jeune homme, tous deux bons catholiques. C'était, n'est-ce pas, un endroit peu propice aux conversations d'ordre religieux. L'orchestre fignolait des valses langoureuses ; cinq cents rastaquouères jargonnaient autour de nous ; des gourgandines luxueuses jouaient de la prunelle ; pas bien loin, les écus tintaient et une cohue d'adorateurs du hasard vidaient leurs poches aux petits chevaux.

Eh bien, pendant ce temps-là, nous parlions de l'amour de Dieu et je commentais à mes jeunes amis sainte Lydwine et Catherine Emmerich. Et je vous prie de croire que nous ne donnions pas la moindre attention aux choses mal édifiantes et saugrenues qui se passaient là

UNE EMBUSCADE DE L'ÉVANGILE

A la vérité, il y a des grâces diverses, mais c'est le même Esprit. Il y a diversité de ministères mais c'est le même Seigneur ; et il y a des opérations diverses, mais c'est le même Dieu. Or à chacun est donné la manifestation de l'Esprit pour l'utilité. Car à l'un est donné par l'Esprit la parole de sagesse, à un autre la parole de science selon le même Esprit, à un autre la grâce de guérir par le même Esprit.

SAINT PAUL : *Cor.* I, 12.

UNE EMBUSCADE DE L'ÉVANGILE

I

Il y avait une fois — ceci commence comme un conte de fées mais c'est une histoire vraie — il y avait donc une fois un jeune homme que nous appellerons Henri Lefèvre et qui n'avait pas la moindre idée de ce que pouvait être le Bon Dieu.

Sa mère n'aurait pu le lui apprendre car elle-même n'avait été baptisée que la veille de son mariage. Ce qui signifie que la famille tenait, par convenances bourgeoises, à la cérémonie religieuse et rien de plus. Son père, assez brave homme au demeurant, était fort imbu de préjugés contre l'Eglise. Il vilipendait les « monstres en soutane » au café du Commerce de sa petite ville. Il citait les œuvres complètes de MM. Homais et Renan. Il dénonçait volontiers, d'après Victor Flachon et Georges Clémenceau, les méfaits de « l'obscurantisme » et les manœuvres de la « faction romaine. »

Comme de juste, il veilla soigneusement à ce que

son fils ignorât les préceptes de la religion. Tout au plus souffrit-il, par une inconséquence qu'il se reprochait, que l'enfant fût baptisé à l'âge de deux ans. La marraine était fort pieuse. Mais, en compensation, le parrain, apôtre des utopies romantico-humanitaires de 48, agrégé de philosophie, matérialiste belliqueux, se chargea d'inculquer à son filleul, dès que celui-ci se montra capable d'associer deux idées, la morale civique et l'horreur du catholicisme.

Toutes les précautions étaient donc prises pour qu'Henri se considérât comme un tube digestif uniquement préoccupé de réjouir son estomac et les organes voisins.

Néanmoins, le petit ne parvenait pas à imiter les animaux à deux pieds et sans plumes, éblouis par les sables d'or de la finance et férus d'amour pour « les immortels principes de 89, » dont le tiers-état lui mettait tant d'exemplaires sous les yeux.

La religion était pour lui le fruit défendu. Il le regardait de loin ; mais comme on lui avait dit que l'arbre qui le produit est un mancenillier, il n'osait pas s'en approcher.

Il m'écrit : « Eloigné, par système, de tout enseignement religieux, je rôdais autour de l'église en proie à des sentiments complexes, où il entrait de la haine contre les « superstitions grossières » qu'on m'avait dit se pratiquer à l'intérieur de ce monument et une espèce d'attirance obscure qui me portait à y pénétrer pour me rendre compte. Cette répulsion mêlée de curiosité s'affirmait surtout à l'époque des premières communions. Je dé-

vorais du regard les enfants qui venaient de recevoir pour la première fois l'Eucharistie ; j'étais sur
le point de leur demander ce qu'ils avaient éprouvé
et, en même temps, je me sentais contre eux des
mouvements de rage, une envie de les battre que
j'avais peine à contenir. Ensuite, il me semblait
que j'aurais tout donné pour le bienfait inestimable
dont on m'avait frustré... »

Il ajoute, et retenons ce point, que pendant toute
son enfance, il resta préoccupé par la personne de
Jésus-Christ, croyant le haïr. Rêveur et enclin à la
solitude, il ne confiait à personne ces impulsions
contradictoires.

A l'école et, plus tard, dans le lycée parisien où
il termina ses humanités, Henri Lefèvre se prit de
passion pour la littérature. Comme tant d'autres,
il lut, sans aucun contrôle, toutes sortes de livres.
Mais il eut surtout un penchant pour les poètes de
la génération symboliste dont l'idéalisme lui agréait
d'avantage que les mornes et plats inventaires après
pourriture des naturalistes.

Remarquons, en passant, qu'une fois de plus se
démontre ici l'influence salubre de l'art. Quiconque
reçut le don d'aimer la poésie, se maintient dans un
courant d'idées nobles contre lesquelles la préoccupation exclusive des intérêts matériels ne saurait
prévaloir. Cultiver en soi-même le sens du Beau
par la méditation des œuvres d'art, c'est tenir ouverte une croisée par où le Beau absolu, qui est
Dieu, pourra pénétrer un jour dans l'âme.

Orienté de la sorte, Lefèvre devint, et il est resté,
un lettré d'un goût très fin et très sûr.

Bachelier, il se découvrit une vocation impérieuse pour la médecine. Comme il était d'assez faible santé, sa famille aurait préféré qu'il choisît une profession moins fatigante. Mais son attrait vers les études médicales était trop fort ; il insista si bien qu'on finit par le laisser suivre sa voie. Il y avait là une disposition providentielle car, entré dans l'Eglise, Lefèvre fut *le médecin catholique*, c'est-à-dire celui qui voit dans les malades les membres souffrants de Notre-Seigneur, et non pas seulement de la matière désorganisée, des sujets d'expérience ou des sacs d'écus bons à saigner avec souplesse et dextérité.

Il suivit les cours de la faculté de Paris. A cette époque, l'aversion pour le catholicisme dont on frelata son enfance avait presque disparu. D'abord ses lectures lui firent entrevoir la place énorme tenue par l'Eglise dans l'histoire de l'humanité. Ensuite, les beautés de la liturgie, l'apparat grandiose de certains offices l'émurent. Mais ce n'était encore guère qu'un sentiment d'ordre tout esthétique.

« J'entrais parfois, dit-il, à Saint-Etienne du Mont et à Notre-Dame : l'art chrétien me plaisait beaucoup, mais quant à la vie profonde de mon âme, je n'avais pas conscience qu'elle en fut dirigée vers la foi. Je ne priais pas — j'admirais. Mais l'admiration pour les choses de Dieu n'est-ce pas déjà une sorte de prière ?

« Quand je m'examinais avec un peu d'attention, je sentais pourtant en moi comme un vide que ni la science ni la littérature ne suffisaient à combler. Il me semblait que j'attendais un événement, je ne

sais quoi qui changerait mon existence. Oui, je
me le rappelle très bien, j'attendais avec une sorte
d'anxiété. J'avais l'impression d'un grand voile qui
me cachait la lumière... »

Donc, à ce moment, si on lui avait proposé de
« manger du prêtre », il n'aurait pas tendu son as-
siette avec empressement. Ce n'était pas sans une
certaine sympathie littéraire qu'il contemplait
l'Eglise ; mais se soumettre à ses commandements,
il n'y pensait même pas.

II

Lorsque Lefèvre fit son année de service militaire, il tint garnison à Amiens. Il allait assez souvent
à la cathédrale, assistait parfois à certains offices,
et en goûtait de plus en plus l'austère splendeur
sans pourtant en saisir encore le sens surnaturel.

Un jour, il entendit le chant de la Passion. Ce
récit du drame divin le troubla d'une façon insolite.
Le regret poignant lui vint de ne pas connaître ce
Jésus que naguère il croyait détester — que maintenant il se sentait presque enclin à aimer. A Pâques,
voyant les fidèles s'approcher de la Sainte Table,
il éprouva tout à coup un mouvement d'envie assez
semblable à celui qui l'avait bouleversé au temps
où il jalousait les enfants de la première communion, mais avec la colère en moins.

Il se dit : — Pourquoi ceux-ci et pourquoi pas

moi ? Si je pouvais manger ce Pain, peut-être as-
souvirait-il cette faim de je ne sais quel aliment
supérieur qui me tourmente...

Puis ces impressions parurent s'effacer. Quand il
eut quitté le régiment pour reprendre ses études à
Paris, il ne cessa pas de fréquenter les églises mais
sans progrès *sensible* vers la lumière.

Cependant il s'aperçut qu'aucune occupation
d'ordre purement cérébral ne réussissait à remplir le
vide intérieur dont il continuait de souffrir. Au contraire, sa détresse allait s'accroissant. Il aimait toujours la médecine, il ne songeait pas à l'abandonner
mais il constatait qu'elle n'est, en somme, qu'un art
très conjectural. Et il découvrit que, même s'y ap-
pliquant avec zèle et avec le désir sincère de se
dévouer au soulagement d'autrui, il n'y trouvait
pas à contenter le besoin que son âme généreuse
éprouvait de se hausser au-dessus d'elle-même.
En même temps, ses lectures lui apportèrent la
conviction qu'aucune philosophie humaine, aucune science ne nous fournissent une certitude sur
nos raisons de vivre. Et il s'enfonça dans la tristesse.

Il essaya de se distraire. Mais les amusements
puérils ou malpropres des jeunes bourgeois qu'il
coudoyait à la faculté — ne l'amusèrent pas. Le
pressentiment anxieux de *quelque chose* qui *devait*
lui arriver persistait en lui avec l'impression du
voile mystérieux qu'il sentait tendu entre les profondeurs de sa conscience et la superficie de son
âme. Cette action de la Grâce — si obscure pour
lui à cette époque, — le retint sur la pente mau-

vaise. Il eut l'intuition latente qu'il ne devait pas
se souiller, — il ne se souilla pas.

Il se rejeta vers la littérature. Mais la littérature,
dès qu'elle s'élève un peu, dès qu'elle étudie le *vrai*
de l'homme, ne nous fournit guère que des con-
ceptions désenchantées de l'univers moral. C'est
dans ce sens qu'il faut comprendre le vers de
Musset :

Les plus désespérés sont les chants les plus beaux,

Et il est tout à fait nécessaire d'ajouter, avec lui,
que, trop souvent, le poète de talent ou de génie
qui ne croit pas ne peut que souffrir et crier sa
souffrance

Comme un aigle blessé qui meurt dans la poussière,
L'aile ouverte et les yeux fixés sur le soleil...

Aussi la littérature supérieure de notre temps
déborde-t-elle d'amertume ; la science matérialiste
et l'idéal humanitaire ayant fait faillite à leurs promesses, elle erre dans une lande aride et désolée.
Certains s'essayent à un scepticisme dont les ricanements sont plus tristes que des larmes. D'autres,
vantant l'art, polissent les mots comme des
cailloux luisants, mais ce labeur enfantin ne leur
procure pas la sérénité. D'autres tàchent de se
figurer que la nature est bonne et maternelle et ils
la déifient ; mais le culte qu'ils lui rendent n'apaise
point leur inquiétude. D'autres tâtonnent dans les
couloirs d'un pessimisme sans issue et le vent
glacé du néant leur gèle le cœur dans la poi-

trine. Certains se suicident par la débauche. Et les plus lâches, célébrant la matière, se ravalent jusqu'à courtiser Caliban et à cuisiner pour son écuelle les mets grossiers qui lui plaisent. Tous sont lugubres. Un petit nombre seulement trouve l'oasis de lumière, où la sagesse catholique lui apprend que cette vie n'est qu'un temps d'épreuve et une préparation à la vie éternelle, — mais l'incrédule ne les entend pas...

Lefèvre ne reçut donc de la littérature qu'un surcroît d'incertitude. Néanmoins, faute de mieux, il s'y tenait et cela lui valait tout de même des plaisirs moins vils que s'il avait employé ses loisirs à suer sur une bicyclette ou à vociférer des ordures en buvant des bocks, en marchandant de la chair vénale dans les brasseries du Quartier latin.

C'est alors que Notre-Seigneur lui tendit une douce embuscade. Et ce fut l'Evangile qui servit de filet pour le capturer.

Laissons-le parler.

« Cette après-midi là, je flânais sur les quais de la Rive Gauche. Désœuvré, encore plus triste que de coutume, je fouillais dans les boîtes des bouquinistes pour y chercher des romans. J'espérais découvrir quelque volume qui contenterait à la fois mon esprit et mon cœur, qui me donnerait la sensation d'intégrale beauté dont j'étais avide. Je ne trouvais rien, lorsque, soulevant un amas de brochures poussiéreuses, je mis la main sur un petit volume relié en cuir et passablement délabré. C'était une traduction des quatre Evangiles. Je l'ouvris d'une façon tout à fait machinale.

« N'oubliez pas que je n'avais *jamais* lu l'Evangile et que je n'avais non plus jamais eu idée de
le lire.

» Je tombai sur la parabole de l'enfant prodigue. Elle m'émut singulièrement. Elle me remua,
non comme de la littérature, mais comme si, étant
prisonnier dans une cave, je voyais tout à coup un
rayon de soleil glisser vers moi par une fente des
planches dont on masqua le soupirail. Oui, des
raies de lumière traversaient le voile qui jusqu'alors m'avait empêché de voir clair en moi-
même.

« Et quand je lus que l'enfant prodigue, ayant
dissipé tout son bien, souffrait de la faim et désirait
se rassasier des cosses que mangeaient les pourceaux
mais que *personne ne lui en donnait*, je me dis :
— Mais, moi aussi, j'ai gaspillé les dons qui m'ont
été départis ; puis j'ai eu faim d'une nourriture pour
mon âme et je l'ai demandée aux systèmes philosophiques ; et j'ai convoité, à certaines heures, les
pâtures de la sensualité. Et personne n'a rien pu
me donner de ce que j'espérais...

« Or une félicité extraordinaire, un sursaut
joyeux de mon âme me soulevaient à l'approche de
la Vérité et me rendaient tout tremblant d'une allégresse inconnue... Je feuilletai le livre et j'arrivai
au chapitre de l'Evangile selon saint Jean où Jésus
dit : — *Je suis le Bon Pasteur. Le bon Pasteur
donne sa vie pour ses brebis. Mais le mercenaire et
celui qui n'est pas le berger, à qui les brebis n'ap-
partiennent pas, voyant le loup venir, laisse là les
brebis et s'enfuit. Le loup ravit les brebis et les dis-*

perse. Le mercenaire s'enfuit parce qu'il est merce-
naire et n'a point de souci des brebis. Je suis le bon
Pasteur et je connais mes brebis et mes brebis me
connaissent, comme je connais mon Père et comme
mon Père me connaît. Et je donne ma vie pour mes
brebis. Et j'ai d'autres brebis qui ne sont pas de
ce bercail ; il faut que je les amène et elles écoute-
ront ma voix et il n'y aura qu'un seul bercail et
qu'un seul Pasteur.

« Quand j'eus lu ce passage, je compris que
j'étais l'une des brebis d'un *autre* bercail. Je compris que mon Sauveur était là, qu'il m'appelait et
que ma haine d'hier contre lui n'était que de
l'amour qui s'ignore. Et je sentis que j'allais l'aimer comme je n'avais jamais rien aimé sur terre.
Je me dis : — Comment, Il a donné, Il donne sans
cesse sa vie pour moi ! Et moi, qu'est-ce que je
lui ai donné en retour ?

« Je feuilletai encore et je m'arrêtai au Sermon
sur la montagne. Des pleurs me jaillirent des yeux
quand je lus : — *Cherchez et vous trouverez ;*
frappez et l'on vous ouvrira. Quiconque demande,
reçoit ; et qui cherche, trouve, et il sera ouvert à
qui frappe. Qui de vous, si son fils lui demande du
pain, lui présentera une pierre ? Ou s'il lui de-
mande un poisson, lui présentera un serpent ? Si
donc vous, tout méchants que vous êtes, vous savez
donner à vos enfants des choses bonnes, combien
plus votre Père qui est dans les cieux vous donnera-
t-il ce qui est bon, quand vous le lui deman-
derez.

« A ce moment la persuasion entra en moi que

j'irais frapper à la porte de l'Eglise instituée par
Jésus et qu'on m'ouvrirait.

« Je lus, je lus encore. Je restai cloué sur place
je ne sais combien de temps. Je pense que le bouquiniste devait tourner autour de moi en se demandant ce qui pouvait m'intéresser si fort dans ce
livre à deux sous du casier aux rebuts. Mais je ne
voyais rien hors de mon âme ; le voile s'y était
enfin complètement déchiré ; je sentais, avec une
stupeur heureuse, des torrents de lumière l'envahir
et me montrer, dans un relief prodigieux, les signi-
fications et les applications à moi-même du texte
sacré.

« Et quel bien-être soudain en moi, quel sentiment de confiance en Jésus, quelle impression de
certitude telle que jamais aucune œuvre humaine
ne m'en avait donnée d'approchante. Je me répétais
mentalement : — Je crois, je crois !... Quel bonheur !...

« Enfin je revins un peu à moi. J'achetai le livre
et je remontai le quai vers la place Saint-Michel.
Puis je gagnai le boulevard Saint-Germain. L'idée
m'était venue, très simplement, que je n'avais
qu'une chose à faire : aller trouver un prêtre et lui
demander de m'instruire. Ainsi, par un miracle de
sa Grâce, Notre-Seigneur m'évitait les hésitations
et les atermoiements qui font souffrir tant de convertis. Non, je n'eus pas une minute la pensée
d'attendre. Je marchais, absorbé dans mon désir
« d'entrer au bercail » le plus tôt possible lorsque,
levant les yeux, je vis que j'étais devant le portail
de Saint-Nicolas du Chardonnet. J'entrai, je de-

mandai au sacristain de me faire parler à un prêtre.
Il m'indiqua la sacristie où je trouvai le curé. Je lui
dis, sans aucune préparation oratoire, textuelle-
ment ceci : — Monsieur le Curé, je viens de lire
l'Evangile : je crois. Faites-moi entrer dans le
sein de l'Eglise.

« L'excellent prêtre m'accueillit à merveille.
Après quelques questions, voyant ma parfaite sincérité, il m'ouvrit les bras en remerciant Dieu du
miracle ; puis parmi tous ses livres, il me choisit
un catéchisme ; et nous convîmmes de nous revoir
à jours fixes.

« L'étude du catéchisme me fut très aisée ; je
l'apprenais sans aucun effort, tant toutes les phrases
m'en paraissaient lumineuses. C'est tout au plus
si, parmi la clarté qui me baignait l'âme, il subsis-
tait quelques points noirs qui disparurent quand je
me présentai au tribunal de la Pénitence. L'épreuve
ne vint qu'au moment où mon directeur me jugea
digne de communier. Alors je fus pris d'une sorte
de panique : l'Eucharistie me faisait peur, des scrupules, qui prenaient une importance insolite, me
tourmentaient malgré les assurances de mon confesseur. Il me semblait que, ne méritant pas de
recevoir mon Sauveur, j'allais commettre un sacrilège... J'eus beaucoup de peine à réagir contre cette
imagination.

« Je fis ma première communion à Notre-Dame,
à la messe de sept heures. J'étais plongé dans une
espèce d'engourdissement qui ne me laissait perce-
voir en moi qu'un sentiment de tendresse attristée à
l'idée de l'abaissement où je réduisais mon Sauveur.

« Tout le jour, j'eus le cœur serré. Ce ne fut que vers le soir que le Sacrement commença d'agir, lentement, doucement, adorablement. Une sensation de joie paisible m'emplit alors toute l'âme et il me sembla que toutes les choses, à l'entour de moi, s'ensoleillaient. Je voyais le monde avec des yeux nouveaux : je compris, en sa plénitude, la raison d'être de la vie ; je fis un retour sur le passé ; je me rappelai qu'à une époque, le néant de vivre sans certitudes surnaturelles m'avait fait entrevoir le suicide. Alors je tombai à genoux et une action de grâces d'une ferveur ineffable me monta aux lèvres...

« J'ajouterai ceci : vous comme moi, nous avons souvent constaté la puissance de la prière pour obtenir des conversions et la persévérance des convertis. Eh bien, il y a aujourd'hui trente-cinq ans, ma marraine, grande chrétienne comme je vous l'ai dit, étant allée à Lourdes, sollicita la Sainte Vierge d'intercéder pour une de mes tantes, indifférente mais non hostile, pour ma mère et pour moi — les deux dont on désespérait. Or elle eut l'intuition que ma mère et moi serions touchés par la Grâce et que ma tante mourrait sans s'être réconciliée avec Dieu. Tout se réalisa ainsi : ma tante mourut impénitente, moi, vous savez ce qui m'arriva et ma mère a fait récemment sa première communion. Par surcroît, mon père s'est repenti à la fin de sa vie. Et il est mort après avoir demandé et reçu les Sacrements... »

Henri, comme c'était son devoir, apprit sa conversion à sa famille. De plus, il ne cacha pas à ses

camarades qu'il était devenu un catholique pratiquant car, il le savait, si quelqu'un a honte
d'attester le Seigneur, le Seigneur ne le reconnaîtra pas pour sien au dernier jour.

Alors, ainsi qu'il est de coutume, les commentaires absurdes ou malveillants sévirent. Sa famille le crut fou, gémit sur une aberration qui,
pensait-elle, entraverait sa carrière. Certains de
ses parents fulminèrent contre l'Eglise des imprécations violentes car, disaient-ils, c'était une in-
trigue des prêtres qui avait noyé cette belle intelligence dans l'obscurantisme. Parmi les étudiants, on parla de *psychose*. On formulait, à son
sujet, des observations rédigées dans cet inénarrable patois dont plusieurs « scientifiques » du
temps présent usent comme s'ils se faisaient un
point d'honneur de rendre nébuleuses des idées
qui seraient, sans doute, très claires si on les
exprimait en bon français.

Puis tous les pauvres gens qui, par ignorance
ou par éducation, détestent l'Eglise, lui témoi-
gnèrent une hostilité sournoise. Les envieux ten-
tèrent de lui nuire auprès des professeurs en fei-
gnant de déplorer son affaiblissement d'esprit,
résultante obligée de sa chute dans le cléricalisme.

Mais Henri supporta ces tribulations avec sang-
froid. Et, comme à cause de la paix dont jouissait
désormais son esprit, ses aptitudes et son goût
pour la science s'étaient développés, il passa
brillamment ses examens.

Devant ce résultat, les persécuteurs furent

d'abord un peu déconcertés ; mais ils se tirèrent bientôt d'embarras en déclarant que son incapacité se découvrirait à l'expérience puisque, ils en étaient sûrs, un médecin catholique ne peut établir un diagnostic qui ne soit entaché de rêveries superstitieuses.

Mais Lefèvre obtenant des guérisons fréquentes, les plus indulgents se résignèrent à reconnaître sa valeur tout en déplorant qu'il perdît du temps à la messe...

N'est-ce pas, tout cela paraît fort stupide ? Eh bien, tel est l'état d'esprit de beaucoup de personnes intelligentes dès qu'elles se trouvent en présence d'un catholique dont il leur est impossible de nier la culture, les qualités morales et **la** rectitude de jugement.

Je me rappelle que, quelques années avant ma conversion, je fréquentais beaucoup un mathématicien de premier ordre dont la conversation m'était très agréable. J'étais surtout frappé par le bon sens supérieur qui régissait tous ses propos. Un jour, j'appris, d'une façon fortuite, qu'il était catholique pratiquant. J'en demeurai tout ébahi. Sans être assez — Homais pour me persuader qu'un tenant de Jésus-Christ doit être nécessairement un crétin, je m'expliquai le cas de mon ami par la conjecture qu'il y avait un trou dans la trame de son intelligence, et je le plaignis fort.

Je lui demandai si *réellement* il croyait. Il me répondit, avec beaucoup de simplicité, qu'il avait en effet la foi. Il ajouta que les mathématiques lui avaient rendu impossible la conception d'un univers d'où Dieu, tel qu'il s'est révélé dans l'Eglise, serait absent.

Ce témoignage m'interloqua d'abord. J'étais si profondément enfoncé dans les ténèbres, à cette époque ! Puis comme j'étais très imbu des balivernes évolutionnistes, je lui dis que je le considérais comme une victime de l'atavisme et que la foi en lui était un organe vestigiaire qu'il devrait tendre à éliminer. Je conclus : — Sans ce poids mort, vous seriez un des hommes les plus équilibrés que je connaisse.

Il m'écouta en souriant et me répondit : — Je souhaite que Dieu vous gratifie un jour d'un organe de ce genre : vous en seriez bien plus heureux...

Ah ! je ne me doutais guère, dans ce temps-là, que son vœu serait exaucé. Dieu soit béni et loué à jamais !...

Cette digression fera saisir combien, même un homme, qui n'est pas un sot, peut divaguer quand, ignorant ou méconnaissant la religion, il prétend juger des choses religieuses.

Le catholique possédant, comme dit Taine, « l'organe spirituel nécessaire à l'homme pour se hausser au-dessus de lui-même », est un être complet. L'incroyant, ne possédant pas cet organe, par où le surnaturel vivifie la nature, est un être incomplet. Il est donc très compréhensible qu'il tienne pour une difformité ce dont il est dépourvu.

Que faire pour lui ? Prier et souffrir en union avec Notre-Seigneur afin que la Grâce l'éclaire...

Donc aujourd'hui, médecin catholique, Lefèvre

soulage les malades selon la parole de saint Paul
citée plus haut. Il ne cesse pas d'être convaincu
que, lorsqu'il les guérit, c'est *par la grâce du
Saint-Esprit*. On pourrait dire de lui qu'il est le
clerc laïque. Car, tout en mettant au service des
moribonds les ressources les plus étendues de la
science, il les corrobore, quand on le lui permet,
d'une parole de Dieu. Et c'est ainsi qu'il contribue
à sauver des âmes.

Ni les épreuves temporelles, ni les peines de
l'esprit ne lui furent épargnées. Pour qu'il méritât
le miracle de sa conversion, les souffrances qu'il
n'avait pas subies *avant*, il les reçut *après*. Mais
comme il sait que la douleur est un capital inestimable dont les intérêts composés nous serons payés
Là-Haut, il demeure paisible et souriant dans
l'amour de Jésus-Christ...

NOTE

Comme je l'ai fait remarquer au cours d'une étude précédente, il est rare qu'il ne s'écoule pas un intervalle de
temps plus ou moins prolongé entre la touche décisive de
la Grâce illuminante et l'entrée du pécheur dans l'Eglise.
Le cas d'Henri Lefèvre allant, mené par la main de
Notre-Seigneur, de la boîte du bouquiniste, où l'Evangile
le conquit, immédiatement au prêtre, est donc exceptionnel.
Cependant je connais quelques exemples assez analogues
dont l'un est spécialement intéressant par ce qui précéda
et ce qui suivit. Voici des extraits d'une lettre probante à

ce sujet. La personne qui me l'écrivit est devenue une chrétienne zélée. Elle dit :

« ... Ce fut après une rapide incursion dans le domaine de la théosophie et de l'occultisme que j'entendis le premier appel de la Grâce. Ma plus jeune fille faisait sa première communion. J'y assistais tout près de l'autel ; jamais à aucune messe de ma vie je n'en avais été aussi près. J'étais fort tranquille et ne voyais dans la cérémonie qu'un acte de convenance quand, tout à coup, une émotion inexprimable s'empara de moi. Tout disparut autour de moi. Je m'abandonnai à cette sorte d'extase et, depuis cette minute, je ne m'appartins plus : j'appartins à Jésus. Une grâce plus forte que tout me conduisait irrésistiblement. Je ne regardai pas en arrière ; ces luttes terribles dont vous parlez furent épargnées à ma faiblesse. Je ne regrettai rien : le prisonnier qui s'évade d'un noir cachot peut-il regretter quelque chose de ses ténèbres ?

« La raison de cette marche en avant dès le premier appel de Jésus, je crois la connaître. Chez moi, l'erreur, le mal, le péché furent toujours suivis immédiatement de l'expiation. Jamais je n'ai été heureuse en péchant. Tout, dans cette période terrible d'éloignement de Dieu, qui dura huit années, fut pour moi amertume, tourment, remords. L'amour humain fut encore ma plus grande souffrance. Mais à la première communion de ma fille ce fut l'amour de Notre Jésus qui me fut révélé. Peu après, j'avouai toutes mes fautes et je fus reçue à la communion. Depuis je suis toute à Notre-Seigneur. Quand je suis tentée de mal faire, j'évoque le souvenir de mes douloureuses expériences et la tentation s'écarte...

« Après les premiers pas dans la bonne voie, alors que la Grâce divine nous enveloppe de si tendres effluves, je m'approchais pourtant assez peu des sacrements. Je priais chez moi puis à l'église avec tour à tour des élans et des aversions. Dans les périodes de sécheresse, l'église me paraissait glacée ou fastidieuse. C'est à Ars où, comme vous le dites dans votre livre, on prie si bien, que j'ai découvert pour la première fois, toute la beauté, toute la sainteté des conseils de l'Eglise touchant l'approche fréquente des sacrements. Depuis, je la sers en toute humilité, en toute franchise, en toute confiance... »

Pour les gens qui se figurent que l'amour de Notre-Seigneur fait des exaltés incapables de s'appliquer aux détails de la vie pratique, citons encore ce passage de la même lettre :

« Je surveille, en ce moment, la lessive et je fais des confitures ; et c'est avec un réel bonheur. Etaler du linge bien blanc, claquant au soleil, le rentrer, le plier lorsqu'il garde encore le vague parfum de mon cher jardin, c'est charmant. Et puis choisir les fruits, les voir se fondre et se changer, dans la bassine brillante, en de pures et transparentes topazes ou bien en de rouges et scintillants rubis, c'est encore de la joie et même de la beauté. Et mes filles, ne faut-il pas qu'elles soient aussi belles et bonnes ? Et la petite fauvette tombée d'un nid trop plein (1) ne faut-il pas lui apprendre le catéchisme et la préparer à sa première communion ? Voilà bien de la besogne en train et je ne sais pas où je prends le temps de vous écrire... Ah ! que les journées sont courtes quand le cœur est heureux par Jésus ! »

Ne trouvez-vous pas ceci tout à fait exquis ? Quelle mère de famille n'envierait cette activité joyeuse sous l'œil du seul Maître dont le joug soit léger ? Répétons-le donc, avec le bon Henri Lefèvre : l'amour de Dieu *ensoleille* toutes choses autour du converti.

(1) Une orpheline qu'elle a recueillie.

UN MARIN VOGUE VERS LA SAINTETÉ

Je confesse que je n'ai jamais goûté un instant
de joie, un seul instant de véritable joie ici-
bas, sans Dieu et hors de Dieu...

CLÉMENT ROUX.

UN MARIN
VOGUE VERS LA SAINTETÉ

I

Voici un homme qui, touché par la Grâce, à l'âge
de trente ans, devint, par la souffrance, l'oraison
et l'adoration perpétuelle de l'Eucharistie, une
des âmes les plus unies à Jésus que compte le
XIXᵉ siècle.

Il vécut et mourut dans l'obscurité ; la plupart
de ses concitoyens l'ignorèrent, le méconnurent ou
commencent à l'oublier : sa tombe même n'existe
plus, car le cimetière où on l'enterra a été désaffecté
et ses ossements se sont réduits en poudre dans
une fosse commune.

Rien donc ne subsisterait de lui en ce monde s'il
n'avait laissé de nombreuses notes manuscrites
dont un ami, un prêtre qui l'a beaucoup connu,
beaucoup aimé, s'est servi pour écrire et publier sa
biographie (1).

(1) Le Saint Homme de Grasse, *Clément Roux* (1825-1892), par

Le volume ne fit guère de bruit malgré le talent et le zèle sacerdotal dépensés par l'auteur. Comme il s'agit d'un in-octavo compact, de près de cinq cents pages et de texte serré, peut-être les critiques — race nonchalante — reculèrent-ils devant cette rude masse qui ne présentait pourtant rien d'indigeste.

Moi-même, quand il m'eut été offert, je dois avouer que je fus assez longtemps sans le couper. Puis, un matin où j'étais un peu moins surchargé de besogne que d'habitude, l'avisant, posé de guingois sur un rayon de ma bibliothèque, je le pris et me mis à le parcourir.

Je fus aussitôt conquis : la figure du saint homme Clément Roux m'apparut dans toute sa beauté. Je repris ma lecture dès la première page, je marquai des paragraphes, je fis des extraits. Et comme je rédigeais le présent livre, l'idée me vint que cette fusion totale d'un converti dans le Surnaturel me fournirait le couronnement nécessaire de mon œuvre, à savoir : l'exemple d'une vie tout en Dieu.

De là ce chapitre.

Entre-temps, je me rendis à Grasse où Clément Roux vécut pendant de longues années, et à Auribeau, village où il naquit et où il décéda. Je visitai les humbles logis qu'il habita. J'interrogeai plusieurs de ses contemporains. — C'est le résultat de ce travail et de ces démarches qu'on trouvera dans les lignes suivantes.

le Père J.-M. LAMBERT, missionnaire apostolique, 1 vol., Maison du Bon Pasteur, Paris.

II

Clément Roux vit donc le jour à Auribeau, petit village des Alpes-Maritimes, le 19 août 1825. Ses ancêtres étaient des laboureurs, race rude mais très croyante dont il tenait, sans doute, sa droiture d'âme et, avant que la maladie l'eût brisé, son exceptionnelle vigueur. Son père, ancien soldat de l'Empire, était un homme franc et loyal mais porté à la colère et peu pratiquant. Sa mère était douce, patiente et extrêmement pieuse. Roux se rappelait que lorsqu'il était encore tout petit, elle le prenait souvent dans ses bras, le portait à l'église et l'offrait à Dieu.

L'enfant avait trois ans, lorsque la famille vint s'installer à Grasse. Vers sa septième année, il fut envoyé à l'école communale, où il montra, tout de suite, du goût pour l'étude et particulièrement un penchant passionné pour la lecture. Quoiqu'il fût d'un caractère vif et très impressionnable, il ne se mêlait guère à ses camarades. Il y avait chez lui un goût de la solitude et du rêve qui le faisait se tenir à l'écart de leurs jeux. Souvent, on le voyait triste, d'une tristesse mystérieuse, rare à son âge, et qui était comme le pressentiment de ce qu'il aurait à souffrir avant de trouver la joie unique dans l'amour de Dieu.

Bien des années plus tard, il écrivait : « Quand

j'ai ri, ici-bas, j'ai menti. Je me suis senti étranger
dès mon entrée dans le monde, isolé et malheureux. Je me suis senti comme voué à l'épreuve,
aux déceptions amères, comme destiné à être heurté,
ballotté, roulé partout par les événements et les
hommes jusqu'à ce que mon cœur tant de fois
trompé, déçu, déchiré et brisé, s'élevât enfin vers
Dieu, se reposât en Dieu, seul capable de fixer mes
affections, de satisfaire mes aspirations... »

Il continua ses études au collège de Grasse, rem-
porta d'assez grands succès, et fit sa première
communion en 1837 sans beaucoup de ferveur ; ce
grand acte, dit-il, ne laissa pas de traces dans son
âme. C'est que dans ce collège, — résultat fréquent de l'éducation universitaire — il perdit la
foi. « Le scepticisme professé par les maîtres à
l'égard des croyances chrétiennes, l'influence des
camarades intoxiqués du même esprit avaient dû
saper en moi l'esprit religieux. »

Roux fut reçu au baccalauréat, avec mention honorable, en 1844. C'était alors un beau jeune
homme, de taille élancée, de physionomie régu-
lière et pétillante d'esprit. Son imagination très vive,
son penchant à s'enthousiasmer pour le Beau, dans
la nature comme dans l'art, le poussaient vers le
culte des lettres. Il avait, avec cela, un grand fond
d'orgueil, une ambition dévorante qui le portait à
la conquête de la gloire humaine et une sensualité
impatiente de s'assouvir.

Le Romantisme régnait alors. Clément Roux
s'imprégna de cette folle doctrine. Il a noté le mal
qu'elle lui fit : « Dans mon goût passionné pour la

lecture, j'avais dévoré bon nombre d'ouvrages qui
avaient laissé dans mon âme une impression dévas-
tatrice. Mon imagination m'entraînait dans un
monde idéal où la vie ne serait qu'un enchaînement de sensations agréables, de fêtes pour l'esprit
et plus encore pour le cœur et pour les sens...
J'ai été l'une des innombrables victimes du Romantisme. Ma jeunesse fut atrocement ravagée par
l'influence d'une littérature toute sentimentale.
Comme ceux de ma génération, je me pris d'un enthousiasme poussé jusqu'à l'ivresse pour Victor
Hugo, Théophile Gautier, Alfred de Vigny et pour
ceux que l'on considérait alors comme les précur-
seurs et les apôtres de cette révolution littéraire :
Shakespeare, Gœthe et surtout lord Byron. C'était
du fanatisme, c'était du délire ! J'étais tellement
imbu des idées de Byron que j'en avais fait le type
et l'idéal de ma vie personnelle... Pénétré alors de
la doctrine pythagoricienne, qui me semblait la
plus rationnelle pour expliquer la destinée humaine,
je crus même continuer l'âme de Byron ! Parmi les
jeunes gens de mon âge ils s'en trouvait quelques-
uns qui partageaient mon culte ; nous avions composé un groupe dont Byron était l'idole et inspirait
tous les actes. Le programme de notre vie licen-
cieuse aurait pu être ces paroles du poète anglais :
— *J'userai ma jeunesse jusqu'au dernier filon de
son métal. Et après, bonsoir : j'aurai vécu, je serai
content...* »

C'est bien cela : voilà le Romantisme et surtout
Byron, c'est-à-dire la révolte contre la vie sociale, l'exaltation des passions considérée comme la

marque d'un esprit supérieur, l'orgueil et la débauche tenus pour des moyens de développer la
personnalité jusqu'au sublime.

Et pour achever de mettre le désordre dans cette
âme, il y avait l'influence de Rousseau qui lui persuadait que l'homme naît bon, Roux en s'insur-
geant contre les croyances traditionnelles qui, soi-
disant, le déforment, se figura qu'il préparait une
magnifique transformation de l'humanité ; il s'en
considérait presque comme le Messie.

Quelle banqueroute à l'heure des désillusions !
Elle fut à peu près analogue à celle subie par les
générations suivantes quand elles s'aperçurent que
la science athée qui — on le leur avait promis
— devait renouveler le monde, ne leur avait
apporté que doutes, fièvre d'esprit et goût du
néant...

Dévoyé de la sorte, Clément Roux était néanmoins resté vaguement déiste. Mais on sait combien ce déisme romantique, qui se contente d'effusions sentimentales, aux jours de malaise ou de
trouble, est incapable de garder l'âme contre les
assauts du vice. Bien plus, ainsi que la chose arriva
pour Jean-Jacques, il porte à tirer vanité des
creuses déclamations qu'on adresse au Ciel. C'est
comme si l'on disait :

— Mon Dieu, ma conduite est celle d'un porc
mais combien je suis vertueux puisque je m'en
rends compte, que je vous en fais part et que je
vous accorde par là une place dans mes pensées. Il
est vrai que je n'ai pas du tout envie de me réformer ; cependant, comme vous êtes accommodant,

la beauté de mon âme compensera devant vous
l'ignominie de mes mœurs.

Et alors on s'octroie le privilège d'imiter, par
exemple, Victor Hugo qui publiait des strophes
émues où il célébrait la sainteté de la famille chrétienne — tout en délaissant son foyer pour courir
le guilledou avec une « théâtreuse ».

Autre exemple : M. de Robespierre, déiste aigre,
qui faisait décréter l'existence de « l'Etre Suprême »
et envoyait à la guillotine quiconque n'admirait
pas ses filandreuses homélies. Camille Desmou-
lins en sut quelque chose...

Dévergondage du sens moral, sursauts morbides
d'une sensualité dépravée, ces exercices de rhétorique à froid ne font qu'exaspérer l'amour-propre.

III

Déiste sans principes moraux, fou de romantisme, Clément Roux se mit à pondre force poèmes
selon la formule de l'époque. Il les brûla plus tard,
de sorte que nous ne pouvons en donner nuls spé-
cimens. Puis son idéalisme lui fit convoiter de connaître l'amour d'une façon plus élevée que dans les
vulgaires aventures où il s'était galvaudé jusqu'alors.

Comme il était dans cette disposition, il rencontra une jeune fille d'une grande beauté, de condition modeste — ses parents étaient des jardiniers-

fleuristes — et d'une rare distinction naturelle.

L'admirer, lui parler, s'en éprendre, ce ne fut qu'un, pour l'impétueux poète. Il écrit : « Celle pour qui j'avais conçu un si soudain et si ardent amour m'était constamment apparue comme un être de rêve, infiniment respectable, n'ayant aucune des imperfections communes aux filles d'Eve... »

Et, sans autre préambule, il demanda cette merveille en mariage. Mais, comme il n'avait pas le sou, et que sa réputation de noceur était solidement établie, la famille répondit par un refus si net qu'il ne laissait pas d'espérance. En outre, des précautions furent prises pour empêcher tous rapports entre les deux jeunes gens.

Roux s'effondra de désespoir. Ecoutons-le : « Je ne mangeais plus, je ne dormais plus. Mon cœur était en proie à une agitation fébrile. Mon imagination en feu rêvait d'enlèvement, de fuite en des pays lointains avec l'aimée. Puis retombant sur moi-même, comprenant ce qu'il y avait de déraisonnable dans toutes ces rêveries, je me plongeai dans une tristesse morne : la vie m'apparaissait comme un fardeau intolérable, la mort comme l'unique moyen de tout oublier... »

Il alla jusqu'au bord du suicide. Puis une réaction se fit : « Déçu dans mes espérances les plus chères, je m'abandonnai, sans retenue, à toutes les folies. Puisque, me dis-je, l'amour honnête ne m'est pas permis, vive l'amour impur !... Mais même en m'y portant avec frénésie, je ne parvins pas à mettre un terme à l'incurable ennui, au persistant malaise, qui me suivait partout ».

Commentant, plus tard, cette crise de sa jeunesse, il reconnut combien Dieu l'avait prédestiné en le détournant de tout amour humain, même épuré et en attachant le dégoût et le spleen à ses tentatives d'oubli par la débauche la plus effrénée. Il dit — et ceci est très profond et très beau : - « L'idéal qu'il me fallait, qui seul pouvait combler les désirs de mon cœur, c'était Dieu, Dieu que j'aimais sans le savoir et sans même le soupçonner dans cette beauté qui m'avait ravi et que j'osais à peine regarder, muet d'admiration. Mais, insensé que j'étais, l'idéal se trouve-t-il jamais parmi les hommes ? Un amour si pur, si profond, si dégagé des sens devait venir de Dieu et nécessairement, tôt ou tard, retourner à Dieu, comme vers son unique objet... »

Or, ne parvenant pas à se consoler ni à s'étourdir, il forma la résolution de se faire marin et de courir le monde à la poursuite d'un idéal d'héroïsme. Il y avait encore du byronisme dans ce projet : tels poèmes du vagabond lyrique que fut le combattant de Missolonghi : *Lara, le Corsaire* hantaient son imagination surchauffée.

Sans trop réfléchir, et malgré les supplications de sa mère, il signa un engagement dans la marine de guerre.

IV

Disons tout de suite que Clément Roux fut un très bon marin. Il se plia aux obligations du métier ; il accepta sans récriminer la rude discipline du bord. S'il s'aperçut très vite que la réalité ne répondait point aux rêves d'aventures grandioses, hors la loi, dont il s'était empli le cerveau avant de s'embarquer, il sentit que les contraintes auxquelles il était soumis agissaient sur lui d'une façon bienfaisante en le forçant de réprimer les écarts de son caractère impulsif. Et puis, comme il possédait le sentiment très vif de la nature, les spectacles de l'océan l'enchantèrent.

Sa première traversée le mena en rade de Buenos-Ayres. La République Argentine était alors en guerre avec la France. La goëlette, qui portait Roux, prit part à plusieurs bombardements de forteresses bordant la rivière de la Plata, combattit une flottille dirigée par le condottière Giuseppe Garibaldi, poursuivit et captura maints navires chargés de munitions et de vivres. Roux montra partout de l'endurance à la fatigue et un courage qui lui valut l'estime de ses chefs. « Je ne rêvais plus alors, écrit-il ; que j'étais loin de mon sentimentalisme de naguère et de mes théories utopistes sur le perfectionnement de l'humanité ! Seule, la pensée de ma mère me tourmentait parfois. Si je viens à mourir, me disais-je, que deviendra cette pauvre femme ?...

Aux jours de repos, il descendait à terre : « Je m'enfonçais dans la forêt vierge et sous ses dômes de verdure je restais des heures en contemplation, comme en extase, adorant Dieu sans le savoir. C'était le sentiment vague d'une grandeur infinie qui m'arrachait à moi-même et aux petitesses de la vie quotidienne ».

Son sens de l'idéal ne s'était donc pas émoussé mais il remarque qu'à cette époque il s'égarait dans le panthéisme. Or, ayant subi, peu après, une terrible tempête, où il s'en fallut de presque rien que le navire fût englouti, il note : « Je ne songeais pas à prier, je ne savais même plus prier. Me retranchant dans une sorte d'insensibilité stoïque, je me résignai à mourir... »

La goélette échappa. — Tandis qu'on la réparait à Montevideo, Roux, après s'être mêlé à l'une de ces orgies de matelots qui sont célèbres, s'en alla, seul, par la ville. Il était fort dégoûté de lui-même car il avait toujours gardé le désir de la propreté morale.

Il arriva devant un édifice d'où sortaient des chants religieux. C'était un temple protestant construit par la colonie anglaise.

« Entraîné, dit-il, par je ne sais quel mystérieux attrait, j'entrai et je vis une nombreuse assemblée de personnes graves et recueillies qui priaient et chantaient ensemble les louanges de Dieu... Il y avait longtemps, bien longtemps que moi, je ne priais plus. Mais en présence de cette

prière commune, je me sentis profondément ému.
Ces prières, ces chants me pénétraient l'âme d'un
sentiment indéfinissable qui tenait à la fois du
regret, de la tristesse, du désir et de l'espérance.
Il y avait, entre mon âme bouleversée par les passions et ces existences paisibles, qui invoquaient la
divinité, un si frappant contraste que je ne pouvais
qu'en être vivement saisi et qu'en subir la puissante influence. Force me fut de rentrer en moi-
même, de m'avouer que bien malheureuse était ma
vie et que ceux-là sont heureux qui trouvent la
paix et le repos en Dieu... Mais cette salutaire
impression ne dura pas. Le lendemain j'étais repris par mes agitations coutumières. Cependant,
depuis ce jour, il m'arriva parfois d'être pénétré
jusqu'au fond de l'âme d'un sentiment inconnu
qui me fortifiait contre les passions, les fatigues,
les dangers sans nombre auxquels j'étais exposé.
C'était comme la vague espérance d'un meilleur
avenir, comme l'assurance intime d'une invisible
assistance. Et souvent, au milieu de la nuit, pendant que le navire glissait silencieusement sur les
flots, en présence de l'infini qui m'environnait de
toutes parts, seul, perdu dans l'immensité, je
sentais mon cœur se gonfler et des larmes m'inon-
daient les joues au souvenir de ce Dieu que j'avais
abandonné... »

Page admirable où les premiers effets de la
Grâce sont merveilleusement décrits. Par la suite,
Clément Roux disait qu'il éprouvait une indicible
joie à se rappeler ces minutes d'élévation.

Mais si la Grâce avait pénétré aux profondeurs

de son âme, pour n'en plus sortir, son action mystérieuse cessa, pour un temps, de lui être sensible
ou du moins elle ne se manifesta, pendant la suite
de ses navigations, que par un penchant plus
accusé à la méditation de l'infini. C'est ce qu'il
a noté dans l'un de ses carnets : « La mer fait
rêver à Dieu. De là le proverbe espagnol : *Veux-tu
savoir prier ? Fais connaissance avec la mer.* Oui,
la vue de la mer rapproche de Dieu : on ne fréquente pas impunément cette école de l'infini... »

Cependant, ses deux ans de service touchaient
à leur fin. Une frégate le porta jusqu'à Brest où,
ressaisi par les ardeurs de son tempérament et les
caprices de son imagination, il oublia les émotions
sublimes qu'il venait de connaître pour rechuter
dans la débauche. Il a fait quelques économies ; il
court au Havre, puis à Paris, puis à Lyon, puis il
zigzague à travers la France. Et partout, c'est la
fête débridée.

« Je m'étourdis, écrit-il, et me livrai sans réserve au plaisir. Triste histoire qui est celle de la
plupart des hommes de notre temps, de cette société sortie de la Révolution qui, après avoir rêvé
de liberté, de grandeur, de gloire, ne trouvant au
fond de ces soi-disant progrès qu'abjection et ser-
vitude, s'en va ainsi sans Dieu, sans foi ni convictions, ni espérances vers des abîmes. Il ne pensait
pas trouver si juste, le poète Hugo quand il se
peignait lui-même et la société où il a vécu dans
ces vers :

On ne voit plus qu'orgueil, tourment, misère et haine
Sur ce miroir terni qu'on nomme face humaine. »

Cependant, après toutes ces *caravanes*, il se décide à revenir à Grasse. Ses parents le reçoivent en pleurant de joie. Mais sa mère s'écrie : — Mon pauvre enfant, comme tu es changé !

« Changé, oui, ajoute-t-il, le corps était vigoureux et robuste, mais l'âme était flétrie. » Et l'œil de la mère ne s'y trompait pas.

V

Il fallait vivre. Ne possédant pas de fortune, Clément Roux sollicita et obtint un poste de surveillant au collège de Grasse. Il fit régner sur ses élèves une si exacte discipline que bientôt on le nomma surveillant-général et maître de classe élémentaire. Quand la Révolution de 1848 éclata, il en embrassa les idées avec ardeur et ne rêva plus que d'émancipation des peuples. A la fin de cette même année, il se rencontra avec Garibaldi qu'il avait combattu en Argentine, comme il a été dit plus haut. L'aventurier lui proposa de le suivre comme officier dans une expédition qu'il méditait contre les Autrichiens. Roux accepta d'abord avec enthousiasme ; mais, se rappelant que son père et sa mère n'avaient que ses appointements pour vivre, il reprit sa parole. Il y avait d'autant plus de mérite que son imagination bouillonnante engendrait sans cesse des projets épiques et souffrait de l'existence médiocre à laquelle sa pauvreté l'astreignait.

En avril 1849, son père mourut, et il en éprouva un profond chagrin qui lui mit, pour un temps, du sérieux dans l'esprit. Il se jeta dans le travail avec la pensée de conquérir des grades universitaires et d'assurer par là du bien-être à sa mère qu'il aimait beaucoup.

Mais, aux vacances, le goût de la débauche le ressaisit. Il part pour Marseille, dissipe en fêtes tapageuses l'argent de ses économies et s'attire un duel où il est assez grièvement blessé. « Assagi par les réflexions d'une longue convalescence, il revient à son poste en se jurant une inviolable fidélité à son devoir. »

Or l'ennui le rongeait ; le sentiment qu'il n'était pas dans la vraie voie le poursuivait sans repos. Pour faire à tout prix diversion à cette obsession qu'il jugeait importune, il se lança dans les réunions mondaines. Un soir, au bal, il dansait avec une sorte de frénésie quand le dégoût de tout ce qui l'entourait et de sa propre agitation l'envahit d'une façon irrésistible.

« J'entendis soudain, au-dedans de moi-même, une voix qui me disait : — *Jusqu'à quand l'abandonneras-tu à ces insanités et à ces mensonges ?* Cette voix remua si profondément tout mon être que, n'y tenant plus, saluant à peine mes compagnons de plaisir, je pris la fuite... Que la raison philosophique explique, si elle le peut, une telle résolution, un changement si rapide de sentiments. Pour moi, je ne vois qu'une explication à ce miracle — car c'en est un — l'intervention de Dieu et l'action bienfaisante de sa miséricorde. »

Un impérieux besoin de solitude s'empara de lui. Quittant Grasse, pendant une semaine, il erra dans la montagne, évitant le plus possible la face humaine, ne mangeant guère, dormant sous les arbres.

Le huitième jour, ayant escaladé une roche d'accès malaisé, il découvre au sommet une grande croix de bois qui domine la contrée. Alors, spontanément, il tombe à genoux, son cœur si lourd crève, les larmes jaillissent à flots de ses yeux ; et il prie, accusant ses fautes, demandant au Christ une lumière dans ses ténèbres.

Mais le Malin ne lâche pas facilement ceux qu'il possède. De retour à la ville, Roux s'endurcit de nouveau, railla presque son émotion au pied de la Croix.

Alors une épouvantable tristesse le prit tout entier. Il écrit : « Dès que je fus remis en contact avec la vie, je me sentis envahi par une mélancolie invincible. Je regardais la terre et je n'y voyais rien qui répondit à mes besoins et à mes aspirations. J'éprouvais un désenchantement navrant à la vue de la laideur du monde... »

Il crut que la poésie le consolerait du réel. Sous l'empire de cette idée, il passa tous ses moments libres et des nuits entières à versifier. En six mois, il rédigea un poème de trois mille vers intitulé *le Proscrit* où coulaient à pleins bords les rêveries humanitaires dont il ne parvenait pas à se déprendre. C'était au commencement de 1851.

Son manuscrit sous le bras, il part pour Paris et
va frapper à la porte de Victor Hugo et de Lamar-
tine. Ni l'un ni l'autre ne le reçurent. Il se présente
ensuite à *la Revue des Deux-Mondes*. On devine
l'accueil ! Il fallait être bien naïf pour proposer,
surtout à cette époque, un poème d'un socialisme
effréné à l'organe des plus gourmés doctrinaires. Le
directeur, M. de Mars, plein d'épouvante, écon-
duisit aussitôt Clément Roux en l'engageant à com-
poser des vers « moins compromettants » (*Sic*).

Roux ne se décourage pas encore. Toujours flanqué de son manuscrit, il flâne par la grande ville.
Il se lie avec quelques jeunes gens férus, comme
lui, de romantisme et d'idées révolutionnaires qui
le présentent à Louise Collet. Oui, Louise Collet,
le terrible bas-bleu qui ridiculisa Musset, persécuta
Flaubert et orienta vers le gâtisme le philosophe
Victor Cousin. La dame, enchantée de patronner
un beau garçon qui voyait en elle la dixième Muse,
lui prodigua les louanges les plus extravagantes
tout en lui signalant certaines strophes mal-venues
qu'elle lui offrit de corriger.

Sous ses auspices, le poème est lu par Roux dans
un cercle d'étudiants et de rimailleurs faméliques.
On acclame l'auteur, on le bombarde génie de premier ordre, on lui persuade de rester à Paris où
certainement la gloire ne tardera pas à le cou-
ronner.

Trop confiant, le poète écoute ces augures. Et,
bien entendu, cela se termine par des soûleries
où la bourse de Clément subit d'irréparables sai-
gnées.

Il mena quelque temps la vie de Bohême à la façon des stupides héros de Murger.

Cependant Roux finit par s'apercevoir qu'il n'arrive à rien. Impossible de publier ses vers, et la noce l'horripile. Et surtout le souvenir de sa mère, qu'il a laissée sans ressources, l'emplit de remords.

Son parti est vite pris. Il brûle son manuscrit, dit à Paris un adieu définitif et prend le train pour Marseille. Ici un dernier épisode picaresque :

« Je venais, dit-il, de m'installer dans le wagon quand un voyageur placé vis-à-vis de moi m'adressa la parole. C'était un Allemand, négociant, mais lettré. La connaissance faite, la conversation s'engage. L'homme du Nord me console de mon échec et me déclare, en son patois tudesque, que le mieux est de rire de tout et de noyer mes chagrins au fond du verre. Et, ce disant, il me fait absorber de copieuses rasades d'un vin du Rhin remplacé, de station en station, par d'autres crus moins célèbres... »

En arrivant à Marseille, tous deux étaient complètement gris. Ils se quittèrent sur le port, l'Allemand pour s'embarquer, Roux pour retourner à Grasse, après s'être embrassés cent fois et s'être promis une éternelle amitié.

Ainsi se termina cette burlesque équipée vers la gloire et la conquête de Paris.

VI

A Grasse, le Principal, qui faisait grand cas de
Roux, avait dissimulé son escapade et lui rendit sa
place au collège. Mais ce fonctionnaire reçut son
changement et fut envoyé à Alger. Un prêtre, demandé par les familles, peu satisfaites de la morale
universitaire qu'on inculquait à leurs enfants, le
remplaça.

Clément Roux qui, en sa qualité de byronien,
détestait la soutane, ne cacha pas son aversion. Il
eut avec son supérieur, des algarades, une entre
autres où il lui dit : « Je dois vous déclarer qu'en
dehors du service, je ne subirai de votre part, aucun ordre, aucune exhortation religieuse... »

Sur ce propos, il s'attendait à être renvoyé. Mais
le bon prêtre, par charité sans doute, ne donna pas
suite à l'incident.

Très fier d'avoir maintenu « les droits de la libre-
pensée », Clément n'en montra que plus de zèle
dans l'accomplissement de ses devoirs vis-à-vis des
élèves afin de bien prouver à « l'Homme noir »
qu'il n'avait pas besoin de patenôtres pour se con-
duire correctement.

Or, un mois plus tard, Clément Roux surveillait
ses élèves dans la salle d'études. Ouvrant le pu-
pitre de la chaire, il y trouva un vieux livre. C'était
une Bible, oubliée là par un de ses collègues, pro-

fesseur de grec. Le surveillant ouvre le volume.
Mais l'idée que c'est un livre de dévotion le lui fait
rejeter aussitôt. N'ayant rien d'autres à lire, il le
reprend quelques minutes après. Et voici ce qui
arriva. — Ici une citation un peu longue est nécessaire :

« Je parcourus d'abord avec indifférence ces
pages. Mais il s'en dégageait je ne sais quelles pensées saisissantes qui, peu à peu, éveillèrent en moi
des sentiments nouveaux. Ignorant comme j'étais
alors des choses de la religion et de la doctrine de
l'Eglise, *entièrement* ignorant, comme le sont tant
d'autres, et des plus cultivés et des plus savants,
j'en étais arrivé à ce point de défiance à l'égard de
l'Eglise, que tout livre qui se rattachait à elle, de
près ou de loin, ne valait pas, selon moi, la peine
d'être lu. Néanmoins, je fus soudain émerveillé par
les pensées du grand Apôtre saint Paul, puis con-
fondu d'admiration devant l'élévation et la prodigieuse grandeur de ses enseignements. »

Puis un passage de l'*Epître aux Romains* (XIII,
12-14) lui fit faire un violent retour sur lui-même.
C'était celui-ci : *Rejetons donc les œuvres de ténèbres et munissons-nous des œuvres de lumière.
Marchons honnêtement non dans les excès de table
et les ivrogneries, non dans les dissolutions et les
impudicités, non dans l'esprit de dispute et d'envie.
Mais revêtez-vous du Seigneur Jésus-Christ et ne
cherchez pas à contenter la chair dans ses convoitises.*

« Ces paroles convenaient trop aux sentiments et
aux besoins de mon âme pour que je n'en fusse pas

profondément ému et que je n'en sentisse point la
puissante influence. En effet, depuis le bal où je fus
écarté du plaisir, depuis ma course solitaire dans la
montagne, sans pouvoir m'expliquer ce sentiment
nouveau, je voyais mon existence si petite, si misérable, si abandonnée que j'aspirais à me renouveler,
à suivre le penchant qui m'entraînait vers l'ordre
et la vertu. Chose singulière, le même passage de
saint Paul qui agit si fort sur moi était le même qui
avait, quinze siècles auparavant, converti saint
Augustin. Moi aussi, je me convertirai, pour être
voué au silence, à la douleur et à l'adoration solitaire... »

Depuis ce jour, il fit de la Bible sa lecture habituelle. Il se pénétra des Prophètes ; il reconnut à
quel point ils annonçaient, avec clarté, le Messie et
la Rédemption, il apprit les Psaumes par cœur. Il
commença d'aimer Jésus-Christ.

C'était une nouvelle touche de la Grâce et elle fut
décisive.

Cependant il y avait encore loin de cette foi
naissante à la pratique de la vie chrétienne. « J'étais,
déclare-t-il, bien ignorant encore et bien arriéré ;
j'adorais, je priais Dieu : je pleurais d'amour aux
pieds de mon Rédempteur mais c'était tout : l'Eglise
et ses dogmes, la confession, la communion, la
Sainte Vierge m'inspiraient de l'éloignement. Pourtant je comprenais qu'il était de mon devoir de
confesser ma foi devant les hommes. Je ne le fis
pas encore parce que j'éprouvais une violente prévention contre les prêtres. Je me disais aussi que si je
me mettais à pratiquer, maintenant que le collège

avait à sa tête un ecclésiastique, j'allais être considéré comme un maladroit hypocrite qui veut se concilier la faveur de son chef. Pour rien au monde je ne voulais encourir cette suspicion. Et cependant je comprenais qu'au point où j'en étais arrivé, il me fallait, par l'humble confession de mes fautes, purifier ma conscience et recevoir cette Eucharistie que je comprenais enfin, que je désirais ardemment... »

L'orgueil, sous forme de respect humain, le retenait donc à l'entrée de la voie étroite. Il le reconnut par la suite quand il écrivit : « Qui dira par combien de moyens, même ridicules et absurdes, le démon s'efforce de détourner de Dieu le pécheur décidé à faire le pas décisif. Malheur à qui se laisse prendre au piège ! Si la conversion n'en est pas toujours compromise, elle est souvent plus ou moins retardée ».

Il continua d'atermoyer pendant un temps assez long. Mais la Grâce se faisait de plus en plus impérieuse. Et comme il n'obéissait pas aux ordres reçus intérieurement, il était en proie à une tristesse continuelle ; et l'amas pourrissant de péchés qui lui encombrait l'âme le suffoquait presque. A ce moment, un directeur l'aurait éclairé, délivré de ses frayeurs puériles, soutenu par ses prières. Il ne put se résoudre à s'ouvrir à un prêtre et, de plus, sa crainte du « qu'en dira-t-on » de sa petite ville s'accrut en raison même de l'importance qu'il accordait à l'opinion publique.

« Ah ! que j'étais lâche, s'écrie-t-il : tout courage m'abandonnait dès qu'il était question d'af-

firmer mes sentiments religieux. Esclave du préjugé, je ne parvenais pas à faire le pas en avant
dont la nécessité s'imposait sous peine d'être illo-
gique et de ne pratiquer qu'un demi-christianisme. »

Sur ces entrefaites — c'était en 1854 — pendant
le Carême, sa mère lui demanda timidement s'il ne
ferait point ses Pâques. Chaque année, elle lui
posait la même question et, comme toujours, il
garda le silence.

Une voix perfide lui disait : « Tu perdras tout :
amis, considération, estime ; tu seras méconnu,
méprisé, regardé comme un vil hypocrite ».

Il répondait : « Pour Dieu, j'accepterais tout... »

Et cependant, si forte était encore l'emprise du
démon sur son âme qu'il ne pouvait se résoudre à
l'acte qu'il sentait indispensable.

L'idée lui vint alors de se confesser hors de
Grasse, car être vu au confessionnal par des gens
de sa connaissance lui causait une véritable panique. Il partit, fit seize lieues à pied dans la montagne et se présenta au monastère de Notre-Dame
de Laghet occupé par des Carmes.

Au religieux qui fut chargé de l'entretenir il
posa la question : faut-il adorer Jésus-Christ en
cachette ou le confesser franchement et s'unir à Lui
en public ?

Tout autre qu'un moine aurait été sans doute
ahuri par le cas de conscience que se forgeait d'une
façon si baroque le pauvre néophyte. Mais, comme
l'a dit si bien Huysmans, « rien n'étonnera jamais
un moine » quand il s'agit des manœuvres du
Mauvais sur une âme en marche vers Dieu. Le bon

Carme lui répondit donc que son strict devoir était de communier publiquement, sans tenir compte des révoltes de son amour-propre et des chimères dont la Malice lui encombrait l'imagination. Il fut si clair, si persuasif que Clément Roux fut délivré aussitôt du maléfice diabolique qui le paralysait. Le jour même il fit sa confession générale. Absous, libéré de l'amas boueux qui lui obstruait la conscience depuis si longtemps, heureux comme il ne l'avait jamais été, l'âme toute légère et toute lumineuse, il revint à Grasse et il dit à sa mère : — Dimanche, je communierai avec toi.

Et il en fut ainsi.

Les notes de Clément ne donnent aucun détail qui ait rapport à cette communion. Mais voici les effets : il mena une vie plus retirée ; il montra beaucoup plus de douceur et de patience dans ses relations avec ses élèves et ses chefs. Sans communiquer à personne ses dispositions nouvelles, il vécut plusieurs mois dans une paix qu'entretenait la lecture assidue de l'Evangile et la prière.

Sa communion pascale n'avait pas été remarquée et ne donna lieu à aucun commentaire. Néanmoins, il se figurait que s'il renouvelait, il susciterait les médisances qu'il craignait tant. D'autre part, il sentait qu'il avait un besoin fréquent de l'Eucharistie. Pour tout concilier, il imagina de demander un autre poste dans la pensée qu'en une ville où il ne serait pas connu, il pourrait remplir ses devoirs religieux sans attirer l'attention. Il s'adressa à son ancien Principal qui, ayant gardé de lui un fort bon souvenir, le fit nommer professeur à Alger. On voit qu'il avait fait du chemin depuis le temps où il se consola de ses déboires littéraires par une ribote en société d'un Allemand.

Or, comme nous le verrons, Dieu voulait que ce fût précisément à Grasse, et malgré toutes ses frayeurs, qu'il donnât l'exemple d'une vie sainte parmi les malveillances qui guettent les convertis.

Après s'être confessé de nouveau, et avoir communié à Marseille, il dit adieu à sa mère qui l'avait accompagné jusqu'au bateau et qui lui passa au cou un crucifix suspendu à une chaîne en le suppliant de ne jamais le quitter. Il le promit et tint parole.

Alger ne lui fit pas une très bonne impression. Peu de catholiques pratiquants dans la ville ; quant au personnel du lycée, il était ou indifférent ou hostile à l'Eglise. « Tel était, note-t-il, le milieu où j'allais vivre. Je le jugeai à première vue et je pris, dès la première heure, la résolution d'y vivre ostensiblement en chrétien. »

Hélas, il allait éprouver que la voie étroite ne se conquiert que par les humiliations. D'abord il connut cette nuit obscure par laquelle passent tôt ou tard les convertis. Depuis sa confession générale, il avait vécu ce que j'ai appelé ailleurs « le printemps de la Grâce. » Soudain il lui sembla que son cœur se desséchait, ne parvenait plus à s'unir à Dieu. La prière l'ennuyait ; les lectures pieuses, les Sacrements ne lui apportaient nul réconfort. Manquant d'expérience pour subir avec résignation un état d'âme aussi pénible, il crut que son Sauveur l'avait abandonné. Et il tomba dans un chagrin profond.

Ensuite les tentations sensuelles, qui l'avaient laissé fort tranquille depuis quelques mois, reparaissent. Torturé, en proie au découragement et à une écrasante mélancolie, il se compare à ses collègues qui vivent insoucieux et se livrent, sans vergogne, à des plaisirs plutôt malpropres :

« J'entendais une voix qui me disait : — Fais comme eux ; cela te distraira des angoisses qui t'accablent...

O mon Dieu, j'écoutai la voix tentatrice et me détournant de vous, je me tournai vers la créature... C'était une musulmane qui, apercevant un crucifix sur ma poitrine, tourna en ridicule le signe de notre rédemption. Soudain, le sentiment chrétien se réveilla violemment en moi. Je souffletai cette femme et je m'enfuis sans prononcer un mot...

« Quelle douleur après cette scène. Je sentais que j'avais presque renié Jésus et je croyais l'avoir perdu pour toujours. »

Admirons cette délicatesse de conscience et combien la Grâce avait conquis à fond cette belle âme : loin de renier Jésus, il l'avait vengé des outrages d'une malheureuse ignorante. Mais le seul fait d'avoir effleuré l'égout lui paraissait aussi affreux que s'il avait piqué une tête dans la fange.

Il continue : « Je me sentais mourir de douleur et de confusion. Je n'y pus tenir ; je serais devenu fou. Je courus à l'église voisine. Là, rencontrant un

prêtre, je lui demandai de vouloir bien m'entendre
en confession ».

Celui-ci, marquant de la mauvaise humeur, lui
indique un confessionnal et l'y fait attendre très
longtemps.

« Arrivant enfin, dit le Père Lambert, il l'invite
«à commencer sa confession ; mais le pénitent est
« tellement égaré de douleur que, ne se souvenant
«plus des formules de l'Eglise, ruisselant de larmes,
« il ne laisse échapper de ses lèvres que des sons
« inarticulés. Et le prêtre de lui dire d'un ton brus-
« que : — Vous ne savez donc pas vous confesser !..
« Affolé, le pénitent quitte le confessionnal et sort
« de l'église... »

Roux accepta humblement cette épreuve, la tenant pour un châtiment de sa faute.

« Le lendemain, ajoute son biographe, il court à
« la cathédrale ; il demande un confesseur. Ce der-
« nier vient ; c'est bien, cette fois, l'envoyé de Dieu,
« le bon Samaritain : son air bienveillant, son re-
« gard miséricordieux mettent en confiance le
« pauvre pécheur qui lui expose, sans restriction,
« le tourment de son àme. Le prêtre écoute en si-
« lence et quand le pénitent a terminé ses aveux,
« d'une voix calme et paternelle, il lui dit : — Mon
« fils, l'homme tombe, et l'ange se relève... »

Réconcilié avec Dieu, rendu à la vie surnaturelle, fortifié, plein de bon propos, Clément Roux
se remit à la tâche quotidienne avec une allégresse
paisible. Ses notes de cette époque montrent qu'il
était, pour un temps, libéré de l'aridité et qu'il tra-
vaillait à se perfectionner.

Il écrit : « Saint Grégoire de Nysse définit l'homme, *un être qui se repent, qui peut s'affranchir du péché mortel, se réhabiliter*. Je veux être cet homme... Donnez-moi votre esprit vivifiant, ô mon Dieu, faites que je ne vous offense plus, que je sois pur et qu'un jour, bientôt s'il se peut, je ne possède que vous, je ne sois rien qu'à vous, je ne me nourrisse et ne vive plus que de vous. »

Cette prière fut exaucée. Bientôt il allait être tout à Jésus, dans la douleur, dans l'humiliation, dans la pauvreté.

La chaire de troisième lui fut offerte au Collège de Grasse. Le désir d'être près de sa mère le fit accepter. Et d'ailleurs, maintenant, sa crainte de l'opinion publique n'existait plus. Il souriait en se rappelant ses terreurs enfantines à cet égard.

VII

Mais, si plein qu'il fût de bonne volonté, Clément Roux était encore faible, vacillant, inexpérimenté dans la vie spirituelle. Il avait besoin d'une direction et il fut un assez long temps sans rencontrer un prêtre qui le comprît et qui sût développer les dons si riches que la Grâce avait mis en lui.

Or, un jour, qu'il errait par la ville en proie à de cruelles tentations — c'était le jour de la Toussaint de 1857 — il entra, pour essayer de s'en dé-

livrer, dans une église. Un prêtre parlait en chaire.
Il écouta d'abord distraitement puis il fut saisi par
cette parole, pleine de tendresse et de vie, qui le
pénétra d'effluves surnaturels. Cette sensation ne
lui était pas coutumière car... Lecteur, si tu as
entendu beaucoup de sermons, tu achèveras la
phrase.

Roux sentit qu'il lui fallait remettre son âme
entre les mains de ce prédicateur. Il s'informa et
apprit que c'était l'abbé Raimondi, vicaire de
l'église paroissiale de Grasse. Dès le lendemain, il
alla trouver le bon prêtre, lui raconta son histoire
et lui exposa l'état pénible où il se trouvait.

L'abbé Raimondi démêla tout de suite que Roux
souffrait principalement d'une crise de scrupules [1]. Sa nature ardente visait aux sommets de
la perfection et, toute aide lui faisant défaut, à
la moindre défaillance dans la voie ardue dont il
prétendait atteindre sans délais le point culminant,
il se décourageait et se persuadait que Dieu ne voulait pas de lui.

Le prêtre accepta tout de suite la direction de
ce néophyte, d'autant plus qu'il pressentait que
celui-ci était appelé à aller très haut. Il disciplina
son zèle, modéra ses élans irréfléchis, lui traça un
plan très souple et très large d'exercices, l'initia
aux splendeurs de l'oraison et lui indiqua les livres
qui convenaient à cette période de sa formation
chrétienne.

---

[1] Crise très fréquente chez les nouveaux convertis. J'en ai
donné des exemples dans *Sous l'Etoile du Matin*.

Cette direction ferme, judicieuse, éclairée par l'amour de Dieu, que possédaient également le nouveau-né à la Grâce et son guide, fit le plus grand bien à Roux. Corroborée par la réception fréquente de l'Eucharistie, elle le trempa pour les souffrances à venir. Aussi écrivait-il à cette époque : « Je ne crains, je ne désire, je n'ambitionne et ne recherche plus rien du monde. Je porte dans mon âme Celui qui est la vérité et l'amour. Ainsi je suis heureux, ainsi je pourrai vivre à jamais dans la joie et dans la paix. Le règne de Dieu est en moi ».

Aux vacances, avec l'approbation de son directeur auquel il soumettait tous ses projets, il fit un voyage à Rome d'où il rapporta des impressions dont son sens de l'art comme sa piété furent pareillement satisfaits.

Il reprit ses fonctions. C'était, au témoignage unanime de ses anciens élèves, un excellent professeur. Et depuis son retour à Dieu, il ne se contentait pas de leur départir la science. Il se préoccupait de leur état moral, et dès qu'il y voyait jour, s'efforçait de les maintenir dans le giron de l'Église. Un de ces jeunes gens lui dut une lumière sur sa vocation au sacerdoce. Il rapporte ceci : « Vers la fin de la classe, M. Roux nous faisait faire « le bon français » de la version latine du jour. Pendant que nous étions occupés à ce travail, silencieux et appliqués, M. Roux sortait un crucifix qu'il portait sur lui, le gardait dans la main et se mettait à méditer. Je lui ai vu parfois répandre des larmes devant ce crucifix. J'avoue qu'il se passait alors en moi quelque chose de mystérieux et que je me sentais tout remué : c'était le travail de la Grâce... Il me prit, un jour, en particulier et me proposa de servir la messe de l'aumônier le jeudi et le dimanche. Je refusai d'abord craignant les railleries de mes condisciples. A la fin, gagné malgré moi par la *seule vue* de mon saint professeur, j'y consentis... Peu après je sentis en moi un attrait puissant qui me poussait à me faire prêtre. Je m'en ouvris à M. Roux qui ne montra nulle surprise : il savait, je crois, que Dieu avait sur moi des desseins particuliers et voulait m'attacher à son service. Il m'engagea à suivre mon penchant vers le sacerdoce... N'est-ce pas à lui que je dois, après Dieu, cette grâce incomparable ? » (Note de l'abbé Aubin, mort vicaire au Cannet).

Clément déplorait l'esprit de plus en plus irréligieux de l'Université, et il s'affligeait de voir tant de familles rester indifférentes à l'influence néfaste des maîtres incrédules sur leurs enfants. Un de ses carnets contient cette note : « Des pères sans foi ou tièdes livrent à des maîtres sans conscience ces enfants dont la grâce baptismale a fait des élus !... J'offre à Dieu ces petits, afin qu'ils échappent au *massacre des Innocents* que serait pour eux une éducation dont Dieu serait banni et qui étoufferait, avec l'amour de Dieu, jusqu'à son nom dans leur cœur ».

Et plus tard, il écrivait cette prédiction qu'il faut absolument citer, car nous savons à quel point elle s'est réalisée : « Un temps viendra, et ce temps n'est pas loin, où le nom de Dieu lui-même ne pourra plus être prononcé dans nos collèges, où toute profession publique de croyance religieuse sera officiellement interdite aux professeurs. Que deviendra la jeunesse du pays entre de telles mains ?... »

Cependant, l'assiduité de Roux aux offices, sa fréquentation d'un prêtre, ses communions réitérées, la tournure de ses propos, le caractère de son enseignement et ses mœurs irréprochables — voire austères, lui attirèrent la tribulation qu'il avait jadis tant redoutée et qui maintenant le laissait tout à fait calme. Les uns le traitèrent de cagot, de tartufe et de fou. Les autres, plus indulgents, se contentèrent de dire, avec cet air entendu des médiocres que toute distinction offusque : — C'est un original...

Ah ! ce verdict cher à la suffisance bourgeoise, que je l'ai entendu prononcer souvent ! Or, chaque fois que la chose m'arrive, je dresse l'oreille ; j'ouvre une enquête et, sept fois sur dix, qu'il s'agisse d'un homme ou d'une femme, je trouve une belle âme...

On accusa également Roux de vouloir se faire remarquer. « Dieu n'en demande pas tant » affirmaient les sages de salons qui, lorsqu'ils prononcent cette phrase, sont évidemment persuadés que Dieu les a choisis pour confidents de ses préférences.

Comme il en va toujours de même depuis le temps de Clément Roux, je crois opportun de rapporter ici une anecdote caractéristique.

Il y a peu, quelqu'un donnait, pendant le Carême, mettons des conférences morales dans une

grande ville de province. Ses auditeurs y remar-
quèrent beaucoup de rhétorique — peu de flamme.
C'était une leçon bien apprise, adroitement débitée
— rien de plus. Après les conférences, quelques-
uns avaient pris l'habitude de venir causer avec
l'orateur. Un jour ils lui demandèrent ce qu'il pensait d'un écrivain converti depuis plusieurs années
dont — à tort ou à raison — ils goûtaient fort les
livres, qu'ils avaient pris en grande affection et
avec lequel ils correspondaient parfois.

— Un tel ? répondit l'autre, peuh ! il est comme
tous ces gens-de-lettres ; il s'est soi-disant converti pour faire parler de lui. Je ne le prends pas
au sérieux...

— Mais, reprirent ses interlocuteurs, avez-vous
lu ses livres ? Le connaissez-vous personnellement?

— Non je n'ai rien lu de lui et je ne l'ai jamais
vu. Cela n'en vaut pas la peine.

Or, il arriva ceci qu'en s'exprimant d'une façon
si légère, si inconsidérée, il scandalisa totalement
ceux qu'il avait mission d'édifier. Dans la chaleur
de leur indignation, ils écrivirent à leur ami lointain une lettre où il lui rapportaient le fait et le qua-
lifiaient sans douceur.

L'écrivain — qui en a vu bien d'autres — les
calma et leur répondit : « Soyez assurés d'une
chose : si les circonstances voulaient que je fusse
brûlé vif pour le service de l'Eglise, il y aurait
encore des gens pour affirmer que j'avais en vue
de me faire de la réclame. Ainsi va le monde !.. »

Lorsqu'on a l'amour profond de Jésus, on se réjouit plutôt de ces malveillances, car le Bon Maître nous a dit que nous serions bafoués à cause de son nom. Donc être jugé comme un « original » ou comme un farceur parce qu'on montre que l'on aime Dieu, c'est un très bon signe.

Ainsi pensait Clément Roux. Ce qui lui faisait écrire : « Je n'ignore pas ce qu'on pense et ce qu'on dit de moi. D'aucuns doutent de la sincérité de ma conversion. D'autres prétendent qu'elle ne sera qu'un feu de paille. D'autres vont jusqu'à la traiter de déraisonnable et à dire que j'exagère et que je suis fou. Folie pour folie, j'aime mieux être fou d'amour pour Dieu que fou d'amour pour le monde ».

VIII

Roux traversa, de 1860 à 1864, une période de félicité où il semble que Dieu ait voulu, en le comblant de grâces sensibles, lui donner des forces, pour qu'il supportât sans défaillir les épreuves qui succèdent aux liesses quand on pénètre dans la vie illuminative, second stade de la Mystique.

Il reçut l'humilité, c'est-à-dire la principale des vertus qui mènent à la sainteté : « Je me vois horrible, écrivait-il, et pourtant je suis en paix, car je ne veux ni flatter mes vices ni que mes vices me découragent. Je suis pour vous contre moi, ô mon Dieu. Quelque misère qui me reste, aurais-je pu, sans vous, espérer me tourner ainsi vers vous et secouer le joug de mes passions ? Je m'abandonne entre vos mains : tournez, retournez cette boue, donnez-lui une forme, brisez-la ensuite. Elle est à vous, elle n'a rien à dire, il lui suffit qu'elle serve à tous vos desseins. Elevé, abaissé, consolé, souffrant, misérable, appliqué à vos œuvres, inutile à tout, je vous adorerai en sacrifiant ma volonté à votre volonté ».

L'Eucharistie le soutenait dans ses efforts pour dépouiller « le vieil homme » et se revêtir de Jésus. « Sans elle, dit-il, j'aurais reculé, découragé devant ce travail de destruction et d'édification. Mais par elle, mon labeur s'est simplifié, est devenu plein d'attraits. »

Il fut en même temps gratifié des secours de la Vierge auxiliatrice. Le jour de la fête de l'Annonciation 1860, il eut l'intuition formelle qu'elle le prenait sous son égide : « Ce bonheur n'a duré qu'un instant, dit-il, mais comme un météore ardent et lumineux il a embrasé mon âme. Par vous, ô Marie, et avec vous, je veux aimer Jésus... »

Sa vie devint alors de plus en plus retirée. Il goûtait avec intensité les joies de la solitude et du silence. Sa classe terminée, il passait de longues heures à l'église, en oraison de quiétude devant le Saint-Sacrement. Après ces stations bienheureuses, il s'en allait dans la campagne. Comme il possédait, ainsi que sainte Térèse et saint François d'Assise, le sentiment profond de la nature, à l'exemple de ce dernier, il associait les choses aux actes d'adoration qui s'élevaient de ses lèvres vers le Créateur : notre frère le soleil « qui rayonne d'une grande splendeur », notre sœur la lune et nos sœurs les étoiles « qui sont claires et belles », notre frère le vent qui vivifie les créatures, notre sœur l'eau « qui est humble et chaste », notre frère le feu « qui est agréable à voir, indomptable et fort », nos frères les arbres qui bruissent suavement comme des harpes, notre mère la terre qui produit « les fleurs diaprées et les herbes » (1).

Or, à mesure qu'il s'enfonçait davantage dans la forêt radieuse où souffle le Saint Esprit, le désir de se donner encore plus à Dieu croissait en lui. L'idée d'abord vague, puis plus précise de se faire prêtre lui vint. Son directeur consulté ne rejeta point ce projet d'une façon absolue. Mais, comme il sied, il exigea que Roux examinât cette vocation possible avec délais, prudence et réflexion. Puis il lui fit étudier la théologie, les Pères et les ouvrages des grands Mystiques, par exemple Suso, sainte Catherine de Sienne, sainte Térèse — celle-ci plus spécialement, dans l'admirable *Chemin de la Perfection* — et aussi le Père Faber dans son *Tout pour Jésus.* C'étaient là les fortes nourritures dont son âme, nullement encline aux dévotions mièvres, avait besoin.

Mais Dieu avait sur Roux d'autres desseins. Ce n'était pas comme prêtre qu'il voulait le faire participer aux souffrances de son Fils, mais comme victime de réparation et d'adoration, au service de l'Eucharistie.

----

(1) Les amis du Poverello reconnaîtront ici une paraphrase de l'incomparable *Cantique du Soleil.*

IX

Le converti se préparait à entrer au séminaire
quand la maladie fondit tout à coup sur lui. Les
circonstances qui accompagnèrent cette entrée
dans la voie royale de la Croix furent tellement
significatives qu'il faut laisser Clément les exposer
lui-même :

« Le 30 avril 1864, fête de sainte Catherine de
Sienne, j'étais en classe, dans ma chaire, surveillant
mes élèves occupés à une composition. Ayant ouvert la Bible, je tombai sur ce passage de Job qui
m'émut singulièrement : *Mon visage a été défiguré
par mes pleurs, et mes paupières se sont couvertes
de l'ombre de la mort. J'ai souffert tout cela sans
que ma main fût souillée par l'injustice...*

« Je tournai les feuillets du Livre saint et cet
autre passage d'Isaïe tomba sous mes yeux : *Il s'est
élevé devant le Seigneur comme un faible arbrisseau,
comme un rejeton qui sort d'une terre sèche. Il a
été sans éclat, sans beauté ; nous l'avons vu et il
n'avait rien qui attirât nos regards. Il nous a paru
misérable, le dernier des hommes, un homme de
douleurs et qui sait, par expérience, ce que c'est que
l'infirmité...*

« J'étais loin de songer à ce moment qu'il pût y
avoir dans ces paroles un avertissement de Dieu ;

cependant j'allais en voir bientôt la réalisation. Que Dieu en soit éternellement béni !

« Le soir de ce même jour, je me rendis à l'église pour l'ouverture du mois de Marie. Je ressentis, chemin faisant, comme un travail de contraction des muscles dans les jambes qui me rendit la marche difficile. Invité à assister le lendemain à la pre- mière communion d'une jeune parente, dans la chapelle de la Visitation, j'assistai à la cérémonie et je m'associai à la communion des enfants et de la communauté. Après l'action de grâces, je me disposai à rentrer chez moi. J'éprouvai alors le même phénomène physique que la veille. Ce ne fut qu'avec la plus grande difficulté que je pus sortir de l'église. Une fois dehors, la faiblesse augmenta à tel point que mes jambes ne pouvant plus me soutenir, je tombai. A ce moment, j'en- tendis une voix intérieure qui me disait : — *Tu ne guériras jamais de ce mal. Tu perds pour jamais l'usage de tes membres.*

« Mon premier sentiment fut celui de la douleur et de l'effroi. Me ressaisissant presque aussitôt et réunissant mes forces, je me relevai en songeant à ces paroles de *l'Imitation* : *Il n'est rien qui puisse détourner ou décourager ceux qui, remplis de la vie éternelle, brûlent du feu inextinguible de la charité.* Fortifié par ces mots, je repris ma marche, m'arc-boutant sur mon bâton, haletant et défaillant à chaque pas. Je gagnai péniblement ma demeure. Je n'en devais plus sortir de longtemps, encore ne serait-ce que ployé par l'infirmité, soutenu par deux bâtons, ressemblant plus à une bête qu'à un homme, vieillard à trente-neuf ans, ruine et loque humaine réalisant la parole d'Isaïe : *Nous l'avons vu ; c'était un homme de douleurs !...* »

Il s'alita. Le médecin qui le soigna, le docteur Albert Vidal a diagnostiqué : « Un rhumatisme ankylosant et déformant qui lui supprima graduellement l'usage de toutes les articulations, celles du cou surtout (il ne pouvait plus relever la tête), celles de toute la colonne vertébrale, du bassin, des épaules, des hanches. Il me semble qu'il lui restait l'avant-bras, les mains et les genoux libres (1). Mais il n'a jamais eu ce qu'on appelle paralysie, c'est-à-dire défaut de fonctionnement par lésion des centres nerveux, cerveau ou moelle épinière, ou par lésion locale de certains nerfs ».

Ce certificat fut publié après sa mort pour répondre à quelques-uns qui attribuaient sa ferveur religieuse à une maladie de nerfs.

Clément dût d'abord garder le lit assez longtemps. Puis ayant recouvré l'usage partiel de ses jambes, il essaya de reprendre ses fonctions de professeur. Mais ses souffrances s'accroissant d'une façon continue, il lui fallut bientôt demander sa retraite. Notons que tous les remèdes essayés par les médecins échouèrent à lui apporter la plus légère amélioration. La tête à la hauteur de la ceinture, les pieds raclant le sol, il marchait péniblement, appuyé sur deux petites cannes. Ses souffrances furent toujours aiguës et sans trêve. Et cela dura vingt-huit ans.

---

(1) En effet. Et c'est ainsi qu'il pût écrire et se traîner à l'église presque jusqu'à la fin de sa vie.

Il me semble qu'on ne peut douter du caractère surnaturel de sa maladie, d'autant que si le corps se courbait sous le fardeau de la Croix, l'âme allait s'épurer de plus en plus par la douleur, et atteindre l'union avec Dieu, troisième stade de la vie mystique.

X

Voyons comment il progressa dans la voie étroite avant de fondre son âme dans la suradorable Essence. Les premiers jours furent terribles car, non seulement le mal lui broyait les membres, mais encore toute consolation surnaturelle lui était retirée. Dieu voulait lui faire bien sentir quel était son néant afin qu'il prît conscience que, sans le secours d'En-Haut, jamais il n'arriverait à sanctifier ses tortures.

Notant ses angoisses peu après que cette période douloureuse eût pris fin, il dit : « Ce fut d'abord une tristesse accablante, presque du désespoir. Une pensée cruelle traversa mon esprit et ajouta une douleur nouvelle à mes douleurs. Je me crus abandonné de Dieu et de sa Mère. Je voyais dans le mal qui m'avait terrassé, réduit à l'impuissance, un châtiment de mon désir présomptueux du sacerdoce. Dès lors, je ne goûtai plus aucun repos le jour, ni aucun sommeil la nuit, me considérant comme un réprouvé de Dieu et de son Eglise... »

Il était au maximum de cette agonie quand le

saint prêtre qui le dirigeait lui apporta spontanément l'Eucharistie.

L'effet du sacrement fut immédiat : l'âme com-
primée par la tentation de désespoir, se redressa
et bondit, plus fervente que jamais, dans l'Amour
divin. Il s'écrie : « Changement indicible ! OEuvre
adorable de la droite du Très Haut ! J'étais autrefois sur un lit de roses, plongé dans les délices, et
mon âme était torturée tandis que mon corps fré-
missait de volupté. Aujourd'hui, je suis couché
sur un lit de souffrances, en proie aux déchirements
et à la douleur et mon âme transportée fond dans
l'amour de Dieu... Mon Dieu, je repousse du pied
toutes les choses de la terre, j'embrasse de toutes
mes forces votre Croix. O Mon Dieu, *je surabonde
de joie* (1) !... »

Pour féconder en lui l'esprit de sacrifice, son directeur lui fit lire alors les vies de sainte Lydwine
et d'Anne-Marie Taïgi. La lecture des combats et
des triomphes héroïques de ces deux généreuses
victimes de la loi de substitution alluma en lui le
désir ardent de les imiter. Il comprit sa mission et
s'y donna sans réserve. Il ne vécut plus que pour
expier les péchés du monde. Il écrit : « Quel plus
beau partage, ô mon Dieu, pour un homme ? Et
comment avez-vous jeté votre regard sur la plus
misérable de vos créatures pour l'élever jusqu'à
cette hauteur ? Moi, un homme de prière et d'immolation, moi un homme de douleur comme vous,

(1) Ces quatre derniers mots sont soulignés dans le manuscrit
de Roux.

mon Sauveur adoré ! Je ne veux subsister que pour me consumer devant vous comme la lampe de l'autel. O Beauté, ô Bonté infinie, consumez, anéantissez mon être de misère, faites de moi un sacrifice parfait... »

Comme le dit fort bien son biographe : « On ne « saurait voir dans ces dispositions l'effet d'une « exaltation illusoire et passagère. Elles étaient « fondées sur une doctrine toujours reconnue et « professée par l'Eglise, celle de l'union du chré- « tien à Jésus, union en vertu de laquelle le chré- « tien vivant en Jésus-Christ, comme Jésus-Christ « vit en lui, par sa grâce sacramentelle ou sa grâce « habituelle, mêle ses prières, ses actes, ses mé- « rites à ceux de Jésus vivant en lui ».

D'ailleurs, loin de pâtir de son état de maladie et de l'ivresse d'amour divin qui le transfigurait, son intelligence avait acquis un degré de lucidité tout à fait supérieur. Il note : « Mon âme a acquis une étonnante compréhension de la vie, une mer- veilleuse aptitude à embrasser la vie des autres, à y entrer, à se l'approprier, à se l'assimiler ; le soir, après avoir gémi sur l'humanité, ses erreurs et ses misères, compati à ses douleurs, pleuré sur ses crimes, je me sens vivre de tant de vies ! Impuis- sant à les contenir dans mon cœur, je les répands aux pieds du Rédempteur ; je le supplie de les laver dans son sang, de les recevoir ainsi purifiées dans son cœur et de les rendre à l'éternel amour du Père ».

Et d'ailleurs encore, la plus grande preuve qu'il n'était pas dans l'illusion, c'est qu'à mesure qu'il

ressentait davantage les joies du sacrifice, il croissait en vertus, ce qui est, selon sainte Térèse, la
marque que Dieu habite l'âme qui se donne de la
sorte.

Ces vertus, nous allons les voir se manifester.

XI

Qu'un homme qui souffre dans son corps d'une
façon continuelle et qui, de plus, éprouve, comme
nous le verrons, des peines d'esprit d'une acuité
formidable, montre parfois un peu de mauvaise humeur, c'est fort naturel. Ce qui ne l'est point, c'est
que plus il souffre, plus il se montre patient, doux,
charitable.

Dans l'âme, surnaturalisée par la douleur, de
Clément, l'amour de Dieu eut pour répercussion
l'amour des hommes.

L'accueil qu'il faisait à ses rares visiteurs était
aimable et souriant. Il ne se plaignait point ; il ne
demandait pas qu'on le plaignît. S'oubliant lui-
même, il s'informait de leurs peines et de celles de
leurs proches, les consolait et leur donnait des avis
pleins de bon sens et d'affectueuse mansuétude.
Jamais on ne l'entendit porter de jugements amers
sur personne. Au contraire, il cherchait des excuses à ceux qui critiquaient hautement sa « bigoterie ».

Un bon prêtre, le chanoine Isnard, qui fut son

directeur après l'abbé Raimondi, a dit de lui : « S'il arrivait qu'on lui demandât des nouvelles de sa santé, il éludait la question ou n'y répondait que d'une façon brève et évasive. Parfois il se bornait à dire : Comment voulez-vous que puisse aller un vieux meuble, une machine toute détraquée ? On n'en parle pas ; ça n'en vaut pas la peine... Et il accompagnait ce propos d'un rire franc et communicatif qui empêchait le visiteur de s'apitoyer sur ce martyr... »

N'ayant comme ressources que sa maigre pension de retraite pour les faire vivre lui et sa mère, il se privait d'une servante et vaquait lui-même aux soins du ménage. Plusieurs fois, une personne pieuse qui le visitait souvent, Mlle Angélique Cresp le surprit à laver, avec mille peines, le parquet de sa chambre. « C'est pour épargner, dit-il, cette fatigue à ma vieille mère. La pauvre femme, j'ai reçu d'elle tant de services ; je puis bien lui rendre celui-là. »

Octogénaire, Mme Roux perdait peu à peu la vue, Faisant la cuisine, il lui arrivait de laisser tomber des morceaux de charbon, des copeaux, de la cendre dans les aliments qu'elle apprêtait. Clément Roux riait de ce singulier assaisonnement et n'en mangeait pas moins. « C'est, disait-il, une excellente occasion de me mortifier en expiation de mes péchés. »

Un jour, quelqu'un le trouva en train d'avaler un potage où naviguaient des mouches. Comme le visiteur témoignait de la surprise et un peu de répugnance, Roux lui dit : — Quelle différence voyez-

vous entre des mouches et des grives ?... Par cette
repartie il essayait de dissimuler son esprit de mor-
tification.

Une autre fois, comme il se mettait à table, on
frappe à la porte. C'était un pauvre qui demandait
un secours. Roux n'avait pas d'argent, car les
quelques sous qu'il épargnait sur son mince revenu
s'en allaient tout de suite en aumônes. Il donne au
solliciteur sa part du dîner. Comme sa mère essayait
de protester : — Ne me prive donc pas de cette
joie, lui dit-il, je suis plus heureux de donner mon
repas que de le prendre moi-même.

« N'avoir rien, écrivait-il, ne posséder rien, n'être
rien, ne désirer rien, suivre nu Jésus-Christ nu,
seule science, seul trésor, seul repos, seul bonheur
que je doive rechercher encore ici-bas. »

Hiver comme été, il ne faisait usage que d'une
seule couverture sur son lit. Quand on lui disait
qu'il devait parfois grelotter, il répondait : — Pas
du tout : je suis on ne peut mieux. Et cela est bien
suffisant pour un vieux loup de mer comme moi.

Sa charité s'exerçait encore d'autres façons. Un
matin qu'il partait pour assister à la messe et communier, une dame survint qui voulait lui demander
un conseil. Il l'accueillit avec son affabilité coutumière. L'entretien se prolongea de telle sorte que
lorsqu'il prit fin, l'heure de la messe était écoulée.
La visiteuse s'excusait. « Que voulez-vous, répondit-il, je suis avec Dieu et j'accomplis sa volonté.
Que puis-je faire de mieux ? Au lieu de communier
avec l'Eucharistie, je communie à la volonté divine. » Et l'on sait, ajoute la personne qui rapporte

le fait, jusqu'à quel point son âme était avide de
la sainte communion.

Un jour de foire, un de ses amis le rencontra
près de la place où s'agitait la foule. Très étonné,
il ne put s'empêcher de lui dire : — Vous ici ! — Eh
oui, répondit-il, au milieu de ce monde qui ne pense
pas à Dieu, qui ne songe qu'aux choses de la terre,
n'est-il pas juste qu'il y ait quelqu'un pour adorer
Dieu, le remercier, lui faire amende honorable ?
C'est ce que je fais.

Sa gaîté douce émerveillait, édifiait tous ses interlocuteurs.

Mlle Catherine Bernard le rencontre dans la rue,
riant de tout son cœur : — Qu'avez-vous donc,
monsieur Roux ?

— Figurez-vous que je fais peur aux bêtes. Je
viens de me trouver nez à nez avec un âne et il s'est
enfui épouvanté dès qu'il m'a regardé !...

Clément faisait allusion à l'aspect bizarre que
présentait son corps courbé sur deux cannes. Loin
de s'en chagriner, il y voyait un motif d'humilité
salutaire et s'en réjouissait.

Les fidèles qu'il visitait parfois se faisaient une
fête de le recevoir. Mme Latty, modiste, rapporte
ceci : « Lorsque M. Roux entrait dans mon ate-
lier, il nous semblait que c'était le Bon Dieu lui-
même qui venait nous visiter. Les ouvrières heu-
reuses, attentives, charmées, l'écoutaient ou plutôt
buvaient ses paroles. Il nous parlait un peu de
tout : de notre état, de notre travail, nous égayant
par sa bonne humeur et son entrain. Puis il savait
amener doucement notre esprit vers des pensées

plus élevées. Il nous disait la façon de sanctifier notre travail. Et tandis que nos doigts maniaient l'aiguille et froissaient les rubans, il dirigeait vers Dieu ces actes vulgaires, et nous apprenait à les accomplir dans son Amour. Et après que le saint homme nous avait quittées, nous étions encore sous le charme et nous nous redisions quelques-unes des belles et touchantes paroles qui étaient tombées de ses lèvres... »

On pourrait multiplier à l'infini ces témoignages mais il faut se borner. Ajoutons seulement que Clément Roux obtint plusieurs conversions. M. Henri Pigeon, ingénieur des Ponts et Chaussées, ramené à Dieu par lui, devenu un chrétien excellent, écrivait : « Non seulement M. Roux convertissait les âmes, non seulement il les entraînait par ses conseils et ses exemples à la pratique des vertus héroïques, mais son souvenir seul suffisait pour les soutenir et les animer dans les moments difficiles ».

Un dernier trait ; je le tiens du propriétaire de la maison que Clément Roux habitait à Grasse. Le brave homme avait les larmes aux yeux en me parlant de lui : — Voyez-vous, Monsieur, me dit-il, M. Roux, c'était un saint. On se sentait devenir meilleur rien qu'à l'approcher.

Et il me conta ceci : Clément Roux était toujours vêtu d'habits propres mais très usés, vu son dénuement. Cette circonstance et son infirmité lui donnaient l'aspect d'un vieux pauvre. Or il arriva plusieurs fois que des personnes, étrangères à la ville, édifiées par son extrême recueillement à l'église, s'approchèrent de lui et lui glissèrent quelque monnaie dans la main. Il saluait profondément et en silence. Puis, dès sa sortie, il allait porter les sous ou la pièce blanche à l'un des indigents qu'il assistait...

Et voilà ce qu'était devenu, pour l'amour de Jésus-Christ, le beau, le fier, le sensuel, le bouillant et l'aventureux jeune homme d'autrefois.

XII

Or tandis que Roux donnait ainsi l'exemple de toutes les vertus et répandait la paix autour de lui, il avait à soutenir, dans son âme, de terribles épreuves dont rien ne paraissait au dehors.

Car ainsi que le dit le Père Lambert : « Dieu « avait voulu faire de lui une de ces âmes-victimes « comme le monde en a toujours vu depuis que, « victime lui-même, Jésus-Christ s'est offert sur le « Calvaire, en hostie d'expiation et s'est proposé « en exemple à l'humanité rachetée par sa mort... « Toujours cette divine Victime s'est associée, pour « continuer sa vie d'immolation et son œuvre ré- « demptrice, des âmes de choix qu'elle a fait com- « munier à ses humiliations et à ses douleurs, afin « de les faire participer à ses mérites ici-bas et à sa « gloire là-haut ».

Le cœur aimant de Roux connut l'abandon des hommes. Parmi les incroyants, ceux de ses amis

qui goûtaient jadis sa conversation pleine de saillies
et d'aperçus originaux, s'éloignèrent de lui, l'estimant désormais fort ennuyeux à entendre et fort
désagréable à regarder. Il en souffrit d'abord
beaucoup dans ses sentiments naturels. Mais un
jour qu'il se plaignait à Dieu de son délaissement, il entendit la voix intérieure lui répondre :
*Je t'ai constitué homme de douleur et de prière
afin que ta charité s'exerce dans l'éloignement
des créatures, en souffrant et en priant pour tes
frères.*

Cet avertissement lui dilata l'âme ; pour se le
rappeler il transcrivit sur son carnet cette phrase
d'un écrivain catholique : « Quand on n'a plus
qu'un ami et que cet ami est le plus beau des enfants des hommes, le cœur peut bien gémir et lan-
guir mais il n'est plus troublé ; et les croix les plus
douloureuses ont cela d'aimable qu'elles sont im-
bibées du sang de Jésus... »

D'ailleurs, comme on l'a vu, il eut bientôt pour
le soutenir dans la voie étroite d'excellents prêtres
et quelques belles âmes de celles dont j'ai rapporté
les témoignages.

Des deuils l'affligèrent aussi. Il perdit successive-
ment sa sœur, très pieuse, et sa mère. Dans les
dernières années, celle-ci était devenue aveugle.
Clément l'entourait de soins, la guidait doucement dans la résignation aux volontés de Dieu.
Rien n'était plus touchant que le spectacle de ce
quasi-paralysé, menant tous les jours à la messe
cette octogénaire aux prunelles éteintes. Quand il
l'eut perdue, il resta tout seul, ne voulant toujours

pas de domestique, affirmant qu'il se servait très bien lui-même.

Mais une douleur encore plus poignante lui vint par l'inertie ou la tiédeur de tant de catholiques. Il se serait volontiers écrié avec un Saint dont le nom m'échappe : « Seigneur, dans quel siècle m'avez-vous fait vivre ! » Ou il aurait pu répéter l'étonnante clameur de saint François d'Assise : « L'Amour n'est pas aimé ! » Il écrit :

« O mon Dieu, jetant mes regards attristés autour de moi, je ne vous trouve pas : je vois des multitudes qui vous oublient, des tièdes qui vous négligent, des Pharisiens, des faux frères qui savent votre loi et vous outragent. Hélas ! les cœurs humains me parlent souvent moins de vous que la pierre, la plante ou l'insecte. O mon Dieu, je vous le demande à genoux, par Marie Immaculée, transformez les cœurs de boue, retenez sur le bord de l'abîme ces autres âmes encore croyantes mais faibles dans la foi et dans l'amour !,.. »

Enfin la Malice éternelle, furieuse de le voir monter vers la lumière et entraîner d'autres âmes à sa suite, se rua sur lui pour le décourager par la torture morale.

Satan le tenailla par le scrupule, lui insinua qu'en vivant comme il le faisait, il flattait son amour-propre, scandalisait le prochain et dépréciait la religion.

Roux, éclairé par la Grâce, para la botte : « Il y a, disait-il, un démon, tout particulièrement attaché à mon âme, qui me pousse à l'absurde sous les prétextes en apparence les plus saints. L'édification

ou le scandale, voilà ses couvre-chefs. Oui, il y a
le démon de l'absurdité : tenons-nous en garde !... »
Comme il arrive toujours quand on le démasque, le
Mauvais battit en retraite sur ce point. Mais il fut
remplacé aussitôt par le démon de l'impureté qui
remplit l'esprit de Clément d'images abominables.
Cette obsession le poursuivit chez lui, à l'église,
devant le Saint-Sacrement exposé — partout et sans
trêve pendant des jours, des semaines et des mois.
C'était l'attaque démoniaque dans toute son horreur,
celle contre quoi la volonté ne peut rien. Submergé
dans l'ordure, Clément agonisait de dégoût et
d'épouvante. Mais il se souvint que sainte Catherine de Sienne avait passé par des affres du même
genre et que, demandant à Notre-Seigneur *où il
était alors,* elle reçut de Lui cette réponse : *J'étais
dans ton cœur.* Il fit comme elle, demandant au
Bon Maître s'il n'était pas abandonné, condamné,
sans rémission, au fumier. Et la voix intérieure lui
répondit : — *Tu n'as pas cessé, crois-le bien, d'être
en moi, de vivre ma vie. Tu portes ta croix avec moi,
et je la porte avec toi ; plus la croix est pesante, plus
je glorifie mon Père en toi.*

Bien d'autres tentations l'assaillirent pour le
perfectionnement continuel de son àme. Toutes
tendaient à le jeter dans le désespoir ; il leur
résistait victorieusement car, soutenu par les
paroles que je viens de citer, il s'écriait : « Si
tourmenté mais si invincible ! Si près du démon
mais si loin de lui ! Si loin du ciel mais si près de
Dieu ! »

Mais toutes ces souffrances n'étaient rien auprès

de celle qui prépara son admission dans la vie unitive.

Il entra dans la seconde nuit obscure, la nuit de
l'esprit dont saint Jean de la Croix a dit « qu'elle
est amère et terrible, que l'être qui la subit est
comme plongé vivant dans l'enfer ».

Laissons-le décrire son angoisse : « Je ne perçois
plus aucune clarté venant du ciel ; je marche dans
d'épaisses ténèbres. Et dans ce vide où mon âme
se meut sans entrevoir d'issue, la crainte de tomber en quelque piège la trouble sans cesse et la met
en agonie. O mon Dieu, je me souviens de ces ardentes prières où naguère encore je m'absorbais en
vous. J'étais sincère quand je m'écriais que j'acceptais pour votre amour toutes les souffrances, tous
les sacrifices, toutes les humiliations. Et me voilà
comme voué à l'impuissance de tout bien, de toute
générosité, de toute vertu. Je ne puis plus élever
mes regards vers le ciel ; rien de spirituel, rien de
céleste ne circule en moi ; je me sens mourir !... »

Commentant cette épreuve suprême, le Père
Lambert dit : « Si l'on ne juge ce langage que
« d'après les données naturelles, on sera peut-être
« tenté d'y voir une pieuse exagération, l'effet
« d'une imagination maladive... Autre est la façon
« d'apprécier ces angoisses de l'âme si l'on se place
« au point de vue de la foi. Au regard de la foi,
« elles sont, selon les desseins de la Sagesse éter-
« nelle, le divin creuset où l'âme des élus s'épure
« et se transforme pour s'acheminer vers la béati-
« tude. C'est là et seulement là qu'il faut chercher
« l'explication des épreuves physiques et morales

« que les Saints ont connues. Clément Roux, que
« Dieu voulait élever aux sommets, ne devait pas
« s'y acheminer par une voie différente ».

XIII

Dans ce même temps, des amis de Clément lui
proposèrent d'entreprendre un pèlerinage à Lourdes
pour demander sa guérison à la Vierge. On lui
faisait valoir que cette guérison miraculeuse pourrait être pour un grand nombre d'incrédules ou d'in-
différents une occasion de retour à la foi.

Il hésita d'abord, consulta une religieuse très
avancée dans la vie spirituelle. Mais cette sainte
moniale lui répondit qu'après les assurances qu'il
avait reçues d'être une victime de réparation unie à
la Passion du Christ, elle croyait préférable qu'il
continuât de souffrir pour le rachat des péchés du
monde.

Roux lui donna raison. Il demanda au Seigneur
de ne jamais guérir. Et cet héroïsme dans le sacrifice dissipa les ténèbres. Il se fondit en Dieu et
connut enfin les joies de l'union constante avec
Jésus. Alors il passa la plus grande partie de son
existence dans la chapelle des Visitandines, priant,
adorant la Présence Réelle dans le tabernacle :
« Ici, écrivait-il, je vis, ailleurs, je ne vis plus. Ma
nature a subi une telle transformation que je meurs
d'ennui en dehors de ce lieu d'adoration et d'amour.

Il n'y a plus à y revenir : c'est un fait réellement et pour jamais accompli ; ma volonté n'y pourrait rien. Je sens en moi une puissance irrésistible qui m'enchaîne au pied de l'autel. Entre mon âme et Jésus, il y a un courant d'amour sans solution de continuité. Et dans ce silence profond de l'amour, j'entends retentir un seul mot qui me plonge dans un ravissement sans fin : *Je t'ai aimé de toute éternité* !... » Dès lors, il s'absorba jusqu'à la fin de sa vie terrestre dans sa fonction de serviteur de l'Eucharistie.

Les ravissements de son âme, où coulait un perpétuel fleuve de lumière, il les a exprimés par des cris d'amour si fervents qu'ils brûlent encore les pages où il les traça car, désormais, il pouvait dire, à la manière de saint Paul : — Je vis, mais c'est Jésus qui vit en moi !

Ceux qui le surprenaient en adoration éprouvaient une sorte d'éblouissement et se sentaient remués jusqu'au fond de l'âme à le contempler. Un jour, une personne pieuse, M\ue Catherine Bernard, avait à l'entretenir d'une affaire urgente. On lui dit qu'il était chez les Visitandines où le Saint-Sacrement était exposé. Elle se rendit à la chapelle et s'approchant de Clément qui était agenouillé près de la table de communion, elle lui toucha l'épaule. Il tourna la tête et elle fut stupéfaite en voyant sa figure couverte de larmes et toute lumineuse. « Je fus tellement saisie, ajoute-t-elle, que je me retirai sans avoir osé lui adresser la parole. »

Ainsi la lumière rayonnait de lui pour pénétrer dans l'âme des fidèles.

XIV

De plus en plus épris de solitude, il vint s'installer dans son village natal, Auribeau : il y passa les dernières années de sa vie. « Ce séjour m'est très favorable, disait-il, j'y puis donner à mon Maître absolument tout mon temps, ayant au foyer une femme chrétienne, une vraie servante de Dieu qui me débarrasse de tout soin. Dans ma solitude, j'ai la nature, j'ai l'Eucharistie surtout, ces deux amours qui remplissent ma vie. »

Les heures qu'il ne passait pas à l'église, il les employait à des promenades dans les forêts de pins et de chênes qui enveloppent Auribeau. Il descendait les pentes qu'occupent les blanches maisons du village, suivait le cours capricieux de la Siagne ou bien errait sous les grands arbres dont le profond murmure se mêlait à ses effusions. Il y restait jusqu'au crépuscule et y laissait déborder les torrents d'amour dont son cœur était plein. Ses méditations, ses oraisons, ses élévations, ses extases, il les a résumées en des pages d'une poésie intense et, dont je vous prie de le croire, vous ne trouverez pas l'équivalent dans les strophes les plus véhémentes des panthéistes.

Un exemple : « Lorsque la nuit se fait et que les bruits humains cessent, les eaux, les ramures, les insectes entonnent leur hymne au Créateur. De l'éminence où je me repose, j'assiste au concert qui

m'environne de toute part. Je donne ma note :
« O Toi, Père éternel, toute la terre te vénère » et
je dirige vers Dieu le cantique de la création. Et
je vous assure que cela marche très bien, mieux
qu'à l'Opéra. Quand l'harmonie est parfaite, je me
lève en criant à tout ce monde qui chante : *Venite
adoremus!* Et j'emporte à Dieu l'adoration de tous
les êtres y compris l'homme qui dort ou va dormir.
Voilà la fin de la journée. Mais le matin, c'est bien
autre chose. Portant, dans mon âme, tous les êtres
et toutes les âmes, je vais les prosterner aux pieds
de Jésus, les unir à Jésus, afin que, autant qu'il est
en moi, tout adore Jésus, tout rentre en Dieu avec
Jésus. Il me semble alors que toute créature, que
tout ce qui a vie sur terre tressaille en moi de bonheur, d'adoration et d'amour et s'écrie avec moi :
« O festin sacré où le Christ est pris en nourriture ! »
Ce n'est plus seulement l'air, la lumière, l'eau le
pain qu'il nous donne, il se donne lui-même à
nous tous, ô mes chers frères, les êtres ! Il se
donne afin que nous soyons à Lui, en Lui, con-
sommés dans l'amour !... »

XV

Cependant les forces de Clément Roux allaient
s'affaiblissant. Néanmoins, tant que la chose lui fut
possible, il tâcha de faire du bien autour de lui.

Il apprenait le latin à un enfant du village qui

devint prêtre. Il écrivait à ses amis de longues
lettres qui peuvent se résumer en ces deux mots :
Aimons Dieu ! Il se traînait péniblement le matin à
l'église pour y recevoir son Pain quotidien, le soir
pour adorer. Mais la fin approchait.

Un jour qu'il était en prière devant le tabernacle,
il tomba en syncope. On le transporta chez lui.
Après quelques semaines de repos absolu, il se
remit un peu. Mais il ne marchait plus qu'avec une
extrême difficulté et il ne voyait plus que d'un œil.

Bientôt, en 1891, il perdit tout à fait l'usage de
ses membres et il dut garder constamment le lit.
« Je n'irai plus au pied de vos autels, ô mon Dieu,
s'écria-t-il, je n'aurai plus ce qui seul pouvait
m'attacher à la terre. O sacrifice auprès duquel celui de la vie n'est rien ou peu de chose... Mais, ô
mon Dieu, je veux ce que Vous voulez, je le veux
comme Vous le voulez, je le veux autant que Vous
le voulez. *Fiat ! Fiat ! Fiat !* »

L'excellente femme qui le soigna durant ses derniers jours, Mme Maille m'a dit qu'il avait fait placer
son lit de façon à voir le chevet de l'église. Il pouvait de la sorte adorer toujours le Saint-Sacrement,
y ramener sans cesse sa pensée. Et comme de sa
chambre, on aperçoit aussi un coin de forêt et, tout
au loin, la mer, il lui restait facile d'unir la nature
à son oraison perpétuelle.

— Il priait jour et nuit, ajouta Mme Maille, et
s'il s'interrompait c'était pour lire dans ce volume.
Elle me le montra. C'était un *Manuel de l'Association des agonisants.*

Mme Maille reprit : — A peine avait-il commencé

à lire que d'abondantes larmes lui jaillissaient des yeux et trempaient le livre. Alors, il demeurait des heures comme en extase.

Je remarquai en effet que le volume était tout taché comme par des gouttes de pluie, si bien que le papier en était devenu singulièrement friable. Je notai aussi que les pages les plus vétustes, celles qui furent évidemment le plus souvent feuilletées et baignées de pleurs, portaient un récit de la Passion et un Chemin de la Croix. — Vous l'avouerai-je? J'ai baisé ce livre avec une religieuse émotion...

Au commencement de 1892, la main droite lui refusa tout service. La dernière lettre qu'il ait dictée, en avril, se termine ainsi : « Je suis malheureux mais je conserve la foi et l'amour... »

Puis une suprême épreuve lui fut réservée. Or il l'avait demandée peu auparavant dans une prière écrite. On l'a retrouvée dans l'un de ses carnets et en voici la conclusion : « Que les vers me rongent avant ma mort ; que la pourriture et l'infection me consument! Que je serais heureux si je pouvais, un instant avant le trépas, exempt de péchés, dire avec autant de vérité que les Bienheureux dans le ciel : *Mon Dieu, je vous aime!* Et qu'en même temps, ma langue se pourrît, mon corps s'anéantît. C'est la grâce que je vous demande, ô mon Sauveur, pour les humiliations et les tourments de votre Passion... »

Il fut exaucé : à mesure que la vie s'éteignait dans son corps, les fonctions organiques devinrent à peu près nulles. Et il tomba en pourriture. L'odeur qui se dégageait de lui écarta tout le monde sauf son admirable garde, Mme Maille, qui ne le quitta pas une minute.

Enfin, après une semaine d'épouvantables souffrances, ayant reçu les derniers Sacrements, il expira doucement. L'heure de sa naissance à la Vie éternelle fut onze heures du soir. C'était le 29 juin 1892, fête de saint Pierre et saint Paul.

Je le répète : le martyre, que Clément Roux avait héroïquement supporté, pour l'amour de Dieu et le rachat des péchés du monde, dura vingt-huit ans.

Et nous nous plaignons quand nous sommes alités seulement quinze jours par la grippe ou par un bobo quelconque !...

XV

Le bon Curé d'Auribeau, qui m'avait accompagné chez Mme Maille et montré l'endroit où fut la tombe de Roux avant la désaffectation de l'ancien cimetière, me dit qu'en retournant à Grasse, je trouverais à mi-chemin une chapelle de la Sainte Vierge où le Serviteur de Dieu allait souvent prier. Cet oratoire est dédié à Notre-Dame de Valcluse ; c'est un lieu de pèlerinage assez fréquenté par les paroisses de la région.

Arrivé à l'endroit où se trouve ce petit sanctuaire de briques, je pénétrai dans l'enclos au centre duquel il s'élève. Le gardien était absent.

J'eus beau appeler, sonner, personne ne vint.

Alors je m'agenouillai sur une marche et, par une mince ouverture dans la porte de la chapelle, j'aperçus confusément une statue de la Mère de Miséricorde ; je la saluai ; puis, après avoir récité le *Salve Regina*, je m'assis sur une grosse pierre et me pris à méditer.

Il faisait une journée de printemps délicieuse. Dans le ciel limpide, de petits nuages, blancs comme des cygnes, volaient emportés par une brise légère. Le soleil, tamisé par le feuillage des vieux ormes et des grands platanes qui peuplent l'enclos, semait des médailles d'or clair sur le sol. La rivière torrentueuse formait une cascade à quelques pas. Un if gigantesque s'élançait, comme une flèche de cathédrale, dans la lumière. Un rossignol, caché quelque part dans la frondaison, chantait éperdûment les litanies de la Sainte Vierge... Tout était si paisible, si recueilli !

Ce n'était pas seulement le charme de ce site harmonieux qui me prenait le cœur, c'était aussi cette sérénité qui désigne les endroits où Marie règne avec prédilection. Or tout ici la priait, la célébrait : l'oiseau passionné, les ramures rêveuses, l'eau qui s'attardait en roucoulant. Je me joignis à cette hymne ; comme l'avait fait jadis Clément Roux, je dis : — Mes frères les arbres, mon frère rossignol, ma sœur l'eau et toi, brise musicale, chantons encore la Sainte Vierge !... Si bien que le concert redoubla. J'étais heureux car je sentais, indulgente, tout près de moi, mon Etoile du Matin.

Puis je me remémorai ses bontés à l'égard des

pauvres convertis. J'évoquai Huysmans consolé
par Notre-Dame de Chartres, Verlaine affirmant,
dans sa prison, qu'il ne voulait plus aimer que sa
mère Marie, Lœwengard conquis par Notre-Dame
de Fourvière, Robert éclairé sur sa vocation par
Notre-Dame des Victoires, Lefèvre mené, à son
insu, vers l'Evangile, par Notre-Dame de Lourdes,
Claudel foudroyé par la Grâce en entendant le *Ma-*
gnificat à Notre-Dame de Paris, Clément Roux
faisant vœu d'aller à Jésus par Marie Immaculée
— et enfin quelqu'un, que je sais bien, conduit à
Dieu par la Vierge de Cornebiche.

Que vouliez-vous que je fisse ?... Je versai des
larmes de reconnaissance et d'allégresse. Je promis
une fois de plus à ma Dame de Lumière d'employer tout ce que j'ai de forces à son service...
Et cela dura longtemps.

Puis, comme mon cheval, attaché dehors et
tourmenté par les insectes, s'impatientait, je dus
m'arracher de ce lieu béni. Je m'éloignai ; mais
jusqu'à Grasse, je ne cessai de reprendre les litanies et de demander au bon Clément Roux qu'il
ne m'oubliât pas dans le séjour bienheureux où il
prie pour les convertis...

Note I

Je n'ai fait dans ce chapitre que résumer et commenter
l'excellent volume du Père Lambert, quelques lettres de
Clément Roux et ses notes manuscrites. Limité quant à la
place dont je disposais, j'ai dû choisir les citations les plus

caractéristiques et me borner à l'essentiel. Mais il y a bien d'autres choses encore dans ce livre. Clément Roux reçut de Dieu la faveur de déterminer des vocations religieuses et de confirmer dans leur attrait des jeunes gens qui se sentaient sollicités au sacerdoce. Le biographe donne aussi des lettres à des Visitandines, à des Filles du Bon Pasteur et à un séminariste qui sont, pour les personnes éprises de vie intérieure, d'une incomparable beauté. Les gloses de ce zélé serviteur de Dieu qu'est le Père Lambert sont loin de leur nuire. C'est pourquoi j'engage fort à lire cette biographie.

Note II

Un fait de la vie de Clément Roux mérite tout particulièrement d'être signalé. Le Père Lambert l'expose ainsi (pages 359 et suivantes de son livre) : « Il n'est point rare de constater dans la vie des grands serviteurs de Dieu une vue claire et précise de certains événements futurs ». Ce fut le cas pour Clément Roux. Il écrivait à la date du 6 juin 1881 : *La société s'achemine à pas rapides vers le paganisme. Dans les âmes chrétiennes elles-mêmes, la foi, la vie surnaturelle vont s'affaiblissant. Comment réagir ? Quel remède opposer au mal général ? Le corps de Notre-Seigneur Jésus-Christ ! L'Eucharistie seule sauvera le monde. Prions, prions afin que le Pape se décide à lancer à travers le monde le mot d'ordre sauveur inspiré par Jésus.*

« Et voilà que dans une autre lettre, en date du 2 octobre 1883, il écrit : *J'ai la confiance intime, mieux encore, j'ai la certitude absolue que Jésus inspirera au Souverain Pontife une Encyclique sur la communion fréquente. Quand sera-ce ? C'est le secret de Dieu. Cet acte pontifical inaugurera une ère nouvelle de rénovation et de transformation dans le monde des âmes.*

« Les prévisions du serviteur de Dieu, continue le Père Lambert, se sont réalisées à la lettre. Après les appels de Léon XIII, adressés dans sa lettre encyclique sur la Très Sainte Eucharistie, l'univers catholique a entendu les appels de Pie X invitant par le décret *Sacra Tridentina Synodus*, « tous les fidèles de toute classe et de toute condition » à s'approcher fréquemment, quotidiennement, de la Table eucharistique et inaugurant par là « l'ère nouvelle » entrevue par le saint homme de Grasse ».

Note III

Un dernier détail : Après la mort de Clément Roux, ceux qui furent admis auprès de sa dépouille ont été tous frappés de ce fait que sa figure, la veille encore ravinée et contractée par la souffrance, était redevenue aussi belle que dans sa jeunesse et présentait une particulière expression de sérénité souriante.

On lit des choses analogues dans les Vies de **Saints**.

CONCLUSION

Un jour, au détour d'une rue ou dans un sen-
tier solitaire, on s'arrête et une voix nous
dit dans la conscience : Voilà Jésus-Christ!
Moment céleste où, après tant de beautés
qu'elle a goûtées et qui l'ont déçue, l'âme
découvre, d'un regard fixe, la beauté qui
ne trompe pas. On peut l'accuser d'être un
songe quand on ne l'a pas vue. Mais ceux
qui l'ont vue ne peuvent plus l'oublier.

P. Lacordaire.

CONCLUSION

Si l'on a lu ce livre avec quelque attention, l'on aura remarqué que les convertis dont je parle — et j'aurais pu en ajouter bien d'autres dont le retour à Dieu date d'hier — diffèrent beaucoup entre eux par l'origine, l'âge, le caractère, le tempérament, l'éducation (1).

On se sera rendu compte aussi que, malgré cette diversité, leurs pérégrinations de l'erreur à la Vérité unique. présentent des points de ressemblance essentiels. Des phénomènes de conscience analogues produisirent en eux des effets identiques.

(1) J'aurais pu ajouter Mme Juliette Adam, par exemple, qui, jadis, adorait Apollon et Vénus, et qui maintenant est redevenue chrétienne par l'intercession de sainte Clotilde, de sainte Geneviève et de la Bienheureuse Jeanne d'Arc : « Elles me réapprirent, dit-elle, le signe par lequel j'avais accompagné mes premières prières chrétiennes : Au nom du Père et du Fils et du Saint-Esprit. »

Je voulais étudier aussi dans ce livre la conversion de Charles Morice. Mais il m'a demandé d'attendre la publication du volume qu'il prépare à ce sujet. En attendant, on lira, avec fruit, ses opuscules : *Le Retour ou mes raisons* et *l'Amour et la Mort*, deux brochures, Messein, éditeur.

Si bien que, décrivant les joies et les souffrances qu'ils éprouvèrent, ils s'expriment souvent presque dans les mêmes termes. Par exemple, tous disent ou font entendre qu'ils eurent la sensation de passer *des ténèbres à la lumière.*

J'en conclus qu'il doit y avoir pour les opérations de la Grâce illuminante sur les âmes une loi fixe, invariable.

Ce n'est point mon rôle de la formuler. Je n'ai pu qu'exposer les faits avec une rigoureuse exactitude et en tirer les déductions nécessaires. Par ainsi, j'ai fourni des documents que je crois probants.

Pour faire la synthèse de ces observations, et de celles que d'autres firent avant moi, il faut un théologien.

Et ce théologien, qui devra être, en même temps, un physiologiste et un expert dans le maniement des âmes, pourra, seul, indiquer les règles précises selon lesquelles Dieu attire à lui ceux-là même qui le fuyaient. Je sais, du reste, que le Père Mainage, dominicain, s'occupe d'un travail de ce genre. Certes, nul n'est plus en mesure que lui de le mener à bien.

Je ferai donc valoir seulement ceci : à mesure que notre siècle s'enfonce davantage dans un matérialisme épais, les âmes se multiplient qui languissent, suffoquent, s'étiolent, faute de l'atmosphère surnaturelle dont elles auraient besoin, pour se développer et pour accepter la loi de douleur universelle qui régit ce bas-monde.

De cela, j'ai mille preuves. Il y a quelques jours encore, une jeune femme très malheureuse, en qui

j'essaie d'allumer l'étincelle divine, m'écrivait :
« Vos prières m'ont fait du bien. Que j'envie votre
confiance en Dieu ! Que j'admire cette foi et comme
je la désire !... »

Elle l'aura si la Consolatrice des affligés daigne
m'exaucer.

Or, ô vous tous, mes frères, mes sœurs en Jésus-
Christ, ce qu'il importe de montrer à ces pauvres
ignorants, c'est que nulles consolations humaines
ne suffisent à nous faire porter, avec résignation,
avec joie, le fardeau de vivre ; que seul le Dieu,
qui souffrit, plus que nous tous ensemble, pour le
rachat de nos péchés, peut et *veut* nous venir en
aide.

Il ne faut d'ailleurs pas leur dissimuler que la
marche vers le Seigneur comporte de terribles
luttes et de grandes vicissitudes. Rappelons-leur
les paroles de Claudel : « L'état d'un homme qu'on
arracherait de sa peau d'un seul coup pour le
planter dans un corps étranger, au milieu d'un
monde inconnu, est la seule comparaison que je
trouve pour exprimer cet état de désarroi ». Et il
ajoute ceci : « Les jeunes gens qui abandonnent si
facilement la foi ne savent pas ce qu'il en coûte
pour la recouvrer et de quelles tortures elle devient
le prix ! »

Qu'on ne s'imagine pas que cet avertissement
découragera les âmes généreuses que la Grâce
sollicite. Cherchant Jésus, elles l'ont déjà trouvé.
Il réside dans leur cœur et il leur donnera les
forces dont elles ont besoin.

Sous ce rapport, je crois que ce volume-ci

n'atténue rien, ne passe rien sous silence. Mais je crois aussi qu'avec le secours de Dieu, j'ai réussi à montrer quelles joies de Paradis effacent ces dures épreuves. Et les néophytes y apprendront encore que la direction ferme d'un prêtre éclairé, que l'usage fréquent de la Sainte Eucharistie leur sont indispensables pour progresser vers l'Amour absolu par la voie royale de la Croix.

Que ces bien-aimés, rachetés du Mauvais, se souviennent aussi que rien de terrestre ne peut assouvir la faim d'Idéal que Dieu mit en nous, ni nous *compléter* pour que nous grandissions au-dessus de nous-mêmes.

Car, comme Joseph Serre l'écrit dans son beau livre *la Lumière du cœur* : « L'homme incrédule est moins complet qu'il n'en a l'air. La perfection du commerce et de l'industrie, de la sociologie et de la technologie, même la science et la morale modernes ne le réalisent point tout entier. La civilisation, l'art, la science, la vie, la mort, la terre, le monde, qu'est-ce que toute cette agitation de fourmilière humaine ou cosmique? L'homme recueilli en son fond le plus intime ne se sent-il pas supérieur à tout cela, et insatisfait malgré tout ?... La morale humaine est l'expression des droits et des devoirs de l'homme terrestre et social. La morale chrétienne est l'expression des droits et des devoirs de l'homme spirituel et céleste. Sacrifier la seconde à la première, c'est mutiler l'homme. Le cœur humain n'est pas trop étroit pour les contenir toutes les deux. »

O homme, ô femme qui avez oublié Dieu ou qui

l'ignorez, n'avez-vous jamais remarqué que les entrepreneurs de négations qui vous empoisonnèrent, s'efforçaient aussi de vous mutiler? Il semblerait qu'ils se soient dit : — L'homme est un être qui sent, comprend et croit. Nous lui retrancherons l'organe de la croyance et il n'en sera que plus allègre.

C'est comme si, prenant un oiseau, ils lui coupaient une aile en s'écriant : — Il n'en volera que mieux !...

O hommes, ô femmes, qui cherchez dans l'art une diversion à votre inquiétude, vous ne la trouverez pas. L'art est, certainement, après la sainteté, la plus belle manifestation de Dieu sur la terre ; et pourtant il déçoit jusqu'à ceux qui lui vouèrent toutes leurs pensées et tous leurs rêves. Lisez ce que criait, en ses dernières années, un écrivain de génie qui vécut dans l'enivrement de l'art et dont l'œuvre subsistera tant qu'il y aura une langue française, Gustave Flaubert : « Il me semble que je traverse une solitude sans fin pour aller je ne sais où. Rien ne me soutient plus sur cette planète que l'espoir d'en sortir prochainement et celui de ne pas aller dans une autre qui pourrait être pire ».

Vous tournez-vous vers quelque philosophie rationaliste ? Voici ce que le loyal Taine, le déterministe par excellence, avouait à la fin de sa vie : « Les recherches scientifiques assombrissent ma vieillesse. Au point de vue pratique, elles ne servent à rien. Un courant énorme et rapide nous emporte. A quoi bon faire un mémoire sur la profondeur et la rapidité du courant ?.. » Et il ajoutait : « Si l'Eglise, par des miracles de zèle, n'arrive pas à reconquérir les masses pour en faire un peuple de croyants, c'en est fait de la civilisation française... »

Chercherez-vous la certitude et la paix dans la science ? J'ai là vingt aveux de savants contemporains qui reconnaissent que la science est incapable d'élucider l'énigme de l'univers. J'en choisis deux parmi les plus récents et les plus justement notoires.

M. Charles Richet, physiologiste remarquable, écrit : « Résignons-nous, par avance, à ne rien connaître du vaste monde, vraiment rien, malgré nos efforts. Au seuil de toutes nos universités, si fières de leur triste savoir, il faut inscrire cette décourageante devise : *nous ignorons !...* » (*Revue des Deux-Mondes, 15 août 1913.*)

Et M. Nordmann, directeur de l'observatoire de Paris, renchérit : « Nous vivons des heures de malaise moral où la désespérance et la lassitude étendent sur les êtres leurs ailes de plomb ». (*Revue des Deux-Mondes, 1er juillet 1913.*)

Et voilà où les patriciens de la pensée, de la science et de l'art ont abouti, depuis que l'homme est en révolte contre Dieu !

Mais vous, pauvres hommes, pauvres femmes qui, le cœur vide, l'âme gelée, tâtonnez encore à travers ces mornes ténèbres, détournez-vous des chimères qui vous mirent parfois au bord du suicide. Dans le silence de vos nuits d'insomnie, alors que l'angoisse vous tenaille, à cause de vos proches ingrats ou débauchés, à cause d'un amour perdu ou d'un espoir écroulé, prêtez l'oreille : vous entendrez une voix murmurer au fond de votre conscience : — Moi seul te reste, moi que tu as méconnu ; donne-moi tes fautes, donne-moi tes regrets et tes remords, et je te donnerai en retour mon grand Cœur brûlant d'amour pour toi...

Ne l'étouffez pas, cette voix : c'est le bon Maître qui vous parle. Laissez-le faire : il déposera dans votre âme une toute petite semence qui s'appelle « le royaume des cieux ». Cette graine germera sous l'influence de sa Grâce, et elle montera et elle deviendra l'arbre magnifique qui porte les trois fruits surnaturels : foi, espérance, charité. Et alors vous saurez ce que c'est que le bonheur.

Et nous, ô catholiques, mes frères, songeons qu'il se fait temps de *tout instaurer dans le Christ,* selon l'admirable parole de Pie X. Au lieu de nous dénigrer, de nous déchirer, de nous haïr les uns les autres, sous prétexte de divergences politiques, unissons-nous pour l'amour de la Croix.

Sainte Térèse disait aux Carmélites de sa réforme : « Mes filles, ayez une foi virile ! » Nous aussi, nous devons avoir une foi virile. Plutôt que de la dissimuler dans des coins obscurs, affirmons-la au grand soleil, fièrement, joyeusement, intrépidement.

Car la Révolution, qui mit la société française en poussière, n'a pas abdiqué. Le Très Bas qui l'inspire prépare de nouvelles attaques contre Notre-Seigneur.

Un crépuscule sanglant, traversé de lueurs sulfureuses, s'étendra, peut-être bientôt sur le monde.

Les ennemis du Sauveur se rassemblent pour tenter un assaut contre l'Eglise.

Mais nous, dormirons-nous au Jardin des Olives ? Fuirons-nous en reniant notre Maître, le prétoire de Pilate? Fournirons-nous les verges pour flageller l'Agneau de Dieu ?

Non, nous nous armerons, nous aussi, pour la bataille...

L'Eglise a besoin d'apôtres, L'Eglise a besoin de Saints, l'Eglise a besoin de martyrs.

Nous les lui donnerons.

Abbaye de Sainte-Marie de Lérins, 21 novembre 1913, fête de la Présentation de la Sainte Vierge.

TABLE DES MATIÈRES

ACHEVÉ D'IMPRIMER

le vingt-cinq février mil neuf cent quatorze par

BUSSIÈRE

A SAINT-AMAND (CHER)

pour le compte de

A. MESSEIN

éditeur

19, QUAI SAINT-MICHEL, 19

PARIS (Ve)

PAUL VERLAINE

VERS

Poèmes Saturniens, 3e édition	3 50	Amour, 2e édition . . .	
La Bonne Chanson, 2e édition	3 »	Bonheur, 2c édition. . .	
Fêtes Galantes, 4e édition.	3 »	Parallèlement, 2e édition.	
Romances sans paroles, 3e édition	3 »	Chansons pour elle . . .	
Sagesse 4e édition . . .	3 50	Liturgies intimes	
Jadis et Naguère, 2e édit. .	3 »	Odes en son honneur. . .	
		Elégies	
		Dans les limbes	
		Dédicaces	

PROSE

Les Poètes maudits . . .	3 50	27 biographies de poètes et littérateurs publiés dans *Les Hommes d'aujour- d'hui*	
Louise Leclercq	3 50		
Mémoires d'un veuf . . .	3 50		
Mes Hôpitaux	3 »	Voyage en France par un Français. Publié d'après le manuscrit inédit, avec une préface de Louis Loviot. 1 vol. in-12 . .	
Mes Prisons	3 »		
15 jours en Hollande, in-4o, avec portraits	5 »		

THÉATRE

Les uns et les autres, comédie en un acte, en vers . . . .

Poésies religieuses. Préface de J.-K. Huysmans. Choix de poésies formant 1 gros volume in-12 broché . . . .
Verlaine intime, par Ch. Donos, illustré d'après des dessins de Paul Verlaine. . . . . : . . . .

ARTHUR RIMBAUD

Poésies complètes. 1 vol. in-18 jésus avec préface de Paul Verlaine, portrait de l'auteur et notes de l'éditeur. . . . .
Les Illuminations. — *Une Saison en Enfer*, poèmes avec notice de Paul Verlaine . . . .

J.-K. HUYSMANS

Trois Primitifs — *Le Grunewald du Musée de Colmar, Le M de Flémalle* et la *Florentine du Musée de Francfort sur le* 1 vol. in-8o avec gravures, reproduction de *La Crucifixio Cassel*. . . . .

CHARLES MORICE

LETTRES A MES AMIS SUR QUELQUES POINTS DE DURABLE ACTU

I. Le Retour ou : Mes Raisons. Dédiée à *Louis Le Cardonnel*. in-12 broché. . . . .
II. L'Amour et La Mort Dédiée à *Maurice Barrès*. 1 volume broché. . . . , ...
Pages Choisies. Vers et Prose 1 fort volume in-12 . . , . .
Il est Ressuscité. Nouvelle édition augmentée d'une préface 6e mill

Imprimé en France
FROC020954220120
23239FR00015B/170/P

9 782329 360331